JN280166

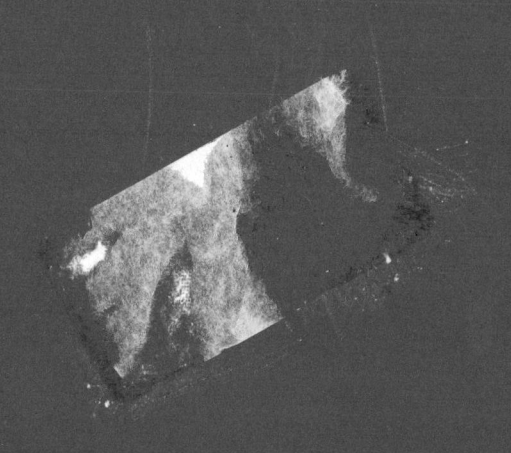

ネイティヴ・アメリカン
―― 写真で綴る北アメリカ先住民史 ――

ネイティヴ・アメリカン

——写真で綴る北アメリカ先住民史——

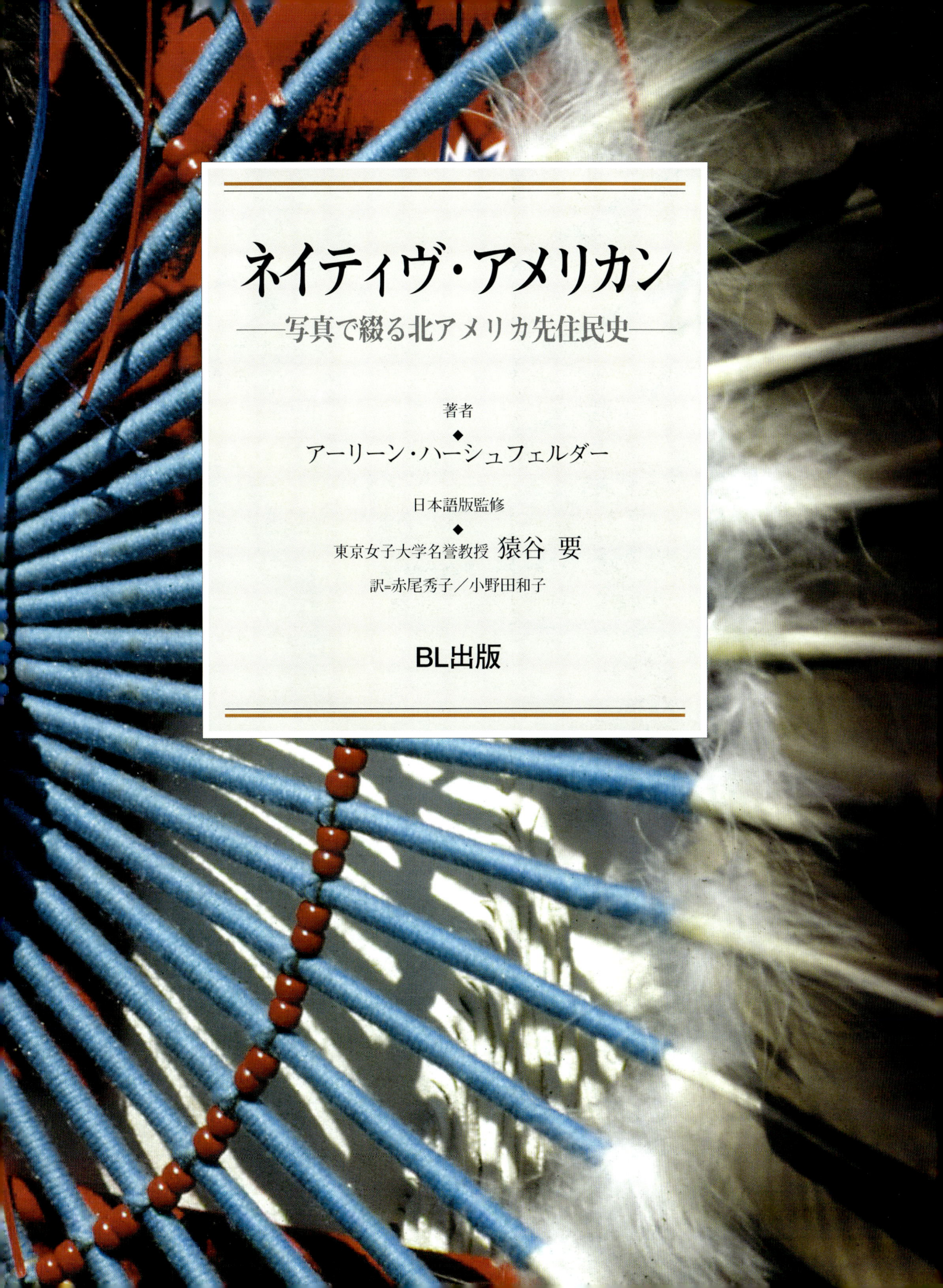

著者
◆
アーリーン・ハーシュフェルダー

日本語版監修
◆
東京女子大学名誉教授 猿谷 要

訳=赤尾秀子／小野田和子

BL出版

A DORLING KINDERSLEY BOOK
www.dk.com

ネイティヴ・アメリカン
――写真で綴る北アメリカ先住民史――

アーリーン・ハーシュフェルダー著

2002年9月1日　第1刷発行

日本語版監修◎猿谷　要
日本語版翻訳◎赤尾秀子
　　　　　　　小野田和子

発行者◎大川　健
発行所◎BL出版株式会社
〒650-0015 神戸市中央区多聞通2丁目4番4号
Phone: 078-351-5351

NDC 389　192P　28×22cm
日本語版版権 © 2002　BL出版株式会社
ISBN4-89238-557-3 C0039

乱丁本，落丁本はお取り替えいたします。

Original title: Native Americans
Copyright © 2000 Dorling Kindersley Limited, London
Text Copyright © 2000 Arlene Hirschfelder
Japanese translation rights arranged with Dorling Kindersley Limited, London
through Tuttle-Mori Agency, Inc., Tokyo

p.27 Reprinted from Black Elk Speaks, by John G. Neihardt, by permission of University of Nebraska Press. Copyright 1932, 1959, 1972, by John G. Neihardt. Copyright © 1961 by the John G. Neihardt Trust. p.61 The Unjust Society copyright © 1969 Harold Cardinal. Published in Canada by Douglas & McIntyre in 1997. Reprinted by permission of the publisher. p.127 From The Arapaho Way: A Memoir of an Indian Boyhood by Althea Bass. Copyright © 1966 by Althea Bass. Reprinted by permission of Clarkson Potter/Publishers, a division of Random House, Inc. p.147 Reprinted from Pretty-Shield: Medicine Woman of the Crows by Frank Bird Linderman. Copyright © Frank Bird Linderman 1932. p.167 Reprinted from Alcatraz! Alcatraz!: The Indian Occupation of 1969–1971 by Adam Fortunate Eagle. Copyright © Adam Fortunate Eagle 1992. p.181 First published in Native Peoples Magazine, 1991.

Reproduced in Singapore by Colourscan
Printed and bound in Spain by Artes Gráficas Toledo S.A.U.
D.L. TO: 378 - 2002

目　次

まえがき　6
序章　8

文化と文化の衝突
古代～1850年代　16

先住民の祖先たちの暮らし　18
精神世界　22
先住民のことば ブラック・エルク　26
ヨーロッパ勢力の侵出　28
ヨーロッパ人との出会い　30
インディアン強制移住　34
先住民のことば テクムセ　36
大自然の恵み　38
インディアン居住地の崩壊　42
西部開拓　46
宣教師の到来　48
インディアンの子供の伝統的暮らし　54

カゴを編む日々
カリフォルニアのインディアンは，その一生をカゴに囲まれて暮らす。カゴは女たちが編み，使い道は数知れない（写真はカロク族）。

故郷の喪失
1780年代〜1860年代　56

交渉の時代　58
先住民のことば　ハロルド・カーディナル　60
インディアンと南北戦争　62
サンティ・ダコタの反乱　64
先住民のことば　リトル・クロー　68
サンドクリークの虐殺　70
ナヴァホの「ロング・ウォーク」　74
先住民のことば　マヌエリト　76

先住民の抵抗と戦い
1860年代〜1890年代　78

南部大平原の戦い　80
命の糧　86
北部大平原をめぐる戦い　88
西部をめぐる戦い　92
リトル・ビッグホーンの戦い　94
大西部の神話　98
カナダの過去と現在　100
リエルの反乱　102
先住民のことば　ルイ・リエル　104
西部の闘争　108

先住民のことば　セーラ・ウィネムッカ　112
ネズパースの戦い　114
アパッチの抵抗　116
先住民のことば　エスキミンジン　120
保留地の分割　122
先住民のことば　カール・スウィージー　126
寄宿学校　128
武力による抵抗の終焉　132
先住民のことば　アメリカン・ホース　136

復活と再生
1900年〜現代　138

保留地での暮らし　140
先住民のことば　プリティ-シールド　146
ニューディールにいたる道　148
政府軍兵士となったインディアン　152
終結と転住　156
イメージを売る　158
レッド・パワーの行進　162
先住民のことば　アダム・フォーチュネット・イーグル　166
終わらぬ戦い　170
現代の合衆国におけるインディアンの土地　172
現代のインディアン社会　174
先住民のことば　ウィルマ・マンキラー　180
文化の復活　182
先住民のことば　エラ・デロリア　184

監修者あとがき　186
参考文献／関連団体／ウェブ・サイト　187
索引　188
謝辞／クレジット　192

まえがき

まえがき

本書のまえがきを，とのお話をいただき，その栄誉に浴することにしたのは，アキナー（ゲイ岬）のワムパノアグ族議長として，わたくしなりの，いささか自分勝手な理由があってのことです。

残念なことに，アメリカ国民の多くは，ミシシッピ川以東にもネイティヴ・アメリカン，すなわちアメリカ先住民が存在しているということを，いまだに知りません。

ワムパノアグは"曙光の民"です。かつて，一族の首長マサソイットは，「ウェルカム，イングリッシュメン」と，英語でピルグリム・ファーザーズを出迎えました。そして彼らピルグリム・ファーザーズは，わたくしたちの先祖からさまざまな暮らしの知恵を伝授され，最初の冬を越すことができたのです。

ワムパノアグがアメリカの連邦政府によって公認されたのは，1987年のことでした――。「わたくしたちはアメリカの先住民である」というわかりきった事実を，政府はこの年，ようやく確認したのです。

現在，わたくしたちはマサチューセッツ州マーサズ・ヴァインヤード島の西端に，豊かなインディアン・コミュニティを築いています。

1778年に初の条約がかわされて以来，合衆国政府とインディアン部族とは，じつに800をこえる条約を結んできましたが，議会が批准したのはそのうちわずか400前後にすぎません。

条約はつぎからつぎへと破られてゆき，その結果，北アメリカの先住民は5億エーカー（2億ヘクタール）以上の土地を失うことになりました。

政府は土地と交換に，保健衛生，教育，住居の充実を保障すると約束したのですが，今日でもなお，先住民のアルコール依存症や糖尿病，心臓病の罹患率，そして自殺率は，合衆国一の高さとなっています。

本書は，インディアンを未開の野蛮人としてではなく，優位を占める多数派の社会とは異なった流儀をもつ人びととしてとらえ，語っています。そしてそこが，何より重要な点なのです。

7代先の子孫のために，母なる大地を守りたいと考える人びと。自分自身，家族，社会，国家と，バランスのとれた関係をたもちながら生きたいと願う人びと。祖先が描いた夢を信じる人びと。四本脚のもの，翼あるもの，二本脚のものを敬い，重んじる人びと。家族を養うために，必要なものだけを収穫する人びと――。読者のみなさまには，そんな人びとの視点に立って，本書を読んでいただければと願ってやみません。

ベヴァリー・ライト

曙光の民

マサチューセッツ州にあるアキナークリフ（アキナーの崖）は，アキナー（ゲイ岬）を故郷とするワムパノアグの聖地とされている。上は一族の議長，ベヴァリー・ライト。アキナークリフは，土，粘土，砂，石英，褐炭などの層からなる，1億年以上前の地層である。

序章

　北アメリカにはもともと，地域性に富んだ，多種多様な文化を擁する集団が数多く存在していた。

　現在のアメリカ合衆国テキサス州とメキシコとのあいだを流れ，国境線ともなっているリオグランデ以北では，すくなくとも400種類以上の言語が話され，それと同数の社会集団が，それぞれ独自に繁栄していたのである。

　こうした小規模ながら，独立した文化の担い手たちは，総数でおよそ700万人から1000万人いたと推定され，広大なネットワークを築いてさまざまな交易をおこなっていた。

　それぞれの集団は，たとえばイロクォイ連合に代表されるような部族間同盟をいくつも結んでいたが，ローマ帝国のような国家形態は存在していない。

　また，社会の指導者は世襲ではなく，あくまでも個人の能力で決定され，土地は"集団の所有"とされた。

　武力に訴える争いは，部族間，部族内，あるいは個人のあいだでも生じた。復讐のため，名誉のため，馬をはじめとする財産の争奪など，争いの原因はさまざまだったろう。

　とはいえ，いったん目的をはたしてしまえば，それ以上争う必要などなく，敵対関係がつづくのは，長くて数か月程度，犠牲者の数は最小限にとどめられた。このような部族間闘争で，片方の部族が殲滅されることはほとんど皆無に近かった。

ヨーロッパ人の到来

　文化や生活様式というのは，その集団独自のものであるから，さまざまに異なって当然である——アメリカの先住民たちはそう考えていたので，たとえば現在の合衆国マサチューセッツ州，ニューメキシコ州，アラスカ州あるいはカナダのケベック州など，地域を問わず，彼らはヨーロッパから渡来してきた人びとをまずは温かく迎え，客として遇し，ときに対等な交易相手とみなした。

　ところが，一方のヨーロッパ人はといえば，そのほとんどが，先住民たちを"野蛮人"とみなした。

　先住民はキリスト教信者ではない，ヨーロッパ風の服を着ていない，ヨーロッパ風の家に住んでいない，英語やスペイン語，フランス語，ロシア語を話さない，"適切な"習慣，慣行をもたない，というのがその理由である。

　しかもヨーロッパから渡ってきた新来者は，アメリカ先住民が自分たちをふくめ，地上に存在するあらゆるもの，天空のあらゆるものの起源を語る独自の創造伝説を大切にしていることなど，まったく理解しようとしなかった。彼らが複雑な信仰儀式をおこなっていることも，ヨーロッパ人にひけをとらない，理にかなった子育てをしていることも，多数決ではなく合意制にもとずいて政治をおこなっていることも，ヨーロッパ人はわかろうとしなかった。

争いの火種

　植民期，ヨーロッパ人は新天地で生き残るために，数のうえで大きくまさるインディアンの協力にたよらざるをえなかった。そこで彼らは，インディアンの部族社会の主権を認め，国家対国家の立場で相対した。

　ヨーロッパ人はインディアンと交易し，条約を結び，土地を手に入れ，境界を定めていったが，その一方で，先住民の生活様式をヨーロッパ流に変えようとする試みも執拗につづけられた。

　スペイン人征服者は，希少な金属の採鉱に，インディアンの労働力をもとめた。

　フランスやイギリスの商人，ハンター（猟師）たちは，毛皮をとるために彼らを雇った。

　また，カトリックの宣教師は，インディアンを改宗させようとし，イギリスから来た入植者たちは，農業用の土地を手にいれたがった。

　1600年代は，このような，先住民に対する理不尽な要求が引き金となって，ヨーロッパ人と先住民社会とのあいだで，数知れない流血の戦いが繰り広げられた時代である。

　その結果，17世紀末になると，大西洋の沿岸に居住していたインディアン諸部族は，壊滅するか，ヨーロッパ人移住者の支配に甘んじた生活を送ることとなった。

　とはいえ，18世紀末まで，ヨーロッパからの入植者は，先住民の部族間の事柄には，ほとんど干渉していない。しかし，じつは入植者の存在そのものが，先住民

アコマに伝わる昔ながらの手仕事
プエブロの女性がつくる陶器はたいへん美しく，技術的にも非常に優れている（写真はサンタクララの女性）。粘土を集め，作陶用に準備するのは重労働である。彼女たちは何世紀も前から伝わる手法で，道具を用いずに壺などをつくる。

社会に着実に，破局的変化をもたらしていた。

アメリカ先住民は，ヨーロッパからの開拓民やキリスト教宣教師，入植者が"旧世界"からもちこんだ病魔の前には，ひとたまりもなかったからである。疫病は猛威をふるい，わずか数週間のうちに部族民の大半が感染，命をおとした例もすくなくない。

指導者や年長者の多くを亡くして，インディアンの部族が構成していた政体は，徐々に弱体化していった。先住民の数が激減すれば，いうまでもなく，空いた土地は白人の手によって，開拓，植民に活用されるようになる。

こうやって，ヨーロッパ人が北アメリカ先住民を支配する道筋が，着々と整えられていった。

土地をめぐる抗争

イギリス政府，そしてのちにはアメリカ人たちも，インディアンの土地のあちこちに境界線を設け，入植者がそこから先へ踏みこまないようにしていた。

しかし，現実にはなかなか徹底されず，西へ向かう入植者の潮のような流れを食い止めることはできなかった。白人による土地の侵食は，間断なくつづいたのである。

平原インディアンの女性がつくったキルトのサドルバッグ

スー族大保留地の創設

1868年，ワイオミング準州南東部フォート・ララミーで開かれた条約会議で，スー族大保留地の創設を決定した合衆国行政官とラコタ（西部スー族）の指導者たち。このフォート・ララミー条約が破られ（と同時にボーズマン・トレイルと，探鉱者保護のためにつくられた砦3か所が閉鎖された）ことで，北部平原での対立は一気に激化し，政府軍とインディアン軍の戦いは10年にわたってつづくことになる。

当初ヨーロッパ人，のちにアメリカ人との交渉が成立した時点で，インディアンは原住民としての正当な土地所有権と領土の支配権をもつ民族であることが認められたわけだが，この段階でヨーロッパ人，アメリカ人は，各部族の指導者がその部族の代表として交渉する権力をもつ，と誤解していた。

しかし実際には，インディアン社会では，土地は部族共有のものであり，個人が話し合いによって自分の権利に応じた一定の部分を売ることはありえても，他人の土地の譲渡交渉をすることなど，その権利を与えられたのでないかぎり，まず考えられなかった。

そんな事情を理解しない白人たちは，結果として，白人との協調を望む先住民とばかり交渉することになり，広大な土地になんの権利ももたない者に代金が支払われるという事態が生じてしまう。こうした取引は，先住民の伝統的規範を徐々にむしばみ，部族内での抗争の火種となった。

また合衆国政府は，必要とあれば条約を破棄し，1871年には，条約締結の制度を廃止して，既存の条約のみを維持するとの決議までなされた。

一方カナダでは，1700年代なかばから1923年にかけて数多くの条約が結ばれたが，その後，交渉は徐々にとだえ，1970年代もなかばになってようやく，"包括的土地請求権協定"のもと，条約制定をめざす動きが復活する。

序章

ヨーロッパ人到来以前の北アメリカ

　1500年頃，北アメリカでは何百万もの人びとが，それぞれ独自の生活様式をもつ600以上の自治社会を築き，さまざまな地理的環境のなかで，500以上の言語（推定）が使われていた。

　この地図には，彼ら先住民の住居と生活の糧を絵で示してある。ヨーロッパ人が到来する以前の北アメリカの多様性を示す指標として，いずれも重要である。

おもな部族と文化圏

　地図は，同一の文化をもった先住民の居住域にしたがって，10の文化圏に分けられている。下に，1500年頃のおもな部族の居住域を示す（注：大平原文化圏の部族に関するデータは，独自の生活用式が発展した1820年頃のもの）。

北西海岸文化圏：チヌック，ハイダ，クワキウトル，マカ，ヌートカ，トリンギット，ツィムシアン

カリフォルニア文化圏：カウィーア，チュマシュ，フーパ，マイドゥ，ミウォク，ポモ，ユロック

北東部文化圏：アルゴンキン，イロクォイ5部族，ヒューロン，ミクマク，ピークォート，ショーニー，ワムパノアグ

南東部文化圏：チェロキー，チカソー，チョクトー，クリーク，ティムクア，ユーチ

大平原文化圏：ブラックフィート，シャイアン，コマンチ，クロー，オセージ，ポーニー，クオポー，スー

高原文化圏：カイユート，クーテネー，ネズパース，スポーカン，ユマティラ，ヤキマ

大盆地（グレートベースン）文化圏：バノック，パイユート，ショショーニ，ユト

南西部文化圏：アパッチ，ハヴァスパイ，ナヴァホ，ピマ，リオグランデ（東）プエブロ，西プエブロ

北極文化圏：イヌイット，アレウト

亜北極文化圏：キャリアー，クリー，チペワイアン，クチン，モンタニエ，ナスカピ

凡 例

●住居

- **イグルー**：雪氷のブロックでつくったドーム型住居。北極文化圏中部イヌイットが，冬期に使用する。
- **ティーピー**：棒を組んでつくり，通常は獣皮をかけてある。平原インディアンの典型的住居。
- **プエブロ**：石あるいは日干しレンガづくりの方形の家で，5階建てのものもある。（プエブロ族）
- **泥壁**：棒の骨組みに木の枝を編みあわせて，泥でおおった住居。（南西部文化圏インディアン）
- **ウィグワム**：棒の骨組みを，織物や樹皮を細長く裂いたものや獣皮などでおおった住居。（アルゴンキン系部族）
- **二重差し掛け小屋**：棒の骨組みとシバでつくるオープンな構造。一時的なもの。（亜北極文化圏西部インディアン）
- **アースロッジ（土の小屋）**：丸太の大きな骨組みに土をかぶせたもので，入口はトンネル状。（大平原文化圏の一部部族）
- **厚板住居**：丸太の大きな骨組みを厚板で囲ったもの。（北西海岸文化圏インディアン）
- **ロングハウス（長い家）**：長い棒の骨組みを，通常，ニレの樹皮でおおったもの。（イロクォイ族系）
- **ホーガン**：6面ないし8面の円錐形住居で，丸太と枝木の骨組みを土あるいは芝土でおおってある。（ナヴァホ）
- **ウィキャップ**：棒の骨組みを，シバ，草，アシ材などでおおった，一時的な住居。（アパッチ）
- **竪穴住居**：円形の穴の上に丸太で骨組みをつくり，若木やアシ材，土でできた屋根をつけたもの。（ヤキマ）
- **チキー**：木造の高床式で，吹き抜けになっており，屋根は草葺。（クリーク）

●生活の糧

- 猟獣
- 栽培作物
- 魚貝類
- 海洋哺乳類
- 野生植物

北極文化圏

亜北極文化圏

北西海岸文化圏

高原文化圏

大盆地（グレートベースン）文化圏

カリフォルニア文化圏

ヨーロッパ人到来以前の北アメリカ：1500年頃

北極文化圏

北極文化圏

亜北極文化圏

亜北極文化圏

亜北極文化圏

大平原文化圏

北東部文化圏

南西部文化圏

南東部文化圏

アメリカ先住民に伝わる創世伝説

北アメリカ先住民には，大地と，そこに生きる人間，獣，鳥，植物の創造について，数多くの神聖な物語が伝わっている。内容は，創造主が登場するもの，生命は母なる大地の子宮の中で生まれたとするもの，英雄的な双子がこの世から怪物を退治して創世が完結したとするものなど，土地柄，気候，生活様式のちがいを反映してさまざまである。が，なかでも，北アメリカ全域にわたって多くの部族に見られるのが，生命は水中で生まれ，水生生物が泥を集めて大地をつくったという話である。また，南西部の諸部族には，人は4ないし5段階ある世界をのぼって，最後に母なる大地の世界に出てくる，そして死後はまたもとにもどる，という話が伝わっている。一方，北西部地域では，ひとりの巨人が死んで，そのからだの各部分を分配しなおしたのが，この世の創生だという物語がある。ほとんどの部族の伝説に共通して見られるのは，人間が生まれでる際に，さまざまな試練をくぐりぬける手助けをしてくれる動物や霊的な存在である。

0 400 miles 800 miles
0 400 km 800 km

序章

　この動きは1990年代に入っても継続し，1999年，カナダ政府はブリティッシュ・コロンビア州のニシュガ・インディアンと境界協定を結んだ。

移住・同化政策

　19世紀に入ってすぐの10年間，白人入植者と先住民の関係は，急速に緊張の度を増した。

　ショーニー族の戦闘指導者テクムセが，インディアンの全部族に団結をもとめ，白人へのさらなる土地の割譲を拒否しようと訴えたからである。

　国策としてミシシッピ川以東のインディアンを移住させよ，という声が高まった結果，合衆国インディアン局（1824創設）は，対インディアン政策を平和共存策から，強制移住および白人社会への同化政策に切り替えた。

　合衆国政府は，南東部と北東部地方に住む先住民部族に対し，白人移住者が比較的すくないミシシッピ川以西の保護域でなら，ゆっくり時間をかけて白人文化に適応できると説き，現在の居住地を売却するよう働きかける。

　その結果，1825年には，一部の部族が自発的にミシシッピ川以西のインディアン・テリトリー（現在のオクラホマ州）に移住したものの，五大湖地方および南東部の諸部族は，なおも移住をこばみつづけた。

　そこで1830年，アンドルー・ジャクソン大統領の主導により，インディアン強制移住法が議会を通過する。インディアン強制移住法とは，ミシシッピ川以東の先住民をほぼすべて，父祖伝来の地から強制的に立ち退かせる法律である。

　なかにはこれに抵抗する部族もあったが，1840年を迎える頃には，およそ10万人にのぼる先住民が，強制的にインディアン・テリトリ

土地をもとめてインディアン・テリトリーへ殺到する人びと
ホームステッド法による入植者を満載した，およそ4000にものぼる幌馬車の列。1889年，インディアン・テリトリーの土地を入植地として解放するというベンジャミン・ハリソン大統領の声明をうけ，土地をもとめた入植者がスタートラインを目指して集まった。下の写真は，ゴールに向かって走りだす前に，増水したソルトフォーク川を渡ろうとする幌馬車の行列（撮影は写真家ウィリアム・プリティマン）。

夢への道しるべ
1890年頃，カナダ北西部ユーコン・テリトリーのクロンダイク河畔に立つ道標のもとで，犬とともにカメラにむかう先住民の子供たち。1896年，この地で金が発見され，それにつづくゴールドラッシュで，ユーコンの開発が進んだ。ピーク時には，年間2200万ドル余に相当する金が産出された。

ーに移住させられた。そして新たな居住地となるテリトリーで彼らを待ちうけていたのは，キリスト教宣教師や政府の役人たちによる"教育"と，キリスト教化だった。

　強制移住は，インディアンに大きな苦難をしいた。

　たとえば，西部に移住した部族は，すでにそこに住んでいた諸部族とうまく折り合いをつけて暮らさなくてはいけなかったし，ひとつ部族のなかで，移住に反対する伝統尊重派と，先祖の地を去ることにあまり抵抗を感じない進歩派（同化をうけいれた人びと）との亀裂が深まったりもした。

　さらに彼らは，雪崩をうって押しよせる白人とも対峙しなければならなかった。

　白人たちの流入は，カリフォルニア・ゴールドラッシュ（1848）や大陸横断鉄道の完成（1869），そして西進する鉄道沿いに建設され

た砦の出現で加速されてゆく。

一方，カナダでもゴールドラッシュがおこり，鉄道が建設されたが，先住民の居住地が分断されたのは，アメリカよりやや遅く，19世紀末近くのことだった。

生き方を守るための戦い

1861年，南北戦争が勃発した。

戦時下に入ると，白人入植者の西方進出も，一時，歩をゆるめたが，多くのインディアン，とくにインディアン・テリトリーに住むインディアンたちにとって，この何年かは苦しくつらい時代だったといえる。

合衆国，南部連合国，どちらの側につくかで，部族あるいは個人で意見が対立，苦渋のうちに彼ら自身の内戦を戦わねばならなくなったからである。

1865年，南北戦争は終結したものの，以後はインディアンの土地に入りこむ白人がますます増え，インディアンは「攻撃」というかたちで彼らに応酬するようになった。

このようなインディアンの動きに対し，合衆国政府はさらに多くの部族をインディアン・テリトリーに移住させることで，白人との分離を図り，同時に，さまざまな機会をとらえては，保留地の行政権を聖職者や軍将校，インディアン管理官に委譲してゆく。

このように，政府は，インディアンと戦えば莫大な費用がかかると考え，彼らを保留地に閉じこめることで"インディアン問題"を穏便に解決しようとした。

ところが実際は，連邦政府が西部の諸部族をも保留地へ強制移住させようとしたため，悲惨な戦いが20年以上にもわたって絶え間なくつづくことになる。強制移住策をつきつけられた南部および北部平原地方，テキサス地方，南西部地方，大盆地・高原地方，カリフォルニア地方に居住する諸部族は，父祖伝来の土地はもとより，伝統的な暮らし，生き方を守るために武器をとり，決然と白人に戦いを挑んだのである。

しかし，19世紀も終わりに近づくと，インディアンは戦いや病気で多くの同胞を失ったあげく，100以上の部族が条約署名を余儀なくされて，保留地へと移住した。

これにくらべカナダでは，戦闘や衝突の数は比較的すくなく，インディアンと白人との関係は，合衆国ほど悪化しなかった。

ただ，土地をめぐる争いはたしかにすくなかったものの，経済的な苦境にあえいだインディアンは数知れない。1885年には，窮乏に耐えかねたサスカチェワン地方のメティス（カナダのフランス人とインディアンの混血）とクリー族が蜂起し，カナダ軍と戦っている。ルイ・リエルが率いたこの反乱は，ただちに鎮圧され，リエルは処刑された。

オネイダの南北戦争退役軍人
南北戦争で連邦軍のウィスコンシン第14部隊に所属していたオネイダ・インディアンの退役軍人。1863年のヴィックスバーグの戦いでは，彼らの正確無比の射撃が，反乱軍の大砲を沈黙させた。

先住民文化の根絶をはかる政策

武力で破れ，保留地に閉じこめられたインディアンは，合衆国政府の同化政策への服従を余儀なくされた。

同化政策とは，インディアンの伝統的な生活様式を根こそぎにしようとする政策である。

これにより，大勢の子供たちが家族や部族社会から引き離され，連邦が設立した寄宿学校にいれられて，インディアン文化とは無縁の環境で教育された。

寄宿学校では，欧米の歴史とキリスト教的価値観を強調した教育がほどこされ，英語以外の言語は禁止されて，手仕事を主体とした職業技能訓練が実施された。これはカナダでも同様で，やはり同化目的の寄宿学校が設立されている。

しかし，政府の思惑にもかかわらず，先住民の子供がみずからの

出自を否定することはなかった。

そして1887年，合衆国議会は，先住民文化を根本的に破壊するような，一段と厳しい政策を導入する。

当時，東部であれ西部であれ，白人改革家たちは，インディアンのために残されている土地があまりに多すぎると考えていた。

また，東部の改革家は，個人単位の財産所有が"文明化"につながり，ひいてはそれがインディアンを救済するはずだと信じた。彼らの主張は，インディアンの土地は従来の共同所有より個人所有のほうが，強欲かつ不当な行為から守ることができる，というものだった。

かたや開発業者はといえば，インディアン個々人に土地が割り当てられれば，規制をはずれ，自由に取り引きできる土地がふえると期待する。

かくして1887年，インディアン改革諸組織の支持を得た一般土地割当法（いわゆるドーズ法）が，議会を通過した。

このドーズ法により，部族単位で所有されていた保留地は160エーカー（65ヘクタール）もしくはそれ以下に小さく分割され，インディアン一人ひとり，および家族に振り分けられることになった。そして残った"余剰地"は，合衆国に売却されたのである。

ドーズ法は，インディアンにとっては大きな厄災でしかなかった。最良の土地の大半が白人に貸与あるいは売却され，あきらかに違法な取引も数多く見られた。

インディアン諸部族が，ドーズ法以前に共有していた土地は1億

カスター終焉の地
カスター中佐が倒れたとされる場所を見つめるインディアン。カスターは戦場で埋葬されたが，遺骸はのちにウェストポイントに移された。

4000万エーカー（5600万ヘクタール）だったが，1887年から，割当政策が破棄された1934年までに，じつに約9000万エーカー（3600万ヘクタール）がインディアンの手を離れている。

さらに，土地とともにインディアン人口も減少しつづけ，19世紀末になると，インディアンは全滅への道をたどるかに見えた。

1890年から20世紀初頭にかけて，インディアンの保留地での生活は，悲惨としか表現しようのない状態がつづいていた。

保留地の多くで，インディアンの指導者が指導者としての意欲を失い，あるいは投獄され，あるいはこの世を去った。

そんな保留地の経済をささえていたのは，土地の賃貸や季節労働，政府の施しのみである。

インディアン局の管理官は，保留地内に住むインディアンの生活をすみずみまで管理し，白人の生活習慣を一方的に押しつけた。たとえば，先住民の昔ながらの衣服は禁止され，男性の長髪は許されず，信仰の儀式は厳禁，違反した者には投獄や重労働が科された。カナダでも，宗教行事は禁止されている。

また，インディアン管理官は，保留地に警察機構を設け，"首長"

パインリッジの寄宿学校
パインリッジ保留地の寄宿学校（1891年撮影）。連邦の政策立案者たちは，インディアンの子供を白人社会に同化させるには，写真のように，寄宿学校をインディアン・コミュニティのそばに建てては逆効果だと考え，実家から遠くはなれた保留地外に建てるようになった。

インディアン・ニューディール

　1920年代に入ると，過去のインディアン問題の解決方法は誤っていたのでは，という反省が広まっていった。それまでの数々の政策によって，インディアンは何千万エーカーもの土地を奪われたばかりか，極貧と病気にあえいでいたからである。

　が，それでもなお，インディアン独自の信仰と文化は，とだえることなく，脈々と息づいていた。

　やがて1934年，議会はインディアン再組織法を制定する。これにより，土地割当制度は廃止されて，一部の土地がインディアン部族に返還された。また，経済発展のための貸付基金が創設されて，ある程度の自治権も復活する。

　ところが，こうした"インディアン・ニューディール"計画も，第2次世界大戦の勃発で，中断せざるをえなくなる。そして終戦を迎える頃には，過去の失敗もかえりみず，連邦政府の方針はふたたび同化政策へと回帰していった。

　1950年代，合衆国は"ターミネーション"と呼ばれる連邦管理終結政策を遂行し，一部の部族と連邦政府との特異な関係に終止符が打たれた。

　これと期を同じくして，インディアン局は，部族による土地共有を根こそぎにしようと，保留地に住むインディアンを都市中心部に転住させる大規模な施策に着手する。そしてこの転住政策は，政府がインディアンへの責務から逃れるための方策ともなっていくのである。

　しかし，1950年代末，先住民から土地を奪い，いっそうの貧困に追いやっていた終結政策は，インディアンの抵抗と一部議会の反対

20世紀後半の保留地の暮らし
パインリッジ保留地にあるオリバー・レッド・クラウドの家に住むコーネリアス一家（1976年撮影。オリヴァー・レッド・クラウドは，ラコタの指導者レッド・クラウドの子孫）。つましい部屋のようすからも，保留地暮らしの経済的苦境が見てとれる。

を受けて，ようやく廃止の方向に向かった。

民族自決への動き

　終結政策により，インディアンの指導者たちは彼らの財産や市民権が危機に瀕していることを知った。

　危機感はしだいにつのり，1960年代初期，インディアンは"レッド・パワー"運動を展開する。

　"レッド・パワー"運動とは，たとえば北西部海岸地方での漁業権回復運動や，アルカトラズ島の占拠，破られた条約の旅路，ウンディッドニー占拠，ロンゲスト・ウォークなどで，この時期，インディアンによって数々の運動が展開された。

　その後，連邦政府は，対インディアン政策を民族自決路線へと一新させ，それに呼応するように，レッド・パワー運動も徐々に鎮静化していく。

　そして1970年代には，終結政策の完全な終了を宣言する各種の法案が成立した。

　つづく1980年代，90年代は，インディアンの法律家たちが，土地回復やインディアンの遺骨，遺物などの返還，保留地内資源の管理・開発権をもとめて法廷闘争を繰り広げた時代である。

　現在，インディアン諸部族の人びとは，文化的アイデンティティを失ってはならないという決意のもと，彼ら自身の手で学校やカレッジを運営し，ホテル経営など各種のビジネスを手がけ，小説や詩を書き，映画の監督・制作にも進出している。

　インディアン諸部族，ファースト・ネイション（最初の民族）たちは，いまもなお，みずからの将来をさだめる戦いをつづけているのである。

先住民の名称について

　本書では，タイトルに"ネイティヴ・アメリカン／アメリカ先住民"という表現を用いているが，これだけが正しい呼称というわけではない。ほかに"アメリカ・インディアン"，"ファースト・ネイション"という名称も，ヨーロッパ人がやってくるはるか以前から北米に住んでいた多くの人びとが，簡便な呼称として使用している。先住民自身は，部族名――ナヴァホ，セミノールなど――で呼ばれるのを好む。

　先住民の部族名表記には，かなりのばらつきが見られる。たとえば，合衆国のブラックフィートは，"ブラックフット"と表記するのを好み，カナダでは合衆国よりも後者が使われる頻度が高い。また，カナダのクワギウトルは，"クワキウトル"のほうを好み，合衆国の著述家は，後者を使うケースが多い。

　先住民の名称そのものも，統一されているわけではない。一般に"エスキモー"と呼ばれている人びとは，カナダでは自身を"イヌイット"（イヌイット語で「人」の意）と呼ぶ。合衆国では，"ユピック"あるいは"ユピック・エスキモー"という名称が使われることが多いが，これはアラスカ南西部のエスキモーの名称である（彼らの言葉には"イヌイット"という単語がない）。また，"スー"という名称も条約にしばしば登場するし，著述家も一般的に使用しているが，この名称で呼ばれる人びとの多くは，もともとの名称である"ダコタ"（東部集団）あるいは"ラコタ"（西部集団）を好む。

　本書では，いずれかの名称，表記を選ばなければならない場合は，"エスキモー"ではなく"イヌイット"を，"ブラックフット"ではなく"ブラックフィート"を，"クワギウトル"ではなく"クワキウトル"を使用している。また，"ダコタ"および"ラコタ"は，両集団を識別できるよう，可能なかぎり使いわけている。

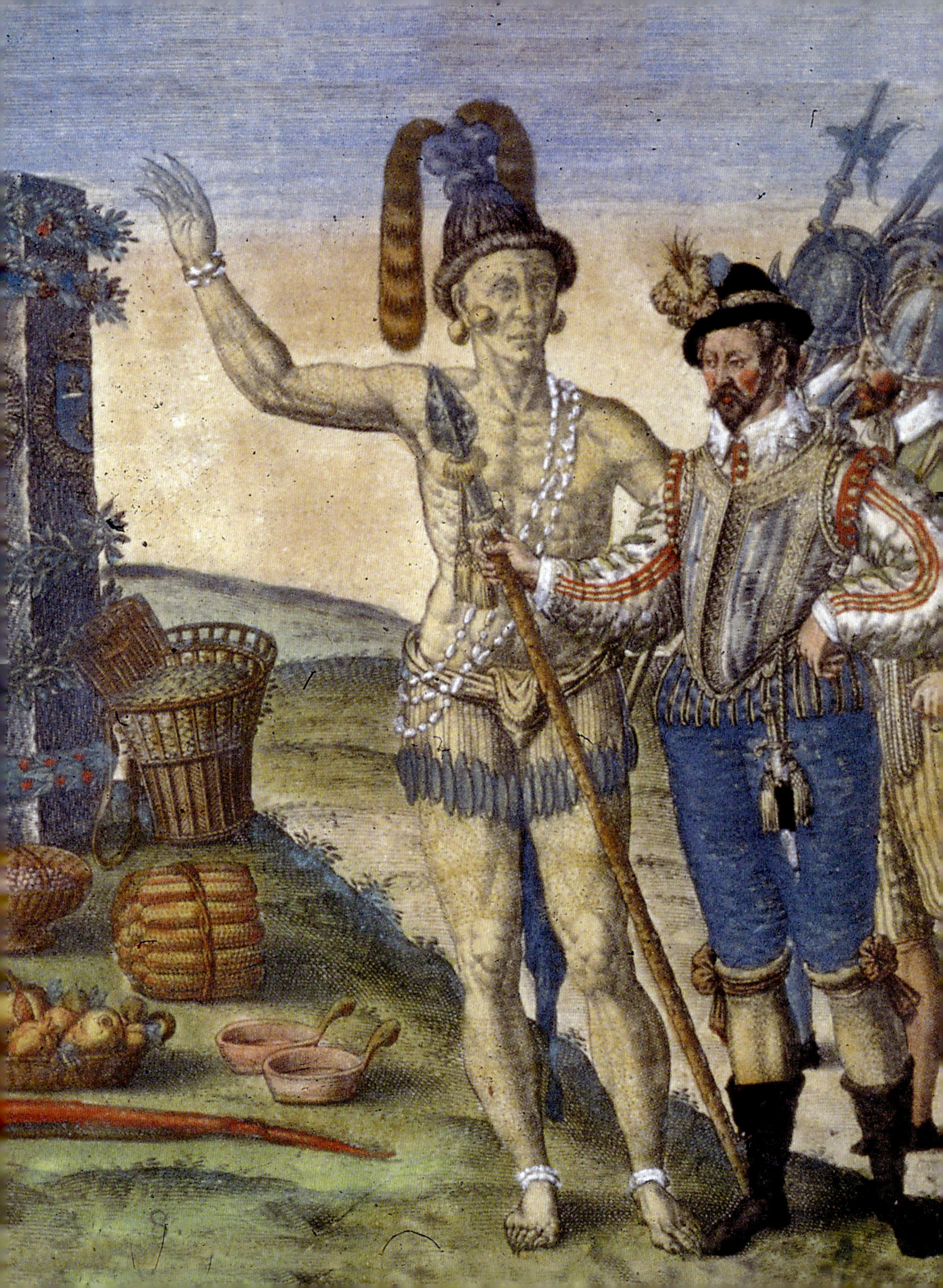

古代〜1850年代

文化と文化の衝突

北アメリカ先住民とヨーロッパ人の
最初の出会いは，平和的だった。
しかし，先住民は，ヨーロッパ人が
もちこんだ疫病にたちどころにおかされ，
疲弊する。一方ヨーロッパ人は，
そんな先住民を征服しようと動きだし，
両者の関係はたちまち悪化の一途をたどった。

友好的な出会い
ティムクア族の首長アソアと，フランス人探検隊との友好的な出会いを
描いた絵。1564年6月と記されている。この後，ヨーロッパ人が
もちこんだ疫病と軍隊の攻撃によって，多くのティムクアが命をおとした。

文化と文化の衝突

先住民の祖先たちの暮らし

ヨーロッパ人が北アメリカにはじめてやってきたのは1500年頃のことだったが、それをさかのぼること3万年以上前から、北アメリカの大地には、古代先住民たちの多種多様な社会が栄えていた。
この最初のアメリカ人たちは、自然はすべての存在の源であると考え、天然資源を活用し、それぞれの居住地の気候風土に柔軟に適応していた。
現代のインディアンのなかには、自分たちの祖先がシベリアからベーリング海陸橋を渡ってアラスカにやってきたという学説に異論を唱える人も多い。

氷河期の尖頭器
中央：1926年にニューメキシコ州フォルサムで発見され、氷河期のアメリカに人類がいた証拠となった1万年前の尖頭石器（武器用）。
右・左：1932年、ニューメキシコ州クローヴィスで発掘された、さらに古い、1万2000年前の尖頭石器。

年表

98000～28000BC
現代先住民の祖先、アメリカ全土に広がる

8300BC頃
食糧源であるバッファローを崖から追い落とす猟がおこなわれる

5800BC頃
北西海岸地方では、サケを食糧にしていた

2500BC頃
南東部地方で陶器がつくられる。調理法と食物保存法が進歩

1000BC頃
南西部地方では、トウモロコシを食糧としていた

500BC
オハイオ中央部の谷でマウンド（塚）建造がはじまり、北東部、南東部地方一帯に広がる

AD800以降
北東部地方では、トウモロコシを栽培していた

AD900頃
アナサジ、800室もある集合住宅様の建物を建築。

アラバマ州マウンドヴィル、900～1500年

北アメリカの人類史のはじまりは、一部の説によると、パレオ（古）インディアンの狩猟小集団が、シベリアからベーリング海陸橋を渡ってアラスカにやってきたときだ、とされている。彼らの子孫はやがて、南北アメリカ全土に広がっていった。したがって、後世のあらゆる先住民の祖先は彼らであるという。

彼らがアラスカに渡ってきた年代については、およそ3万年から5万年前とするのが一般的である。しかし、考古学者のなかには、さらにさかのぼって10万年前とする学者もいる。

一方、先住民族のなかには、自分たちの祖先が誕生した地は南北アメリカである、と主張する人も多い。彼らが前出の学説に疑問を抱く理由はいくつかあって、たとえば考古学的証拠が欠落している、シベリアからの旅は困難である、連綿と語り継がれてきた諸部族の起源にまつわる物語と学説が合致しない、といった点があげられる。

口伝の創世伝説には、地下あるいは海から現世にあがってきた精霊や、天からおりてきた霊的存在が登場し、そうした精霊たちが現世にきて人間をつくった、という話が多い。

先住民文化の発展

先住民族は、すでに紀元1000年頃には北アメリカ各地に複雑な社会を築いていた。

人口が密集していた北西海岸地方では、太平洋や

◁**アナサジの崖の家**
アリゾナ州キャニオンドシェイー帯の崖には、アナサジ族の住居が400近くある。写真はそのひとつで、上部に石膏を塗布してあることから"ホワイトハウス廃墟"と呼ばれる（紀元前1000年頃の遺跡）。アナサジは、ひさしのように突き出た岩の下に建てた、多層構造の住居である。

先住民の祖先たちの暮らし：古代〜ヨーロッパ人との接触以前

コロンビア川支流でふんだんに獲れる魚や海洋哺乳類を自在に利用し，温暖な気候がはぐくむ広大な森の巨樹で住居を建て，巨大なトーテムポールをつくったりした。

また，南西部地方の砂漠地域では，アパートのような集合住宅が建てられた。農耕が栄え，乾燥した不毛の土地でありながらも，かなりの数の人びとが生活を営むことができた。

かたや北極地方でも，きびしい環境にみごとに適応し，狩猟，漁労の技術は高度に発達して，海や陸上の哺乳類を食糧にして暮らしていた。

北東部の森林地域は，先住民にとって資源の宝庫だった。樹木は家屋やボート，道具類，燃料になり，樹皮は衣服や屋根ふきの材料，寝具になる。また，森にすむ獣の肉は食糧に，その毛皮や骨，角は小屋や衣服，道具の材料となった。

よく知られる平原インディアンの文化は，樹木のない草原地域で，白人の到来後に発展したものである。草原にはバッファロー，レイヨウ，シカ，ワピチ（エルク），ウサギなど，種類もさまざまな動物が生息し，肉は食糧に，毛皮，骨，角は，小屋や衣服，道具類に生まれ変わった。

自然界に霊性を見る

古代の人びとにとって，信仰は生活の中心であり，夏至や冬至，春分，秋分のころには独自の儀式がとりおこなわれた。

先住民たちは，自然の聖地を崇拝し，そこで祖先や植物，動物，霊的存在と交流した。日々の暮らしの中心は，豊作や猟の成功を霊的な力に祈ること，感謝をささげることだった。

ハスキー▽
イヌイット（エスキモー）は，4000年以上前から犬を訓練してソリを引かせていた。ハスキー犬は被毛が密生しており，北極圏地方のきびしい環境のなかでも，季節を問わず，外で暮らすことができる。

プエブロ民族

プエブロ・インディアンは，800年頃から独自の文化を築きはじめていた。日干し煉瓦づくりの，アパートに似た多層構造の集落で暮らし，陶器づくりにひいで，灌漑をおこなって，乾燥地帯での農業を成功させた。また，大雨が降ったときに流れる水を利用できるよう，大きな水無し川の河口に作物を植えた。

コーン・ダンス▷
コーン・ダンスは，季節ごとの重要な作業を反映させたプエブロの年中行事のひとつで，部族をあげておこなわれる。写真はコチーティ・プエブロの男性の踊り手。トウモロコシなど穀物の豊作を祈って踊る。

△ 空の都
石と日干し煉瓦でつくられた多層の集合住宅，アコマ・プエブロ。高さ365フィート（112メートル）のメサ（周囲が崖で，上が平らな岩石丘）に建っている（ニューメキシコ州）。メサの上にあることから，しばしば空中都市と呼ばれるアコマは，人の居住地としては合衆国内最古のひとつと考えられている。

△ 日干し煉瓦の村
アコマの西プエブロ族の村落。ここでは日干し煉瓦を積みあげるのではなく，日干し煉瓦用の粘土を石壁の上に貼りつけている場合が多い。これに対して東プエブロ族（リオグランデ・コミュニティ）では，日干し煉瓦と泥のモルタルで壁をつくる。

△ トウモロコシを挽く
プエブロの女性は，大きな箱に石を入れ，何時間もかけてトウモロコシを挽く。石は，きめの粗さがちがっており，最初にいちばん粗いもので，その後は順に目のこまかいもので挽いていって，なめらかな細粉にする。

多層住居▷
アリゾナのホピ族保留地内第1メサ（砂漠にそびえる高さ183メートルの岩石丘）にあるウォルピの住居。このような住居がひとつの集落を形成している。出入りするには，下の階の屋根にはしごをかけ，そこから上の部屋へは短いはしごを使う。

文化と文化の衝突

イロクォイ諸族同盟

15世紀前半，現在の合衆国ニューヨーク州，カナダのオンタリオ州に住む5部族が，イロクォイ連合を形成した（モホーク，オネイダ，オノンダガ，カユーガ，セネカ，のちにタスカローラも加盟）。彼らは細長い家に何家族かがまとまって住んでいたことから，ホーデノソーニー（長い家の人びと）と呼ばれた。

歴史を編む▷
ワムパム（貝製の白や紫の筒型ビーズでつくられた紐や帯）は代用通貨として使われていたが，部族の歴史や聖なる約束を記録するという，より重要な役目もあった。イロクォイとヨーロッパ人との外交でも大きな役割を果たしている。

△イロクォイの漕ぎ手たち
イロクォイの人びとは船漕ぎの名手で，狩猟をするにも戦いにおもむくにも，カヌーを駆使した。カヌーは大きな丸太をくりぬいたもので，トウヒやニレ，シラカバの樹皮が張ってある。

△理想の戦士像
イロクォイの男たちは，戦功をあげることで社会の尊敬を得た。ここに描かれているのは，戦闘用の棍棒を手にした理想の戦士像である。

土地を耕す▷
イロクォイは農耕技術にもたけており，石や骨，枝角，木でつくった道具で土地を耕していた。主要な3つの作物（トウモロコシ，豆，カボチャ）は"3姉妹"と呼ばれた。トウモロコシや，食料になる野生植物をあがめる祭礼は，彼らにとって大切な儀式であった。

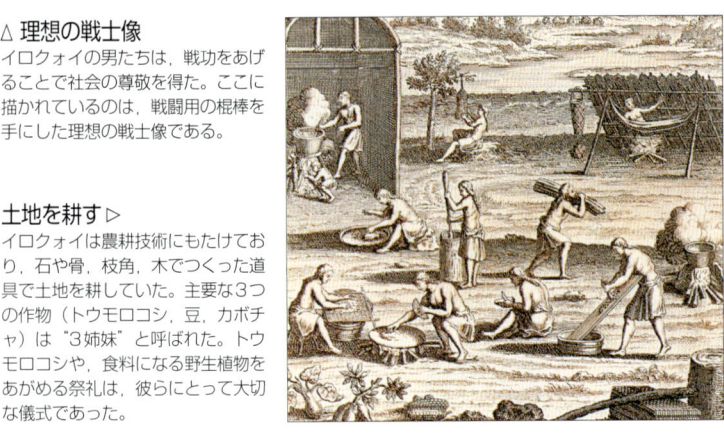

ハイダ

居住地はカナダの現ブリティッシュ・コロンビア州沖にあるクイーン・シャーロット諸島で，北西海岸地方は彼らにとって食料の宝庫だった。アザラシなどの海獣やタラを獲って暮らし，木材に恵まれた地域では，ヒマラヤスギの厚板で家を建て，海に面したどの家も正面に一本あるいはそれ以上のトーテムポールを立てていた。

一族の歴史▷
クイーン・シャーロット諸島スキダギットにあるハイダ族の村の，海にむかって林立する巨大なトーテムポール。ふつうはベイスギでつくられ，てっぺんには，その家の祖先にまつわるものが彫られている。

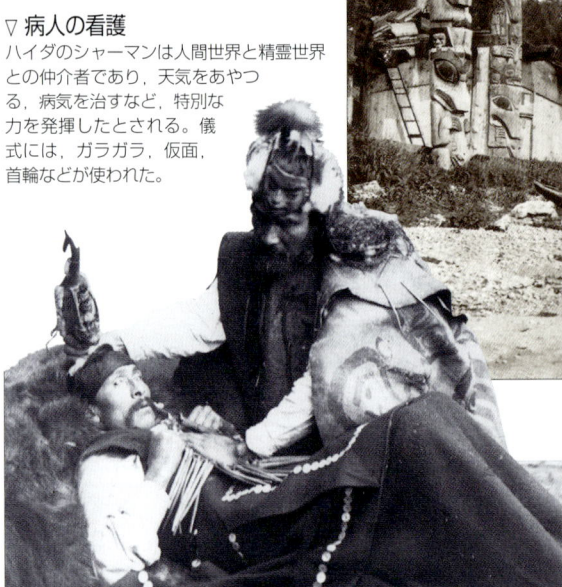

▽病人の看護
ハイダのシャーマンは人間世界と精霊世界との仲介者であり，天気をあやつる，病気を治すなど，特別な力を発揮したとされる。儀式には，ガラガラ，仮面，首輪などが使われた。

ブラックフィート

力と数を誇る有力部族のひとつ，ブラックフィートは，現在のアルバータ州（カナダ）を流れるノース・サスカチェワン川から，モンタナ州（合衆国）のミズーリ川にいたる広大な地域を支配し，主食であるバッファローを狩りながら草原を移動して暮らしていた。狩猟は徒歩でおこない，石や骨の弓矢，槍が使われた。

移動住居▷
ブラックフィート族は狩猟生活を送っていたので，住居も，各地を点々と移動する暮らしに合うものが考案された。円錐形のティーピーは，バッファローの群れとともに移動できるよう，簡単に解体して持ち運べるつくりになっている。

▽ティーピーの運搬
ティーピーのおおいは，たたんでトラヴォイ（2本の棒をV字型に組み，オオカミに似た頑健な犬（ときには女性）に引かせる運搬用具）にのせて運んだ。馬が使われるようになってからは，さらに多くの荷物が運べるようになった。

先住民の祖先たちの暮らし：古代～ヨーロッパ人との接触以前

イヌイット

かつてエスキモーと呼ばれたイヌイットは，アラスカやノースウェスト準州，ニューファンドランド，ケベック，シベリア，グリーンランド地方に住んでいる。氷におおわれた地でセイウチ，アザラシ，クジラを獲り，食料や衣服，武器，道具にしたほか，明かりや調理用油にも利用した。内陸地方ではカリブーも狩り，同様に活用した。

◁ **カゴづくり**
ハイダの女性は幼いときからカゴづくりを教わった。カゴのほかにも，ヒマラヤスギやトウヒの根，樹皮の内側部分を使って，敷物，仕切り，マント，レインハットなどをつくる。しっかり編まれたカゴになると，水を入れることもできた。写真は，ハイダの女性がヒマラヤスギの根の繊維でカゴを編んでいるところ。

△ **牙を削る**
2000年以上も前から，イヌイットの男はセイウチの牙を削って，狩猟用具や日常生活に必要な道具をつくってきた。こうした道具類は，機能的であるのはもちろんだが，姿形も美しい。

◁ **冬をすごす雪の家**
イグルー内部で，ベッドに腰かけた家族。ベッドは氷製で，毛皮を敷いてある。冬季，中央部イヌイットが住む雪の家は，石のランプで油を燃やすと，とても暖い。

貴重な銅製品 ▷
ポトラッチ（p.22）で分配される贈り物のなかでも，とりわけ"銅製品"は貴重だった。もともとは純金製，のちに銅製となったこの祭式用品は，首長の持ち物であり，海と天空の豊かな光を象徴している。

◁ **家を建てる**
高く大きく，均整のとれたティーピーを張りおえると，ブラックフィートの女たちは，まず神聖な包みを吊り下げてから寝所を整え，家財，台所用品，個人の持ち物などを並べた。

◁ **顔の装飾**
イヌイットの女性のなかには，顔に刺青をほどこす者もいた。顔の刺青は女性の美を強調するだけでなく，その女性が婚姻，妊娠の準備ができていることを示すしるしでもある。写真のように，下唇の下に線を描くのが一般的。

△ **イグルーづくりの技術**
男たちは，雪の家をつくるため，雪のことを熟知し，雪切りナイフで大塊を切り出す方法や，それをドーム型に積みあげる方法などを心得ていなければならない。家族も，外壁の隙間を雪で埋めるなど，イグルーづくりを手伝った。

儀式用の衣服 ▷
独特の羽根飾りをかぶったカナダのブラックフィートの首長と，祭式用のビーズ飾りの服を着た家族。バッファロー皮やシカ皮のシャツ，ベスト，すね当て，ブーツ，モカシンなどには，染料で染めたキルトの飾りがあしらわれていた。この独創的な装飾は，馬具にまでほどこされている。

▽ **浜にあがるクジラ捕りの漁師たち**
クジラ捕りの漁師は，日頃から漁にそなえていた。道具類が粗末ではクジラの怒りをかうと考え，銛や櫂をつねに磨き，船の皮のおおいは新しくし，乗組員の食糧の備蓄に励むのである。クジラが浜に引き上げられると，歓迎の儀式がおこなわれ，肉はコミュニティ全体に分配された。

◁ セミノール族の結婚
セミノールには、一族の年長者が若者の結婚のお膳立てをする習慣がある。ふたりが結婚を承諾すると、花婿になる若者は花嫁の身内に贈り物をする。写真は、セミノール独特のパッチワークの衣装を着て結婚に臨むカップル。

◁ 大空の墓
平原部族は、遺体が動物に傷つけられないよう、死者がすこしでも空に近づけるよう、高い台の上に横たえたり（写真）、木の上に安置したりした。ほかの部族は、墓や洞穴、岩の割れ目などに埋葬した。

アレウト湾でのポトラッチ ▷
ポトラッチでは、客は席について、それぞれの財力や地位に応じた贈り物を受けとる。ホストは多くを差し出せば差し出すほど地位があがり、すべてを出しつくしたホストは、客たちが開くべつのポトラッチで贈り物を受けとり、埋め合わせる。

▽ 儀式での踊り
儀式用の衣装をまとい、仮面をつけたポトラッチの踊り手（アラスカ、1900年撮影）。人間や動物の顔の仮面は、祖先や守護霊をあらわす。

◁ ワシのように舞う
肩に大きな翼をつけてイーグル・ダンス（ワシの舞い）を踊る、タオス・プエブロの男性（ニューメキシコ州ギャラップ）。イーグル・ダンスは、儀式を重んじるプエブロの人びとにとっては大切な踊りで、ワシへの崇敬の念をあらわしている。ワシは、雨や雷、癒しの力と結びついているとされる。

◁ 神聖な小屋へ
部族の神聖なアースロッジへ向かうアリカラ族の男たち（ノースダコタ、エドワード・カーティス撮影、1908）。この聖なる小屋は、さまざまなマザー・コーン（母なるトウモロコシ）の儀式がおこなわれる場所で、アリカラの宇宙観をあらわすものでもある。こうした小屋は、マンダン族やヒダーツァ族、ポーニー族の伝説や儀式でも中心的役割を果たしている。

精神世界

北アメリカの先住民社会には，無数の宗教的伝統が息づいている。そのどれもが，強制移住や聖地の破壊，呪術医の投獄，キリスト教宣教師や政府による同化の押しつけといった，長い苦難の歴史を耐え抜いてきたものばかりだ。こうした神聖な信仰，儀式，祭式の多く，そして豊かな知恵は，先住民文化の真髄を宿すものとして，今後も生きつづけてゆくだろう。

△ **太陽にささげるポンカの踊り**
北アメリカ先住民の儀式のなかでも，とくに壮観なサン・ダンス（太陽の踊り──写真はポンカ族）は，断食と，聖なる柱の前で踊るダンスから構成されている。現在でも，サン・ダンスの期間は友情を新たにし，親類を訪ねる機会であり，伝統的な競技をおこなったり，会議も開かれる。

◁ **フーパの感謝祭**
カリフォルニア北部で秋におこなわれる祭り（10～16日間つづく）では，鉤のついたヘッドバンドとアルビノのシカ皮をつけたフーパ族の男たちが，儀式の場に定められた場所で踊り，食物への感謝，豊漁と狩猟の成功祈願，大地の富を分け与えてくれた創造主への感謝をあらわす。

◁ **女性の力**
カナダのブラックフィートの社会では，人びとの健康を守るもっとも神聖な薬の包みは，女たちがその番をする。写真のスネーク・ピープル・ウーマンは，ブラックフィートの支族，ブラッドの女たちが組織するオールド・ウーマンズ・ソサエティの一員。

▽ **クローのタバコ・ソサエティ**
タバコを使って精霊世界と交流する部族は多い。モンタナに住むクロー族の男女の神聖な集まり，タバコ・ソサエティは，薬効のあるタバコを栽培する。タバコはソサエティのメンバーの手で儀式の手順にしたがって植え，育て，収穫される。

アパッチのタバコ入れ

先住民とキリスト教

一部の先住民のなかでは，古くからの信仰がいまなお根強く残っているが，キリスト教のみを信奉する者もいれば，どちらも精神的な慰めを与えてくれると感じ，教会で祈ると同時に伝統的な癒しの儀式に参加する人びともいる。また，カトリック信仰と古来の儀式を融合したものもあれば，ペヨーテ（サボテンから採る幻覚剤）を聖祭品として用いるネイティヴ・アメリカン教会の礼拝に通う人もいる。

儀式と聖地

先住民はどの部族も，神聖な"創世"伝説にしたがって，さまざまな儀式をおこなう。とりわけ重要なものは，特定の時期に，特定の聖地で実施されなければならない。儀式の種類は，人生の節目となる出来事を記念する，病気を治す，霊的存在との関係を新たにする，人を信仰集会の一員に加える，狩猟の成功や豊作を確実なものにする，雨乞い，作物の収穫への感謝など多様である。また，大地とあらゆる生き物が生き長らえるよう，さらに多くの儀式がおこなわれている。

太古から，先住民の呪術医は聖地へおもむいて祈り，断食し，ヴィジョン・クエスト（幻影による啓示をもとめる儀式）をおこない，導きをうけ，若者をコミュニティの精神世界で教育してきた。彼らは聖地で，祖先や他者，動植物などと交流していたが，なかでも多いのは精霊との交流であった。しかし，その土地の聖性が商業活動によって損なわれることも多く，聖地が破壊されたり，立ち入りが制限されたりすると，そこでおこなわれていた儀式もおなじ運命をたどった。

> "厳格な法が，わたしたちに
> 踊れと命じる。
> 厳格な法が，友や隣人と
> 所有物を分かちあえと命じる"
>
> クワキウトル（名前不詳），1886年頃

Sweat Lodge, Covering Raised.

浄めの儀式

若木を曲げて，その上に獣皮をかぶせたスウェットロッジ（発汗小屋）で身を浄めるダコタの男たち。スウェットロッジでの儀式は，宗教的であると同時に医療行為でもある。参加者は熱した石に水をかけて蒸気をあげ，身を浄める。

文化と文化の衝突

ブラック・エルク

1931年：インディアン世界の聖なる輪について

ワイオミングを流れるリトルパウダー川のほとりで生まれたオグララ・ラコタ族のブラック・エルク（1863～1950）は，9歳でヴィジョン（霊界との交流で得られる啓示）を体験し，後年，すぐれた霊力，治癒力で知られるメディスンマンとなった。ブラック・エルクは，1931年，ネブラスカの桂冠詩人ジョン・C・ナイハルトに，カスター軍との戦闘，ゴースト・ダンス信仰，ウンディッド・ニーの大虐殺などの実体験を含む，みずからの人生を語った。こうして書かれた，先住民の精神性に関する《ブラック・エルクは語る：オグララ・スーの聖人の人生 Black Elk Speaks : The Life Story of a Holy Man of the Oglala Sioux》は，精神的指標をもとめる若きインディアンたちのバイブルとなっている。

" もう気づかれただろうが，インディアンがすることは，すべて円のなかでおこなわれる。

それは，"世界をつかさどる力"が円を描くように働くから，そしてすべてが丸くなろうとするからだ。

むかし，わたしたちが強くて幸福な民であったころ，わたしたちの力はすべて聖なる輪から生まれ，輪が破られないかぎり，わたしたちは栄えつづけていた。

輪の生命あふれる中心は花咲く木で，四つの部分からなる輪が，木を養い育てていた。東の部分は平和と光を，南の部分は暖かさを，西の部分は雨を，そして北の部分は冷たい強風で力強さと忍耐を与えた。

この知識は，わたしたちの信仰とともに，外の世界からやってきた。"世界をつかさどる力"がなすことは，すべて円を描いている。空は丸い。そして大地はボールのように丸く，星もみな丸いときいている。

風は，いちばん強くなったとき，渦を巻く。鳥は丸い巣をつくる。それは，鳥がわたしたちとおなじ信仰をもっているからだ。

太陽は円を描くように昇り，沈んでゆく。月もそうだ。そしてどちらも丸い。季節もまた，移り変わりつつ円を描き，かならずもとの場所にもどる。人の一生も円……これは，力が動くところ，すべてにいえることだ。

わたしたちのティーピーは鳥の巣のように丸く，かならず円形に並んでいた。この円は民族の輪。たくさんの巣でつくる，ひとつの巣。

"偉大なる精霊"は，わたしたちがそこで子らを孵すよう思し召したのだ。"

民族の輪――ティーピーの円

ラコタ，シャイアンなど，平原インディアンが儀式や会合で集まると，ティーピーがキャンプ地に円形に並べられた。ティーピーの入口はすべて東を向く。それぞれのティーピーの位置は，所属する部族，支族，バンド（平原インディアンの場合，移動生活をともにする家族の集合体），氏族，信仰集団などによって決められていた。

文化と文化の衝突

ヨーロッパ勢力の侵出

　この地図は，北アメリカに5つの主権国家が侵出し，勢力を拡大していった過程を示している。植民地を建設するというヨーロッパ各勢力の試みは，はじめのうちこそ失敗に終わっていたものの，1565年以降はスペイン，フランス，イギリス，オランダがしだいに地歩を固めていった。それから200年にわたって，南東部地方，ヴァジニア，ペンシルヴェニア，ニューイングランド，ケベックに入植したヨーロッパ人は，各植民地の勢力を増大させ，大陸内部にも前哨となる居留地を築いた。一方，ロシアは1700年代にアラスカを植民地化し，1867年に合衆国が買い取るまで，アラスカ地方にとどまった。

凡　例	
✝	ロシアの植民地
🪖	フランスの植民地
✝	スペインの植民地
🎩	イギリスの植民地
🛡	オランダの植民地

ロシア

✝ スリー・セインツ

ロシアの侵出

1741年：探検家ヴィートゥス・ベーリング，現在のアラスカ州南岸を探検後，アレウト族と遭遇

1766年：交易業者のイヴァン・ソロヴョーフ，アレウトの人口を減らそうと，村落を襲撃

1783年：毛皮交易業者グリゴール・イヴァノヴィッチ・シェレホフ，コーニアッグ族を破り，コディアック島に植民地を建設

1799年：皇帝パーヴェル1世，ロシア - アメリカ会社の毛皮交易独占権を認める

1812年：ロシア - アメリカ会社，サンフランシスコ湾近傍に植民地を建設

✝ フォート・ロス
✝ サンフランシスコ
✝ モントレー
✝ サンディエゴ

スペインの侵出

1513〜21年：フアン・ポンセ・デ・レオン，フロリダをスペイン領と宣言し，南東部地方のインディアン諸部族と遭遇

1539〜43年：エルナンド・デ・ソート，南東部地方インディアン諸部族を支配しようとする

1540〜42年：フランシスコ・バスケス・デ・コロナード，南東部地方を探検し，ホピ族，ズーニー族，ティケクス族などと遭遇。ズーニーの村落を攻落し，数か月，占拠する

1566年：スペイン人によって，セントオーガスティン（現在の合衆国フロリダ州）に初の恒久的ヨーロッパ人植民地が建設される

1598〜1606年：フアン・デ・オニャーテがニューメキシコを侵略し，プエブロの諸村落に毛皮や毛布，穀物の供出を強要する。その後デ・オニャーテは，プエブロへの犯罪的行為をとがめられ，スペイン人によってメキシコへ呼び戻された。

1680年：サン・フアン・プエブロのポペーに率いられたプエブロ族がスペイン人に対して決起し，10年以上にわたって彼らを排除することに成功した

1751年：北ピマ族，武力でスペイン人をアリゾナから撤退させる

ヨーロッパ勢力の侵出：1497年〜1812年

フランスの侵出

1534〜42年：ジャック・カルティエが，ミクマク，ヒューロン，モンタニエ，イロクォイ各部族と交易

1603〜15年：サムエル・ド・シャンプラン，北東部地方を探検し，多くの部族と遭遇

1608年：ケベックに恒久的交易場を建設

1633〜50年：ヒューロン族をカトリックに改宗させようとする

1654〜69年：毛皮交易業者ピエール・エスプリ・ラディソンが，イリノイ族と遭遇して捕らえられ，部族民の養子となる

1669〜73年：ルイ・ジョリエとジャック・マルケット（イエズス会）が，五大湖地方およびミシシッピ川流域で多くの部族と遭遇

1682年：ルネ・カヴァリエ・ド・ラサールが，ミシシッピ渓谷（ルイジアナ）をフランス領と宣言

イギリスの侵出

1497〜98年：イタリア人のセバスティアーノ・カヴォート，ジョヴァンニ・カヴォート親子，イギリス船で到着し，北東部地方インディアンと遭遇

1502年：イギリス人の漁師たちが，定期的にニューファンドランドを訪れるようになる

1578〜79年：フランシス・ドレイク，カリフォルニアの海岸地方を探検

1585〜86年：ウォルター・ローリーの指揮下，ノースカロライナのロアノーク島に初のイギリス植民地を建設

1607年：北アメリカ初の恒久的イギリス植民地が誕生（ポーハタン連合テリトリー内のジェームズタウン）

1607〜19年：イギリス船，ニューイングランドの海岸を定期的に訪れ，アルゴンキン部族と交易（と同時に，多数のアルゴンキンを拉致）

1620〜28年：ピルグリム・ファーザーズ（植民地に定住），マサチューセッツ族およびワムパノアグ族と遭遇

オランダの侵出

1609〜10年：ヘンリー・ハドソン（イギリス系），オランダに雇われてハドソン湾周辺を探検し，インディアンと遭遇

1624年：オランダ人入植者，ニューネザーランドにフォート・オレンジ（現オールバニー）を建設

1626年：ニューアムステルダムのオランダ植民地総督ペイター・ミヌイット，インディアンからマンハッタン島を24ドル相当で購入

1641年：インディアンの頭皮に報奨金をだすと正式に表明

1642年：ニューアムステルダムの入植者，インディアンの寝込みを襲い，多数を虐殺

地図上の地名

ポート・ネルソン
フォート・ヨーク
フォート・オールバニー
ムース・ファクトリー
フォート・ルパート
ケベック
フランス
ポート・ロイヤル
フォート・セントクロイ
フォート・ナイアガラ
ボストン
フォート・セントジョゼフ
フォート・ナッソー
ニューアムステルダム
プリマス
イギリス
フォート・セントルイス
ジェームズタウン
オランダ
サンフアン
サンタフェ
フォート・プリュドム
チャールストン
イギリス
エルパソ
ニューオーリンズ
セントオーガスティン
スペイン

文化と文化の衝突

ヨーロッパ人との出会い

1600年代に入って，ヨーロッパの商人や兵隊，農民，都市の住民が北アメリカにわたってくるようになると，先住民は当然の礼儀として，彼らを快く迎えた。

しかし，ヨーロッパ人のほうが友好的だったのは，新天地に足がかりを築くまでのことでしかなかった。彼らはやがて，条約を結んでは破り，インディアンを殺し，インディアンの土地を奪ってゆく。

先住民たちは果敢に反撃したものの，さまざまな要因——ことに天然痘などの疫病の流入，ヨーロッパ人の火器の威力——が重なって，多くの命が失われた。

言語の壁をこえる
チェロキーの女性とイギリス人貿易業者とのあいだに生まれたセコイアは，1821年，チェロキー語の発音を筆記するのに必要な，86文字からなる音節文字表を完成させた。

初期のヨーロッパ人探検家

ヨーロッパの探検家は1000年ごろから先住民と接触していた。初期の探検記には，諸部族に関する初の情報が記されている。

エルナンド・デ・ソート
スペイン人探検家。1539～42年，金や銀の鉱山を探して，南東部一帯を歩いた。途上，略奪をくりかえし，多くのインディアンを殺戮した。

ウォルター・ローリー
イギリス人探検家，植民地建設者。1585年，ノースカロライナの海岸に植民地建設を命じたが，このロアノーク島の植民地はなぜか消滅してしまった。

サムエル・ド・シャンプラン
フランス人探検家。1608年，インディアンと毛皮を交易するための中心地として，カナダのケベック市を建設する。地元の部族と交易協定，軍事同盟を結んだ。

ヘンリー・ハドソン
イギリス人航海家，探検家。1609年，ハドソン川（彼の名にちなんで命名）を"発見"し，一帯をオランダ領だと宣言する。ハドソン渓谷を探検中，アルゴンキン系インディアンと交易し，ヨーロッパに毛皮を持ち帰った。

ヨーロッパ人と先住民が定期的に接触するようになったのは1500年代初期で，以後，ヨーロッパからの入植者が続々とやってくるまで，1世紀にわたってつづいた。この間，フランスやポルトガル，スペインのバスク地方の漁師がラブラドル地方やニューファンドランド島の海岸を訪れたり，スペイン人探検家が南東部の部族を捕らえ，奴隷として売ったりもした。16世紀から17世紀を通じて，イギリス，フランス，スペイン，オランダは，先住民の地に自国の旗を立て，彼らを力で圧倒し，足を踏みいれた場所はすべて自分たちのものだと宣言したのである。

インディアンの地におけるヨーロッパ人

ヨーロッパ勢の先住民との接し方は，各者各様だった。カナダにやってきたフランス人は毛皮の交易に熱心で，広大な土地を要求するようなことはなかった。カナダの本土で畑を耕やすことも，恒久的な入植地を開拓することもなく，インディアンと白人の関係は，17世紀初頭まできわめて友好的だった。

スペイン人征服者は，インディアンをカトリックに改宗させようとし，現在のニューメキシコ州，カリフォルニア州に布教所をつくると同時に，金，銀鉱山で彼らを強制的に働かせた。

またオランダ人は，1600年代初期には毛皮に執着し，先住民と交渉して，交易場と集落用のわずかな土地を手に入れただけだった。しかし，1630年代に入って，海岸地方の毛皮が枯渇しはじめると，一転して農業に力を入れ，武力で土地を奪ってゆく。

一方，1600年代初期にわたってきたイギリス人は，先住民が何世紀も前から耕してきた肥沃な大河流域の土地をほしがった。彼らは獲物の豊富な原生林を切り開き，はじめは宅地を，ついで大規模な農園をつくるようになる。部族の土地が荒れるにつれ，先住民はその地を去るか，白人の生活様式に従うか，

△ **ゴズノールドの試み**
1602年，イギリス人探検家バーソロミュー・ゴズノールドは，ニューイングランドの海岸に植民地を建設しようとした。はじめのうちはケープコッド周辺の諸部族と平和的に交易し，この絵にあるように，友好的なワムパノアグから，調理した魚やタバコを贈り物として受けとっていた。しかし，部下とインディアンが交易品をめぐっていさかいを起こし，結局，植民計画をあきらめざるをえなかった。

二者択一を迫られた。1741年には，ロシア人毛皮業者がアラスカにも進出して，先住民の男に毛皮をとらせ，子供に皮処理を手伝わせ，女たちを囲った。

先住民の生活様式の変化

　先住民たちは，何千年にもわたってトルコ石や火打石，貝殻，雲母その他，さまざまなものを部族間で交易し，それらは彼らの交易ルートを通じて南北アメリカ全体に広まっていた。ところが，ひとたびヨーロッパ人との交易がはじまると，先住民文化に白人の加工品が流入し，彼らの生活様式は変化して，二度ともとには戻らなかった。先住民側の交易品は毛皮で，白人は毛皮を使い，当時のヨーロッパの上流階級で流行していた毛皮のマフや襟，フェルトの帽子などをつくった。それと交換に先住民が要求したのは，作業が楽になる金属の道具類（くわ，斧，ナイフ）や織物，毛糸などである。やがて先住民の暮らしのなかで，獣皮が織物に，伝統的な石や骨，木の道具が金属に，弓矢が銃にかわっていった。限られた量の毛皮を白人同士が奪いあうようになると，先住民の部族間にも競争が生じ，毛皮をめぐる軋轢は部族間衝突や植民地間戦争の原因のひとつともなった。17世紀初期から19世紀初期にかけ，多くの先住民が戦闘の結果，あるいは白人入植者に土地をあけわたした結果，北東部や南東部の故郷を去っている。1830年には，合衆国議会がインディアン強制移住法を通過させ，諸部族は耕作地や農場，森林から，ミシシッピ川以西のインディアン・テリトリーへと追いやられてゆく。

◁ **ニューヨークシティの誕生**
ニューアムステルダムの姿を伝えるものとしては最古の絵（1651）。ニューアムステルダムは，1621年，オランダ西インド会社によってマンハッタン島南端に築かれたが，64年にイギリスの手に落ちてからは，ニューヨークシティと呼ばれるようになる。

疫病禍の生存者 ▷
先住民は，ヨーロッパ人が北アメリカにもちこんだ疫病に対してほとんど抵抗力がなく，その感染力の前に，数週間で消滅した部族まであった。天然痘などの伝染病で死亡したインディアンの数は，白人との戦いによる死亡者数よりも多い。写真の2人は，天然痘の猛威を生きのびたマンダン族。

ヨーロッパ人との出会い：1500年代～1830年代

探検家，西へ ▷
1700年代後期，合衆国およびカナダの探検家たちは，海岸線，川，湖，渓谷，山道などを踏査しながら，広大な未知の大地がひろがる西方へと分けいっていった。そしてその途上で，ほとんどの探検家が先住民と遭遇している。彼らが残した記録には，植物，地理など豊富な科学的資料に加え，出会ったインディアンたちの情報も記されている。

◁ **ペンシルヴェニア和平会談**
イギリス人提督の息子でクエーカー教徒だったウィリアム・ペンは，現在のペンシルヴェニア州のほぼ全域を占める広大な土地を相続し，1682年，レニ・レナピ（デラウェア）族の首長と条約を結んだ。宗教改革者であったペンは，植民地のインディアンに平和を守ると保証し，植民地内に住む者の信教の自由を約束。その結果，ペンシルヴェニアでは，インディアンと白人の平和的な関係が長年にわたってつづいた。

文化と文化の衝突

商議と交易

インディアンと白人の毛皮交易は，大西洋岸の植民地建設と同時にはじまり，植民地時代はもとより，19世紀に入ってもしばらくのあいだはつづいて，主要産業のひとつに成長した。交易は，一時はインディアンに利をもたらしたものの，やがて彼らは伝統の道具や技術を捨て去り，生活必需品をヨーロッパ商品にたよるようになっていった。

△ ポーハタンとの関係
1607年，ヴァジニアのジェームズタウンに植民地を建設したイギリス人は，インディアンの攻撃にそなえ，柵をめぐらせた砦をつくった。が，ポーハタン族は入植者と平和的に交易し，トウモロコシを運んできたり，魚を採る簗（やな）のつくり方や野菜の栽培法を教えたりした。

毛皮と銃の交換▷
ヒューロン，オタワなど東部の諸部族は，ビーバーを獲りつくしてしまうと，もはや自給自足の生活ができなくなり，ヨーロッパの商品，とくに猟銃をもとめるようになった。カナダでは，フランス人が毛皮と交換にマスケット銃を供給した。

◁代用通貨
ハドソン湾交易会社が，ビーバーの毛皮と交換に，インディアンや白人猟師にわたした真鍮の代用通貨。同社から生活用品を購入するときに，これを使う。ハドソン湾交易会社は，交易に便利な河口に，砦や交易場をつくった。

◁スウェーデン人との交易
スウェーデン人入植者と交易協定を結ぶデラウェア・インディアン（17世紀のスケッチ画）。スウェーデン人は1638年，デラウェア湾沿いの土地の所有権を主張したが，1655年にオランダ人に追放された。

ミデウィニンの薬袋▷
チペワ族の宗教的集まり，ミデウィニンの，カワウソの皮でできた薬袋。染色したヤマアラシの針や，白人交易業者から手に入れたガラスのビーズで飾られている。

戦いの波

ヨーロッパ人は，ひとたび北アメリカに足がかりを得ると，先住民との流血の戦いに突入していった。探検家も入植者も植民地総督も，理不尽な要求をくりかえし，脅しも武力行使もいとわなかったため，先住民も反撃するほかなかった。スペイン人ポンセ・デ・レオンは初期の犠牲者のひとりで，1521年，奴隷を売買する旅の途上，フロリダ・インディアンに襲撃された。

△ ポーハタン戦争
1622年，ヴァジニアの白人350人が，ポーハタンによって虐殺された。入植初期の何年間かで鬱積した怒りと敵意が一気に噴き出した結果である。イギリスの領地拡大は1622年以降もつづき，新たに高まった緊張は1644年に爆発，ポーハタンがふたたびヴァジニア植民地を襲う結果になった。

セミノールの抵抗

故郷をはなれて移住するという合衆国政府との条約締結（1823，1832，1833）にもかかわらず，多くのセミノール族がフロリダからの立ち退きを拒み，第2次セミノール戦争（1835～42）が勃発した。オセオーラ，ビリー・ボーレッグス，アリゲータが率いたこの戦いは，1817年から58年までに同地で起きた3つの戦争のなかでもとりわけ凄惨なもので，政府との講和条約はついに成立しなかった。

署名拒絶▷
父祖の地（現在のフロリダ州）から，ミシシッピ川西方のインディアン・テリトリーへ移住することに対して部族民の不満の声が高まるなか，1833年，セミノールの指導者オセオーラが，その強力な代弁者として登場した。1834年，合衆国政府との交渉にのぞんだオセオーラは，その後，1835年4月の交渉でも部族の先頭に立っている。このときは，条約への署名を拒否し，そのかわり条約書にナイフを突き立てたと伝えられる。

ヨーロッパ人との出会い：1500年代〜1830年代

△ イギリス軍に挑んだフィリップ王
1675〜76年のフィリップ王戦争はニューイングランド全土に激震をもたらした。イギリス人がフィリップ王と呼んでいたワムパノアグの首長メタカムが，同盟諸部族を率いてイギリス軍に挑み，多くの植民地を破壊。イギリス人600名，インディアン3000名の命が奪われ，同地域で独立を保てるインディアン勢力は皆無となった。フィリップ自身は，ひとりのインディアンの裏切りにあって殺され，斬首された。

△ ピークォート虐殺
1637年，イギリス人隊長ジョン・メイソンと同盟を結んでいたインディアン一行は，ミスティック河畔にあるピークォート族最大の村（現コネティカット州）に向けて進軍。戦士の大半が出払っている明け方に，80のウィグワムに火を放ち，600〜700人の住民を殺害した。

ブラドックの敗北▷
1754年，ヴァジニアのイギリス植民地が自領として宣言した地域にフランスが砦を築くと，彼らを追い出すべく，エドワード・ブラドック将軍が送りこまれた。しかし，1755年7月9日，イギリス軍と植民地軍，総勢2500名からなるブラドック隊は，フランスおよび同盟インディアン軍に敗北。満足に訓練も受けていなかった兵士数百名とともに，ブラドックも命をおとした。

△ ショーニーの予言者
ショーニーの指導者テクムセの弟，テンスクワタワは，予言者として絶大な支持を得ていた。彼が，インディアンは白人の習慣を捨てて先祖伝来の暮らしに戻るべきだと主張すると，多くのショーニーが賛同。1808年には，インディアン・テリトリーのプロフェッツタウンに信奉者のコミュニティが誕生した（その後，インディアナ総督ウィリアム・ヘンリー・ハリソンによって破壊された）。

△ 高くついた戦争
1835〜42年の第2次セミノール戦争では，父祖の地フロリダからの立ち退きを拒否する果敢なセミノールと戦うため，20万人もの合衆国兵士が動員された。軍はブラッドハウンドを使ってインディアンを狩りたてたが，うっそうとした沼沢地帯に身を潜めたインディアンを発見するのはむずかしく，やがてあきらめて撤退した。

◁ 強制移住に抵抗したボーレッグス
オセオーラの死後，セミノール首長となったビリー・ボーレッグスは，1858年，ついに移住に合意した。彼が降伏した1842年（第2次セミノール戦争終結の年）から数えて16年めのことである。降伏後，ボーレッグスはわずかな土地を耕して暮らしていたが，1855年，そこも荒らされたことが，第3次セミノール戦争のきっかけとなった。

△ オクラホマのセミノール
第2次セミノール戦争が終結すると，大多数のセミノールは，アーカンソー，ミズーリ，アイオワの西方にある，広大にして未開拓の"恒久的な"インディアンの国，インディアン・テリトリー（現オクラホマ州）に強制的に移住させられた。写真は，ウェウォカ（オクラホマ）に移住したセミノールの女性と子供たち。

文化と文化の衝突

インディアン強制移住

　1830年，アンドルー・ジャクソン大統領の説得をうけて，合衆国議会はインディアン強制移住法を成立させた。インディアン諸部族をミシシッピ川以西の広大な原野，すなわち"恒久的"インディアン・テリトリー（現オクラホマ州）に移住させることが，国家によって承認されたのである。そもそも移住政策を最初に提案したのはトマス・ジェファソン大統領で，1803年のことだったが，後任の大統領たちはインディアンの移住で軍隊を派遣することに難色を示していた。しかし，ジャクソン大統領が軍の使用を支持したことから，最終的に10万人にのぼる先住民が父祖の地から立ち退かされた。

◁ 抵抗の戦いの長，ブラック・ホーク
サック族の首長ブラック・ホークは，部族内の一派を率いて，彼らの承諾なしに売却された土地から立ち退くことを拒んだ。しかし1832年，強制移住の圧力を受けると，3か月にわたって政府軍に抗戦。ついにバッドアックスの戦いで制圧され，大半が殺された。ブラック・ホーク自身は降伏して投獄されたのち，部族のもとに帰ることを許可されたが，もはや首長の座につくことはなかった。

△ 強制移住政策を推進したジャクソン
ジャクソンが大統領に就任した1829年当時，インディアン移住問題に関して政府内の意見は二分されていた。が，ジャクソンはジョージア州やアラバマ州の主張に影響され，強制移住策を強力に推し進めてゆく。

▽ チェロキーの涙の旅路
1838年から39年にかけての冬，およそ1万6000人のチェロキー族が，南東部地方の故郷を追われ，強制的にインディアン・テリトリーに移住させられた。政府の準備が不十分だったために，毛布や防寒用衣類は足りず，食糧は欠乏し，コレラが蔓延した。この悲惨な旅は，"涙の旅路"として知られている。

インディアン強制移住：1830〜40年代

△ インディアン・テリトリーへの強制移住

北東部地方，南東部地方，五大湖地方からインディアン・テリトリー（現オクラホマ州）へ移住した各部族の移動ルートを示す。ジョージア州は，チェロキーを父祖伝来の地から強制移住させたあと，その土地を廉価で売却整理したり，クジ引きで分配したりした。

文化と文化の衝突

テクムセ

1810〜11年頃：インディアン団結の呼びかけ

テクムセ（1768頃〜1813）は，現在のオハイオ州にあったショーニー族の村に生まれた。先住民の土地を侵す白人に立ち向かうには，インディアンの大同団結が必要だと早くから説いていたが，汎インディアン統一体制をつくることはかなわなかった。テクムセは，領土拡張をめざすアメリカ人入植者よりはイギリス人のほうが害はすくないと判断，イギリスの支援を受け入れる。そして1812年戦争でイギリス軍とともに合衆国軍と戦い，テムズ川の戦いで戦死した（1813）。彼は1810〜11年（42〜43歳）頃，オセージ族の人びとに向かって，白人に対抗するには，インディアンは団結しなければならないと呼びかけた。

" 兄弟たちよ——わたしたちはみな，ひとつの家族だ。わたしたちはみな，偉大なる精霊の子だ。わたしたちはおなじ道を歩いている。おなじ泉の水で，渇きをいやしている。そしていま，このうえなく重要なことがらを話しあうため，協議の火を囲んで，ひとつパイプをふかしているのだ。

兄弟たちよ——わたしたちはみな，友だ。わたしたちはたがいの荷を背負い，助けあわねばならない。これまで，白人の強欲を満たすため，父たち，兄たちの多くの血が水のように大地に流されてきた。わたしたち自身もまた，大いなる邪悪の脅威にさらされている。赤い人間が絶滅しないかぎり，彼らは静まらぬ。

兄弟たちよ——白人が，われらが大地にはじめて足を踏みいれたとき，彼らは飢えていた。毛布を広げる場所も，火をたく場所もなかった。彼らは弱々しかった。ひとりではなにもできなかった。われらが先祖たちは，彼らの苦痛をあわれみ，偉大なる精霊が赤い子供たちにくだされたものを，惜しみなく彼らに分け与えた。ひもじいときには食べ物を，病めるときには薬を与え，眠るときには毛皮を敷き，狩りをし，トウモロコシを育てるための土地まで与えた。

兄弟たちよ——白人は毒蛇に似ている。寒いときには弱々しく，害もないが，温まると元気になり，恩人に噛みつき，死に追いやる……。

兄弟たちよ——白人はインディアンの友ではない。彼らは最初，ウィグワムを建てるに足るだけの土地を望んだ。ところがいまは，日の昇るところから沈むところまで，わたしたちが狩りをする大地すべてを手にいれなければ満足できなくなっている……。

兄弟たちよ——わが部族は勇敢だ。数も多い。だが，わが部族だけで立ち向かうには，白人はあまりに手ごわい。どうかわが部族とともに，トマホークを手にしてほしい。わたしたちがひとつになれば，大河の流れを，彼らの血で赤く染めることができるだろう。

兄弟たちよ——わたしたちがひとつにならないかぎり，彼らはまず，わが部族を滅ぼすだろう。そしてつぎには，あなたたちが，いともたやすく餌食になる。彼らはいくつもの，赤い人間の部族を滅ぼしてきた。なぜなら，赤い人間は団結していなかったからだ。友人同士でなかったからだ。

兄弟たちよ——わたしたちは団結せねばならない。おなじパイプをふかさねばならない。たがいの戦いをおのれの戦いとせねばならない。そしてなによりも，偉大なる精霊を愛さねばならない。精霊はわたしたちとともにある。精霊はわれらが敵を滅ぼし，赤い子供たちを幸福にするだろう。"

◁ **トウモロコシの粉を挽く女性**
木の幹をくりぬいた，臼のようなもので粒を挽き，挽きわりトウモロコシをつくるセミノールの女性たち（19世紀末）。トウモロコシは，北東部，南東部，南西部各地方の多くの部族にとって生命の糧だった。

作物を守る ▷
トウモロコシなどの穀類は手厚く守られていた。この絵は，実りかけた穀物に群がる鳥をおどして追うインディアンの女たちを描いたもの。作物を守るために，風で両手がはためくカカシが使われたほか，ときには子供たちも石を投げてウサギやネズミを追い払った。

収穫物の加工 ▷
男たちが育てた作物を，女たちが下ごしらえして食料とする。写真のプエブロの女性は，トウモロコシを挽いている。吊るして乾燥させているのはトウモロコシとトウガラシ。ニューメキシコやアリゾナの乾燥地帯では，穀物の栽培はむずかしく，収穫物はことのほか大切にされた。

◁ **種を集める**
1920年代初頭，種たたきを使って荷カゴに草の種を集めるカリフォルニアのポモ族の女性，セシリア・ホアキン。カリフォルニア地方の先住民女性は植物を集める，動物を罠にかける，食物を加工・調理するなど，さまざまな用途にカゴを用いた。

◁ **女性の猟師**
男女の役割は伝統的にきまっていたが，ほとんどの集団で，望めば女も男の仕事をすることができた。ときには写真のアラスカ・タナナ族の女性のように，猟師になる者もいた。

◁ **夜釣り**
ウィスコンシンのメノミニー族は，夜の湖で魚を捕った。鉄カゴに火を焚き，魚を水面におびきよせるのだ。左の絵は，カナダ人の画家ポール・ケインが1845年に描いたもので，魚を突こうと，漁師がヤスを構えているところ。

▽ **サケへの敬意**
年に一度のサケをたたえる儀式で，シーズン最初の捕獲を祝うトゥラリップ族の議長スタン・ジョーンズ・シニア（ワシントン州）。この儀式がすむと，サケ漁が一般の人びとに解禁になる。

氷上の釣り ▷
冬場の釣りは，たいへんな努力と忍耐を要した。コパー・イヌイットの漁師は，厚さ5〜6フィート（1.5〜1.8メートル）の氷に穴をあけ，魚のデコイに顎のない針をつけたものを糸でたらして，写真の若い女性のように氷上にすわり，魚がかかるのをひたすら待ちつづけた。

大自然の恵み

アメリカ先住民は自然の恵みを利用する能力にすぐれ，北アメリカほぼ全域にわたって，多種多様な野生植物，栽培植物を収穫した。新鮮なベリー類は活力の源であると同時に増粘剤や調味料になる。また野生植物の種は栄養価に富み，根や柔らかい葉はゆがいて肉といっしょに料理する。五大湖地方北部のインディアンはワイルド・ライス（湖の浅瀬に生える穀草で，栄養に豊かな必須食品）を収穫し，カリフォルニア地方ではヒナユリの球根やドングリを集めて粉に挽いた。また，トウモロコシ，豆，カボチャは，北アメリカ全域で重要な栽培作物だった。甘味をつけるには，天然のハチミツや生の果物，乾燥させた果物，サトウカエデから採ったカエデ糖が使われた。

△ **水辺の収穫**
ミルラクス湖（ミネソタ州）でワイルド・ライスを集めるチペワ族の夫婦（1920年頃）。穀粒は棒で茎から叩き落し，乾燥させ，食べられない殻を割ってから，あおぎ分けて実だけを残した。

サボテンの実 ▷
初夏，実を入れる鉢を持って，巨大なキタハシラサボテンの前に立つアリゾナのマリコパ族の女性たち。トホノ・オオダム族は，実を食べるだけでなく，雨期のはじまりにおこなう行事で用いる，儀式用の醸造酒もつくる。

ハイダのオヒョウ狩り用棍棒

豊富な栄養源

北アメリカには，全土にシカが生息し，大平原地方にはバッファローやレイヨウが群れをなしていた。東部ではハマグリやムラサキガイ，バス，タラが豊かなタンパク源となり，南東部のインディアンはカモやイカを食べていた。また北西海岸地方では，ロングハウスでサケやオヒョウが燻製にされ，クジラやアザラシからは油をとった。脂肪分はクマの肉からとり，これは北アメリカ全土に共通している。

食物をめぐる儀式，祭礼

インディアンは，食用にする動物や魚，鳥，植物とのあいだには，いわゆる社会契約が存在すると考えていて，命を奪った生き物に崇敬の念をささげた。"初物"にまつわる行事は各地で見られ，北東部ではイロクォイをはじめとする諸部族に"緑のトウモロコシ"の儀式があり，初摘みイチゴには感謝がささげられた。南西部ではトウモロコシが大切にされ，北西部太平洋岸ではサケなど魚の初捕りで儀式がとりおこなわれた。またイヌイットには，若い猟師がはじめて仕留めたシカ，アザラシ，クジラなど，大型動物をたたえる祭礼があった。

◁ **ギンダラの保蔵処理**
ブリティッシュ・コロンビア（カナダ）のインディアンは，春にユーラカン（ギンダラ）を捕り，その一部を写真のように日干しして，冬に備え保存した。この小魚は，おもに油（日常使う調味料になる）をとるために重用された。捕った魚を穴に入れ，ふたをして数日間熟成させてから茹で，身が沈んだら，浮いた油をとる。

クジラを運ぶ ▷
アラスカとカナダのイヌイットにとって，クジラの肉は大切な食糧だった。クジラを仕留めると，大人数で力をあわせて岸まで運ぶ（写真）。陸にあげたクジラは，解体した後，公式の，あらかじめ決められたルールにのっとって，漁にでかけた者やコミュニティの人間に分配された。

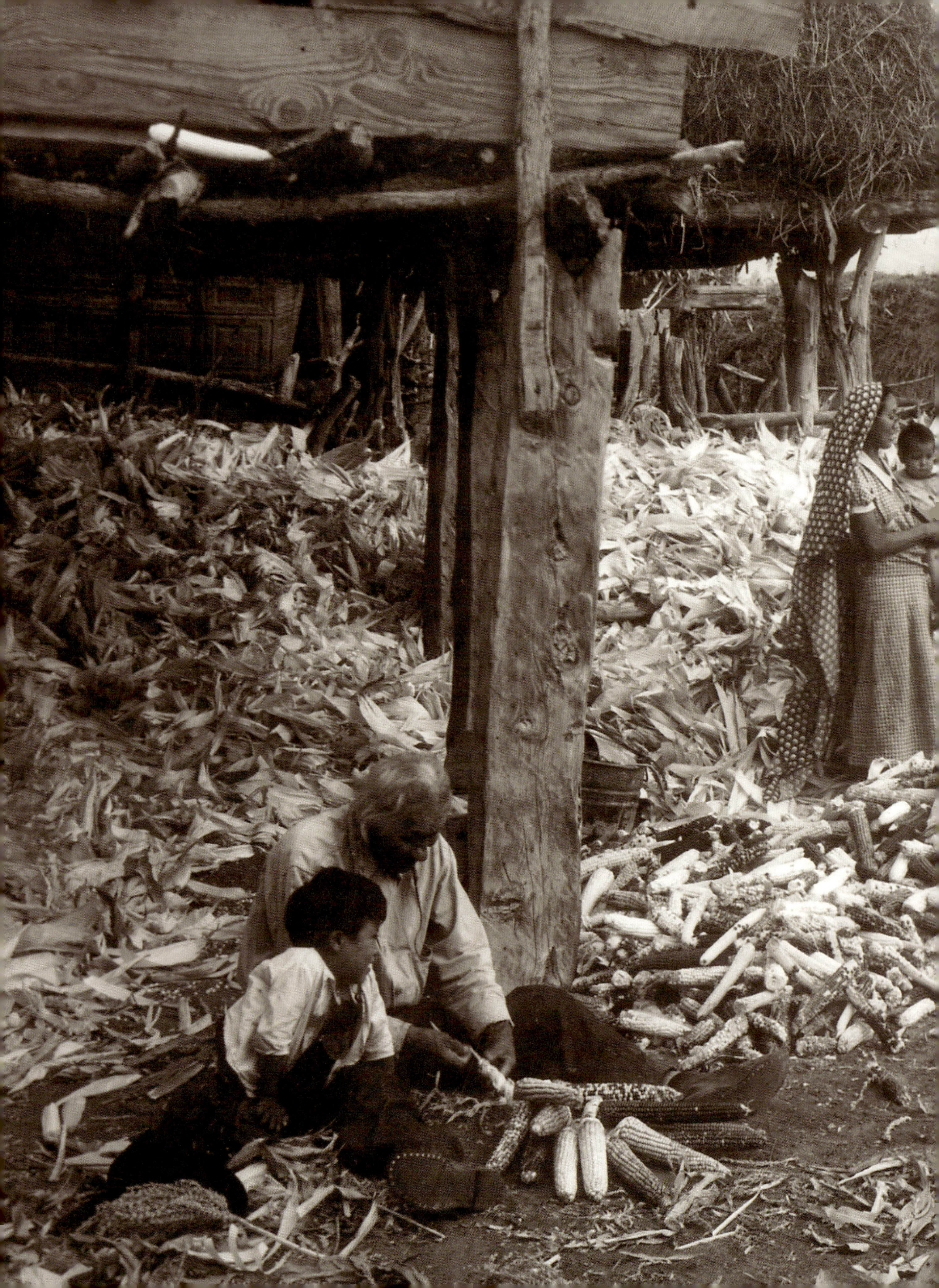

トウモロコシの収穫

トウモロコシの皮をむく人びと。子供の姿も見える（ニューメキシコのサンフアン・プエブロでの風景，1935）。収穫したトウモロコシは地面にひろげ，日光で乾燥させてから皮をむく。その後保存場所に積みあげて，翌年の収穫まで，通年，利用される。

文化と文化の衝突

インディアン居住地の崩壊

幌馬車隊を止める
幌馬車隊の通行を禁じる首長（《ハーパーズ・ウィークリー》誌に掲載された絵画）。大平原を通ってカリフォルニアやオレゴンへ向かう入植者の流れは、とだえることがなかった。

19世紀なかば、インディアンたちはミシシッピ川以西に住む諸部族の土地に、入植者や鉱山労働者、農夫、不法定住者などが大挙して押しよせるのを目の当たりにすることになる。大勢の人間が怒涛のように流れこんだことで、インディアンの昔ながらの生活は劇的に変化した。移民がもちこんだヨーロッパの疫病は恐るべき勢いで部族のなかに蔓延し、インディアンの土地を横切る西進ルートではさまざまな軋轢が生じた。ふえる一方の入植者たちは、平原インディアンにとって命の糧であるバッファローの大群を殺し、追い払う。そしてついには、白人旅行者を守り、インディアンを罰するために、軍隊まで配備されたのである。

ダコタの歴史の記録

ダコタ族の年代記編者は、その年に起きた大きな出来事をひとつ、冬数えに記録して、年数を刻んでいた。"大ミズーリの冬数え"には、ミズーリ川沿いに住むダコタの131年分（1796～1926）の出来事が記録されている。

1800年
ダコタの苦難の時期に、長い服を着た白人女性がふたりやってくる。神のような人たちだったので、ダコタは彼女たちを傷つけるような真似はしなかった。

1814年
銃を持ったひとりのポーニー一族が殺される。このダコタの一族が、そのような武器を見たのは、これがはじめてだった。

1819年
冬季に多くのダコタが天然痘で死ぬ。彼らにとって未知の伝染病だった天然痘は、インディアン人口激減の要因となった。

1839年
ひとりの白人商人が、ティーピーに店を構える。フランス人の毛皮商人たちは、100年近くにわたって、ここのダコタの一族とともに暮らし、商売をした。

1861年
多くの赤ん坊、子供が、正体不明の病気で死ぬ。

1840年代、開拓者の群れが西へ西へと流れこんでいった。ほとんどが大西洋岸や中西部、南部内陸地方からやってきたアメリカ生まれの白人で、徒歩や馬、あるいは幌馬車で陸路をたどり、また海路をたどって西をめざした。彼らは農場や放牧地、砂金をもとめ、よりよい暮らしを夢見ていた。

先住民は、移民がもちこんだヨーロッパの疫病に対してまったく抵抗力がなく、1833年には、ハドソン湾交易会社の罠猟師によってカリフォルニアの渓谷地帯にもちこまれたマラリアが、約2万人ものインディアンの命を奪ったといわれる。1830年代後期になると、ミズーリ川から北西部の海岸地方にいたる大平原全域、さらにはカナダ、アラスカまで、天然痘が猛威をふるった。大量の移民が西部に殺到する直前に、先住民は疫病によって大きな打撃をうけていたのである。

1848年のゴールドラッシュでは、一攫千金を夢見る男たちがカリフォルニアのシエラネヴァダ山脈に洪水のごとく流入した。彼らは先住民のことなど意に介さず、居住地から追いだされた先住民は、食糧であるドングリや草の種を収穫できなくなる。その結果、1860年代には、カリフォルニアの先住民人口は70％も減少した。

1850年代には、商人や猟師、採鉱者、定住者らを守るため、砦や軍の駐屯地がつくられるようになり、その数がふえるにつれ、さらに多くの白人が西部にやってきた。駐屯地をつくる木材が必要になれば、伐り出し人がやってくる。彼らは商人から生活用品を買う。機関車は旅人も採鉱者も、商人、物資も運んでくる。そして入植者は先住民の土地に杭を打ち、所有を宣言する。

バッファロー狩り
1850年代、白人探検家や移民、毛皮商人、そして強力な武器をたずさえたプロのハンターたちが、大平原の住人であるインディアンの承諾もないまま、バッファローの群れを追った。平原インディアンの命の糧は、こうして見る間に数を減らしていった。

こうして雪崩をうって押しよせた白人によって、インディアンの父祖伝来の土地は破壊されていった。移民は貴重なプレーリーの立木を切ってキャンプファイアの薪にし、彼らが連れてきた家畜は草を食べつくして、先住民が食糧や薬にしていた動植物を根絶やしにした。また、平原インディアンの生活の核であったバッファローが、さまざまなかたちで生存を脅かされた。たとえば、白人入植者との交易にたよらざるをえなくなったインディアンが、毛皮を手にいれるために大量に狩ったり、移民がバッファローその他の動物を追い払う、あるいは鉄道の開通によって、バッファロー狩り専門の白人が大平原地方に乗りこんでくる、などである。大平原の中央部をおそった干ばつも、移民の家畜が運んだ病気とあいまって、バッファロー激減の一因となった。

一方、カナダは領土が広い、白人入植者数が比較的すくない、地形が厳しいなどの理由から、1870年から80年代になるまで、西部への移民が深刻な問題をひきおこすことはなかった。

強まる軋轢

1840年代には、平原インディアンと西をめざす幌

インディアン居住地の崩壊：1840年代〜50年代

△ 西をめざせ！
1840〜50年代，アメリカ人探検家で地図製作者のジョン・チャールズ・フレモント（オレゴン・トレイルの父と呼ばれる）は，5度にわたる遠征で，西部をくまなく探検した。猟師と斥候役のデラウェア族をたよりに，彼はインディアンの地を何千マイルも歩いている。その楽観的な報告に勇気づけられて，多くの移民が西部をめざす決意を固めることになった。

馬車隊とが正面から衝突することはめったになかったが，1850年代，60年代になると，両者の関係はしだいに危険をはらむものになっていった。そのおもな原因は，移民側にある。

インディアンは，ときに移民キャンプの馬や備品を盗んだりもしたが，たいていの場合，ガイド役をつとめたり，猟の獲物を小麦粉や砂糖といった必需食品と交換しに訪れるだけだった。ポーニーなどいくつかの部族が，木や草の代金を移民からとりたてるようになったのは，資源の喪失に関して，政府が先住民になんの保証もしなかったからだが，インディアンにそんな権利があるものかと，一部の移民が支払いを拒否し，小競り合いをしかけてきた。そしてインディアンも移民に報復し，つぎは移民が無実のインディアンに発砲するというふうに，事態は悪化していったのである。

白人移民の目には，インディアンは暴力を恐れないと映っていたようだが，実際の彼らは，幌馬車隊が近づくたびに不安と恐怖におののいていた。パイユート族のセーラ・ウィネムッカは，白人がやってくると，家族は恐怖にうちふるえ，母は自分をセージの茂みの奥深くに隠した，と語っている。

土地と資源をめぐる白人入植者と平原インディアンとの争いが激化するにつれ，入植者が通る道沿いに設置されていた交易用の砦は，軍の駐屯地として使われるようになっていった。

◁ 加速する西部への移住
鉄道の開設は，北アメリカの旅を大きく変貌させ，西部への移住を飛躍的に加速させた。1850年代には，安全で，信頼のおける機関車が木製の軌道や橋を走り，入植者をインディアンの領土へと運びつづける。写真の鉄道橋はソルトレークシティ（ユタ州）を流れる川にかけられたもので，モルモン教徒の集落のすぐそばに位置している。

△ 伐採
1850年代，西をめざす白人移民は，土地の本来の所有者であるインディアンのことなど気にもとめず，インディアン・テリトリー内の河畔や，西進ルート沿いにある樹木を勝手に切っては使っていった。写真のような，少人数の伐採人と，くびきにつないだ牛2対で切り出した材木は，わずか数週間で100万フィート（30万4,800メートル）にもおよんだという。

▽ 家を建てる
テントや幌馬車で暮らしてきた移民たちは，ほんものの家にあこがれていた。丘の斜面に穴を掘って家財をおく者もいれば，粗末ながら小屋を建てる者もいた。木材が豊富にある地域では，丸太小屋が建てられたりもした。木のないプレーリーに定住を決意した者は，写真のコーバーグ（ネブラスカ州）の家のように，固くしまった土のブロックを粘土で固定させるという手法をとった。

文化と文化の衝突

ゴールドラッシュ

1848年1月、サクラメント（カリフォルニア）近郊で金が発見されると、49年5月までに5000の幌馬車がカリフォルニア・トレイルを西へ向かった。シエラネヴァダ山脈西側の谷間にある採金地に殺到した者の多くは、先住民を邪魔者とみなして殺しながら、罪に問われることもなかった。

△ ゴールドフィーバー
カリフォルニアのゴールドラッシュは、一攫千金を狙う白人たちを惹きつけた。成功者はほんの一握りだったが、なかには農夫や牧童、商人となって定住する者もいた。

◁ 探鉱者歓迎
サンフランシスコにやってきた金目当ての人びとは、フランス語、英語、ドイツ語、スペイン語、中国語で書かれた看板に、ますます夢をかきたてられた。

△ にわか景気に沸く
1849年当時のサンフランシスコは粗末な小屋やテント、賭博場、薄汚れた酒場がひしめく喧騒の巷だったが、55年には何十もの教会や学校が建てられていた。

◁ 危機に瀕したサケ漁
地元のインディアンの伝統的食料であったサケは、採鉱で生じた泥土で流れがせきとめられるなどが原因で、しだいに川から姿を消しはじめた。採鉱はまた、インディアンの狩猟採集活動も妨げた。

道を切り開く

先住民が開いた道で、数すくない大陸横断ルートのひとつ、サンタフェ・トレイルは、1821年から80年まで、ミズーリのウェストポートからニューメキシコのサンタフェへ物資を運ぶ商人に利用された。40年代以降は、ミズーリ川から太平洋岸にいたるオレゴン・トレイルも使われた。

△ デンヴァーに入った幌馬車
1850年代末になると、ロッキー山脈で金が発見された（1858）ことから、コロラドの平原や山中のそこかしこに白人移民の町が出現した。西部屈指の町となったコロラドのデンヴァーでは、旅人たちが幌馬車の修理をし、広い通りに並んだ商店で物資を調達した。

西進ルート上の砦

1840年代までは、移民が休憩したり、幌馬車の修理をしたり、ラバなど必要なものを買ったりする砦（フォート）は、西進ルート上にほんの数か所しかなかった。当初は先住民と商人が物々交換をする場、先住民部族との条約締結の場として利用されていたにすぎなかったが、50年代に入ると、軍隊のインディアン討伐作戦司令部へと様変わりしてゆく。

インディアン居住地の崩壊：1840年代〜50年代

△ 旅の途上の野営
西へ向かう移民にとって、旅は長く、疲れるものだった。毎朝、夜明け前に起きて、つぎの野営地へと進む。野営地では、幌馬車で円陣を組むと、その内側に動物たちを放し、牛乳をしぼり、荷をおろしてテントを張り、食事をつくった。

酷寒の踏みわけ道▷
移民たちは、山に吹雪が吹き荒れる季節になる前に、カリフォルニアやオレゴンまでたどりつこうと、先を急いだ。写真はシエラネヴァダ山脈からカリフォルニアのレイクヴァレーへと下る山中のルートで、旅人は深い雪と戦いながら目的地に向かった。

道の防備▷
コロンビア川のほとり、ハドソン湾交易会社のそばに建設された（1824）、フォート・ヴァンクーヴァー。この砦は、1850年代の北西海岸地域における対インディアン戦争時、政府軍の司令本部として使われた。堅固な防御柵が、倉庫や宿舎などをぐるりととり囲んでいる。

◁ベンツ・フォートでの交易
交易業者ウィリアム・ベント（左から2人め）が、1833年、コロラドを流れるアーカンソー川沿いに交易所を建設すると、このベントの砦（ベンツ・フォート）は、南西部でもひときわ目立つ建築物となった。ロッキー山脈へ向かう旅人たちが立ち寄ったり、インディアンが交易や社交目的で集まったりした。

"……早急に何らかの
防止策を講じないかぎり、
近々のうちに、
飢餓と絶滅を招く
絶望的な戦いは、
避けられないものと
なりましょう"
インディアン管理官、ウィリアム・ベント
合衆国インディアン問題行政官に
宛てた書簡、1859年

ヤキマの反乱

1855年、ワシントン州東部からアイダホ州北部にかけての地域で、ヤキマの戦いが勃発した。ヤキマ族と他部族の戦士が、押しよせる入植者を阻止しようとしたのである。先祖の土地から保留地へ移住させる条約に怒りを爆発させた結果だが、ヤキマの首長カミアキンの一行は敗退し、兄弟の首長オウヒは戦死した。

首長オウヒ

△ 野火を放つ
1858年9月、ヤキマと同盟インディアンは、敵軍のインディアン追放作戦に抗して野火を放ったが、敵は煙をものともせずに前進して発砲。インディアンたちは抵抗をあきらめて撤退した。

文化と文化の衝突

西部開拓

　1840年代から60年代を通じて、ガイドブックや新聞記事，探検家の話などに興味をかきたてられた無数のアメリカ人が西をめざした。入植者の大半が選んだのは陸上ルートで，1840年から67年のあいだに約35万人が大陸横断ルートをたどってカリフォルニアやオレゴンに向かった。また，このルートの途中からユタやコロラドへ向かった者もいた。1869年以降は，大陸を横断するユニオンパシフィック鉄道が完成し，ほかの鉄道の工事も始まって，西へ——インディアンの土地へ——向かう入植者の流れは途絶えることがなかった。一般入植者や採鉱者，ホームステッド法による入植者らがたどった西進ルートを地図に示す。

ノーザンパシフィック鉄道（1883年）

シアトル
ポートランド
ヴァジニアシティ
フォート・フィルカーニー
フォート・ホール
ソーダスプリングズ
フォート・ララミー
フォート・ブリッジャー
ジュールズバーグ
ソルトレークシティ
ユニオンパシフィック鉄道／セントラルパシフィック鉄道（1869年）
サクラメント
サンフランシスコ
ベンツ・フォート
サンタフェ
フォート・ユニオン
ロサンゼルス
サザンパシフィック鉄道（1883年）

凡 例
― オレゴン・トレイル
― サンタフェ・トレイル
― モルモン・トレイル（教徒の道）
― カリフォルニア・トレイル
― ボーズマン・トレイル
―┼┼┼― 鉄道

西部開拓：1840年代〜80年代

◁ **西部への大移動**

18世紀なかば、西部へ向かう入植者の流れは、何年にもわたって絶えることがなかった。入植者はミズーリのインディペンデンスやウェストポート、セントジョゼフ、あるいはアイオワのカウンシルブラフスに集まって、カリフォルニアやオレゴンをめざす幌馬車隊に加わった。平均的規模の隊で、幌馬車50台からなり、先頭から最後尾まで、全長は1マイル（1.6キロ）におよんだという。1848年にカリフォルニアで金が発見されると、流れは洪水となり、同年末までに1万人にのぼる探鉱者がカリフォルニアに殺到した。翌49年の春には、わずか3週間のうちに、およそ1万8000人が採金地に向かったといわれる。

カナディアンパシフィック鉄道

1867年当時、カナダの西部地域の大半は入植者がいない状態だった。政府は、ブリティッシュ・コロンビアが、生まれたばかりの連邦へ確実に加入するよう、カナダ横断鉄道を西部まで敷設することを約束。カナディアンパシフィック鉄道（CPR）の敷設工事は1881年にはじまり、東西両海岸を結ぶ線路がブリティッシュ・コロンビアでひとつにつながったのは85年のことである。2500万エーカー（1000万ヘクタール）の土地を入手したカナディアンパシフィック鉄道は、未開拓の土地を入植者に売却し、西部地域の開発を促進した。

交易品目

先住民は、ヨーロッパ人と交易すれば、ビーバーの毛皮と交換に、暮らしが楽になる品物を手にいれることができた。しかし、それによって一時は利益を享受できたものの、結果的には白人への依存を強める。

ビーバーの毛皮1枚で罠猟師が購入できたもの（下記のうち1品）
ビーズ　1/2ポンド（230g）
ヤカン　1個
弾丸　1ポンド（450g）
砂糖　5ポンド（2.25kg）
タバコ　1ポンド（450g）
ボタン　12個
釣り針　12個

毛皮4枚で購入できたもの
ピストル　1挺

毛皮6枚で購入できたもの
毛布　1枚

毛皮12枚で購入できたもの
ライフル　1挺

フリントロック・ピストル（火打石式拳銃）

海路をたどる▷

陸路ではなく、海路をたどって西部をめざした入植者は、大西洋岸やメキシコ湾にある合衆国の港から船に乗り、南アメリカをまわって西海岸に向かった。1848年に金が発見されると、50艘の船が合衆国の港からサンフランシスコに向けて出港。同年3月なかばの時点で、1万7000人が蒸気船への乗船を予約しており、1849年までに、230艘のアメリカ船がカリフォルニアに到着している。

文化と文化の衝突

宣教師の到来

キリスト教宣教師が北アメリカにやってくる以前，インディアンは何百もの伝統的な信仰行事をおこなっていた。多くは各部族特有の，きわめて複雑に構成された儀式（ラコタなど平原インディアンのサン・ダンス，プエブロ諸族のカチーナ・ダンス，イロクォイ諸族の冬至の儀式など）をともなうものである。イギリス，フランス，スペインの宣教師は，カトリックもプロテスタントも一様に，こうした儀式を異教の卑しむべきものととらえ，インディアンたちに旧来の慣習を捨てさせ，キリスト教に改宗させようとした。

キリスト教徒の訪問
スペイン人の兵士と司祭の一行を描いたアリゾナ州キャニオンドシェイの岩壁画。16世紀なかばに宣教師が訪れたことを示している。

17世紀初頭，フランス人司祭がはじめてカナダにやってきたときも，19世紀初頭，プロテスタントの宣教師がやってきたときも，インディアンは彼らを霊的な力をもつ人びと（と同時に，ほしい道具類などを融通してくれる人）として受けいれ，なかには改宗する者もいた。ケベックのシレリーやブリティッシュ・コロンビアのメトラカトラのようなキリスト教村では，政治的にも経済的にも宣教師の支配下にあり，宣教師はなんとか彼らに従来の信仰を捨てさせようとした。

改宗の手だて

1640年代から70年代にかけて，13のイギリス植民地のピューリタンたちが，ニューイングランド南部のアルゴンキン族向けに14の"祈りの町"を建設した。ここでは，改宗の可能性のあるインディアンが，改宗しなかったインディアンやイギリス人入植者から隔離されて暮らした。やがて，彼らに改宗する気がないことがはっきりすると，イギリス人はその努力に見切りをつけたが，インディアンの伝統的信仰を非難するのを忘れはしなかった。

南西部に入ってきたスペイン人のフランシスコ会宣教師たちは，インディアンを各伝道区の教会周辺に集め，排水溝を掘り，灌漑用貯水池をつくり，家畜を育てた。1769年には，フニペロ・セラ神父がインディアンをカトリックに改宗させる目的で初のインディアン伝道所をつくり，その後，カリフォルニアの海岸沿いに，さらに20の伝道所が建設された。

伝道の先駆者

1836年，ヘンリー・スポールディングは，アイダホ地方のラプワイにあるネズパース族の居住地に伝道所を建て，ネズパースの人びとは，この長老派宣教師に寛大に接した。スポールディングはさらに学校を建てて農耕を紹介し，妻エリザは糸紡ぎや機織りを教えた。彼はのちに聖書の句を引いたものなど，ネズパース語の著作を何冊か出版した。

ヘンリー・スポールディング

教会に通う
写真のチュマシュの夫婦は，カリフォルニアのサンタバーバラの伝道区教会（1786年創設）に足繁く通っていた（1880年代撮影）。1834年，メキシコ政府が伝道所を閉鎖した際には，1万5000人のインディアンが解放された。

宣教師の到来：1600年代〜1800年代

自発的にせよ，強制されたにせよ，こうした伝道所で暮らしていたフーパやカウィーア，クーパなど20余の部族のインディアンは，"ミッション・インディアン"と呼ばれる。1834年，メキシコ政府が伝道所を世俗化させ，広大な所有地を市民に開放すると，改宗したインディアンは家族のもとに戻ったが，家族のいない者や病気で旅に耐えられない者，あるいはインディアンとしてのアイデンティティを失ってしまった者は，しかたなくその地に残ることとなる。

熱心な伝道に対するインディアンの答え

征服の足音を聞きとりながらも，インディアンは宣教師を懐深く招きいれた。しかし，自身の信仰を犠牲にすることなく他者の精神性を寛容に受けいれられるインディアンは，白人宣教師が彼らの伝統的信仰を捨てさせたがっていると知って驚いた。ナヴァホなど，一部の部族は伝道の圧力になんとか耐えぬき，押しつけられたキリスト教信仰を表面的には認めながらも，先祖伝来の信仰に執着する者も多かった。また，生き残るには征服者の宗教に改宗するしかないと考えた者もいた。さらには，先住民が伝道活動に加わる場合もあったし，オジブウェー族の指導者ピーター・ジョーンズのようにみずから宣教

> "……もしひとつの宗教しかないのなら，なぜ，あなたがた白人の考えはこれほどくいちがうのだ？"
> 宣教師クラムへのレッド・ジャケットの返答
> ボストン，1828年

師になった例もある。

宣教師は先住民の信仰を根絶しようと努力したが，伝統ある儀式をやめさせることは，ついにできなかった。多くの部族民はただ単に，侵略者の信仰や儀式よりも，彼ら自身のそれを好んだのである。とはいえ，宣教師は部族社会を改宗派と伝統派に二分することには成功した。両派のあいだにはイデオロギーの対立が生じ，激しくいがみあうようになったのだ。

やがて1917年，政教分離法により，連邦政府と宣教師との連携に終止符が打たれた。この連携は，合衆国政府成立初期の1819年，教化基金が創設されて以来つづいていたもので，基金はインディアンに"文明社会の習慣と技術"を教えるため，さまざまな伝道集団に提供されていた。

オジブウェーの宣教師
カナダのオジブウェー（チペワ）の指導者だったピーター・ジョーンズは，1823年，信仰復興特別伝道集会でキリスト教に改宗し，のちにオジブウェー初の先住民宣教師となった。ジョーンズは3度にわたって渡英。説教をしながら，北アメリカ先住民について語っている。上の写真は1845年8月4日，3度めの渡英の際，スコットランドのエディンバラで撮影されたもの。

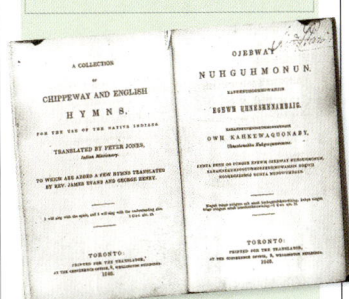

オジブウェー語の翻訳
ピーター・ジョーンズが1840年に出版した《チペワ語・英語讃美歌集》は何度も増刷された。

闘士ジョーンズ
ジョーンズは，地元クレディ川のミシソーガ族や，オンタリオ南部に住む他のオジブウェー族の土地所有権を守るために闘いつづけた。

◁ネズパースへの伝道
長老派宣教師ケイト・マクベスは，1879年，姉妹のスーザンが参加していたネズパースのための伝道所にやってきた。当初ケイトは，ネズパースは神のことなど何も知らない非文明的な異教徒と考えていたが，実際に彼らと接し，正直で親切で威厳に満ちた人びとであることを知った。

△白人の学校教育
ミッション・スクールは，インディアンの伝統を根絶し，白人の習慣を教えるためのものだった。生徒は母語の使用も伝統行事への参加も禁じられたが，エマハカ・ミッション・スクールでは，女子生徒が劇中で，写真のような衣装をまとい"インディアンの乙女"を演じることは許されていた。

文化と文化の衝突

さまざまな教派の到来

最初に到着したカトリックのドミニコ会, イエズス会, フランシスコ会, アウグスティヌス会のスペイン人宣教師は, フロリダ, 南西部, カリフォルニアに定住し, イエズス会とフランシスコ会最原始会則派はカナダ東部・中央部で伝道した。プロテスタントはやや遅れてイギリス植民地の先住民改宗に乗りだす。

△ 監督派宣教師
ウィリアム・ダンカンは, 60年を費やしてツィムシアン・インディアンをキリスト教に改宗させ, ポトラッチなどの行事をやめるよう説いた。また, 信者のために, ブリティッシュ・コロンビアとアラスカに1か所ずつ, キリスト教徒コミュニティを建設した。

ハイダの信徒▷
1880年頃に撮影された, ハリソン師とその妻。ふたりの前にすわっているのは, ハイダ・インディアンの信徒たち（ブリティッシュ・コロンビアのクイーン・シャーロット諸島マセット）。

▽ 文化の混合
ロシア正教の宣教師たちは, インディアンの伝統的な儀式を尊重した。彼らの文化を根本的に変えるような要求はせず, 伝道所に受けいれたのである。タマネギ型のドームをもつ教会は, アレウト族の集落で見慣れた風景となった。

△ キリスト教への改宗者
カナダ北西部に最初に派遣されたカトリック宣教師のひとり, アルバート・ラコーム神父は, ブラックフィート族やクリー族への伝道に生涯をささげた（写真は神父とブラックフィートの人びと）。

新しい儀式

宗派を問わず, 宣教師は先住民の信仰儀式や祭礼を迷信まがいのものとみなし, キリスト教の慣習（ミサ, 安息日礼拝, 四旬節の断食, 洗礼, 結婚式など）を紹介した。しかし, 信仰が植物の成長・収穫や狩猟と密接に結びついている先住民の目に, こうした慣習は不可解なものと映った。

△ 結婚の誓い
ロシア正教の布教活動が定着すると, キリスト教式の結婚が, アレウトの伝統的様式にしたがった結婚儀礼にとってかわるようになった。写真は, セントポールのプリビロフ村での結婚式風景。

野外ミサ▷
1910年頃, サンディエゴ近隣の野外ミサに参加しているルイセーニョ族とクーパ族。インディアンは集団でおこなう儀式には慣れていたが, 彼らの伝統的な集会には, きわめて厳格な分配システムにのっとって食料などを交換する儀式がつきものだった。

宣教師の到来：1600年代～1800年代

神学校の生活

　神学校は，先住民の子供の精神，心，魂を教育して，部族民としてのアイデンティティを消し去ることを目的とし，すべてがその意図のもとで運営された。キリスト教徒としての人格を育てるため，安息日礼拝，朝夕の祈り，聖書講読，十戒の暗記が熱心におこなわれたが，聖句にこめられた意味の説明がはぶかれることもあった。

△ 楽団実習
インディアンの少年少女で構成された楽団は，各地のミッション・スクールで見られ，学校の行事で演奏したり，地元民のために演奏会を開いたりした。学校側は，インディアンの子供たちのふるまいを"改善"する"教化"活動として，楽団実習は有意義であると強調した。

▽ ユタにおけるパイユートの洗礼
1850年代なかば，末日聖徒イエス・キリスト教会（モルモン教会）の宣教師がインディアンの改宗に熱意を燃やし，ユタにあるユト族，パイユート族の居住地全域で伝道した。写真はユタの池で洗礼を受けるパイユートの改宗者。

△ 厳しい管理
チェロキー男子神学校における少年たちの生活は，起床のベルから消灯にいたるまで，すべてが厳格に定められていた。規則に違反した生徒は，ヒッコリーのムチで打たれるのを覚悟しなければならなかった。

新しい技術の習得 ▷
ターレクア（オクラホマ）のチェロキー女子神学校で学ぶインディアンの少女たち。学校では，裁縫，料理，瓶詰めづくり，洗濯，アイロンがけ，掃除，育児などを教わった。

"なぜあそこまで骨を折って
自由な人びとを奴隷にし，
それを宗教と呼ぶのか，
いくら考えてもわたしにはわからない"

ウィリアム・アペス（ピークォート族），1836年

メソディスト宣教師
アパッチ，カイオワ，コマンチの人びとに伝道したメソディスト教師ジョン・ジャスパー・メスヴィンは，インディアン・テリトリーでは重要な人物で，1890年にメソディスト神学校を設立。インディアン寄宿学校数校の校長もつとめた（写真はメスヴィンと愛用の自転車，カイオワの子供たち）。

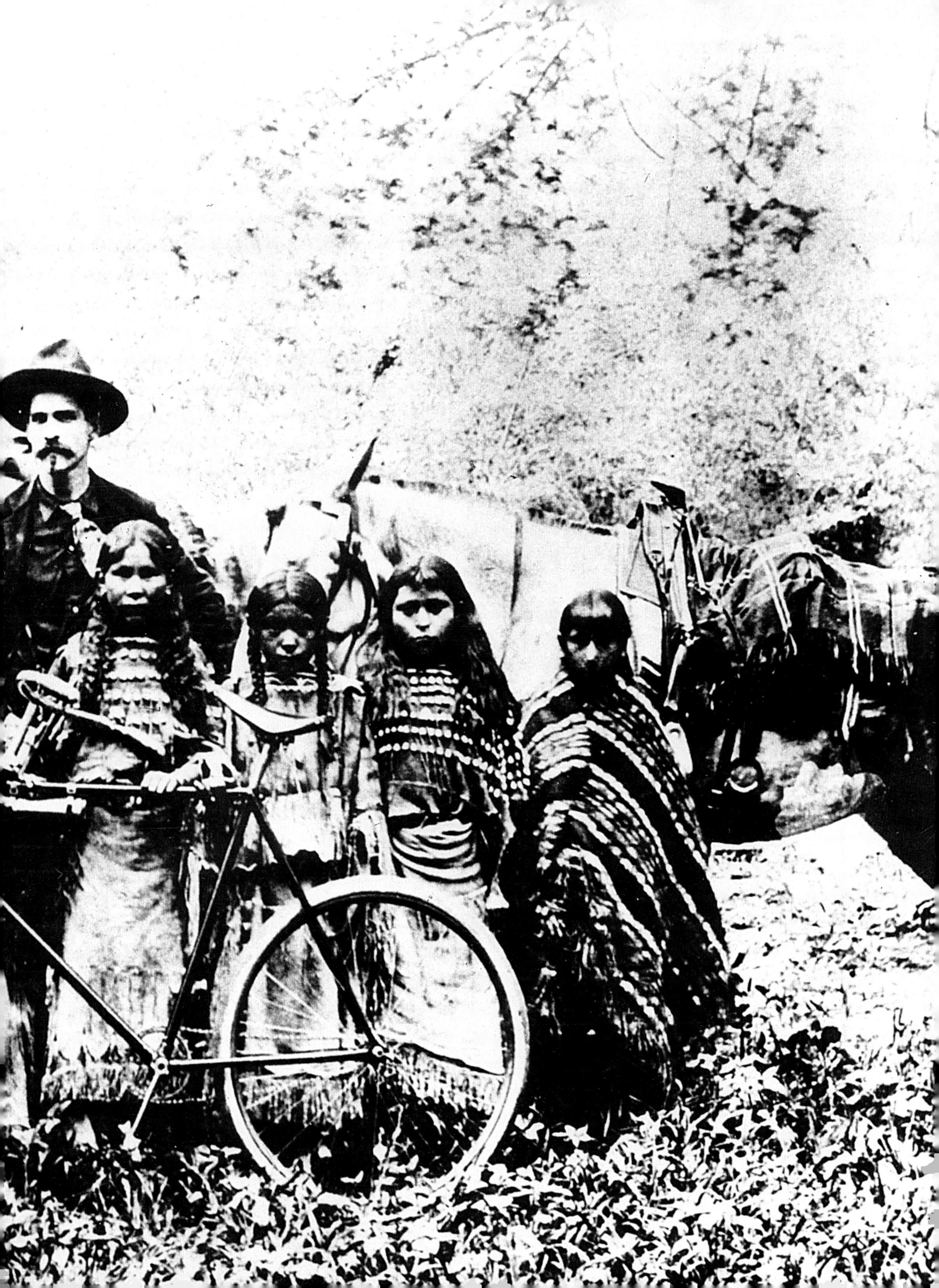

▽赤ん坊を背負う

たいていの女性は，赤ん坊を細長い布で大切に，しっかりとくるみ，背負い板でおぶって，両手はあけておく。手近な材料でつくられる美しい背負い板には，つくり手の個性がにじんでいる。

◁遊びを通じて学ぶ

おもちゃの背負い板に，赤ん坊の人形をのせて抱く少女。女の子たちは，結婚ごっこや家族ごっこをして遊び，人形にはかせる小さなモカシンをつくることで，その製作法を自然に学んだ。こうした子供時代の遊びは，いずれ母親になるときのための準備でもあった。

昼寝の時間▷

トウヒの根でカゴを編むシトカ（アラスカ）のトリンギット族の女性たち（1897年撮影）。右端の女性の横では，赤ん坊が背負い板にくるまれ，すやすやと眠っている。このように背負い板を立てかけておくと，赤ん坊は目がさめたとき，周囲をすぐに見まわすことができる。

教育用人形▷

ホピ族の親は子供に，カチーナ人形という，儀式でさずかる人形を与えて，カチーナにはさまざまな姿形があることを教えた。この木彫りの小さな人形は，儀式に登場するカチーナの霊をかたどったもので，つねに子供の目に触れる場所に吊るされた。

◁おもちゃの家

モンタナのブラックフィート族の少女は，ほんもののバックスキンを材料に小さなティーピーをつくって遊ぶ。遊びの道具とはいえ，外見も，棒の数も，母親やおばたちのティーピーとそっくりおなじである。少女は，おもちゃの家づくりを通じて，大人の女性がティーピーをつくる手法を学んでゆく。

▽ティーピーづくりの練習

ラコタ族の少女が，おもちゃのティーピーの村で遊んでいるところ。少女は毎年ティーピーをつくり，つくるたびに，前回よりも大きく皮を切るので，そのうち最後には，中で眠れるほどになる。南西部地方に住むアパッチ族の少女は，枝編みのウィキャップのミニチュアをつくって遊び，中で火を燃やしたりもする。将来の自分の役割と責任を，遊びを通じて体験するのである。

インディアンの子供の伝統的暮らし

北アメリカ先住民の文化は多様だが、子供の育て方はどの部族もおなじで、大人の都合にあわせた段取りよりも、子供の願いにこたえるほうが大事とされた。トイレのしつけは、子供がその気になってからおこなわれたし、一部の先住民社会では、5～7歳になるまで授乳がつづけられた。子供は疲れたらいつでも寝てよく、空腹になったら食べ、走ったり泳いだり、馬に乗ったり、好きなようにからだを動かし、大人は最小限の指示しかしなかった。

子供が大人に叱られたり、なにかを強制されることはめったになかったが、人目を引くような真似をした子は、ほかの子たちの視線に恥じいって、規範をはずれないよう心がけた。

子供の学習

子供は何事につけても、大人からことばで指示されるのではなく、自分で観察して学んだ。大人が一歩引いて見守るなか、子供は日々、自力で探検し、経験し、決断を下し——ときに、あやまちを犯しもした。

また、祖父母が語り聞かせる物語からも、子供たちは多くを学んだ。祖父母は知識と知恵の宝庫であり、多くの場合、子供たちの面倒も見た。祖父母が語る物語は、歴史や伝統文化、民族の掟などを主題にしたもので、この世界と、そこに存在するすべてのものの成り立ちを説き明かしている。こうした物語は子供に、他者とのつきあい方、とくにこの世の他の存在に対する義務について教えると同時に、狩りや漁の仕方、病気やケガの治療法など、実利的な助言も伝えた。

おおやけの儀式

先住民文化における子供の重要性は、その成長の節目となる出来事を全員で祝う儀式に反映されている（歩き初め、初めての散髪、初潮、男子が思春期に助力者となる霊的存在を探す儀式など）。たとえば、思春期に入った時期におこなわれる儀式では、少女には妻として母としての役割、少年には夫、扶養者、保護者としての役割をになう心の準備をさせる。

また、子供が日常使う名前や儀式名は、命名の儀式でさずけられた。勲功をあげた親類や年長者、祖先にちなんだ名前が多いが、ヴィジョン・クエスト（幻影による啓示をもとめる儀式）で見た幻にちなむ、神聖な名がさずけられることもあった。

△ 思春期の儀式
大人の女性への第一歩を踏み出そうとする少女のための儀式は、北アメリカ先住民のあいだで広くおこなわれており、一部の部族では現在もなお催されている。写真は西アパッチの少女の儀式。信仰儀式をはじめとする多彩な式典、宴会、挨拶まわり、ダンスなど、構成は非常に複雑で、4日間にわたっておこなわれる。

△ ゲーム以上のもの
ラクロスの仕方を学ぶチョクトー族の少年たち。ラクロスはインディアンにとっては非常に重要な競技で、治癒力があると信じられている。現在でもなお、ラクロスの道具やプレイヤーは、すべて呪術医が儀式にのっとって準備する。

技術の習得 ▷
コリヤーク族の男の子が、小さな弓矢を使って、弓を射る練習をしているところ。大人たちは男子に、ゴム鉄砲や竹馬、投げ矢、こま遊びなどを積極的にやらせる。狩猟や戦闘に必要な、敏捷でこなれた動きが身につくからである。

アラパホ族のおもちゃの馬

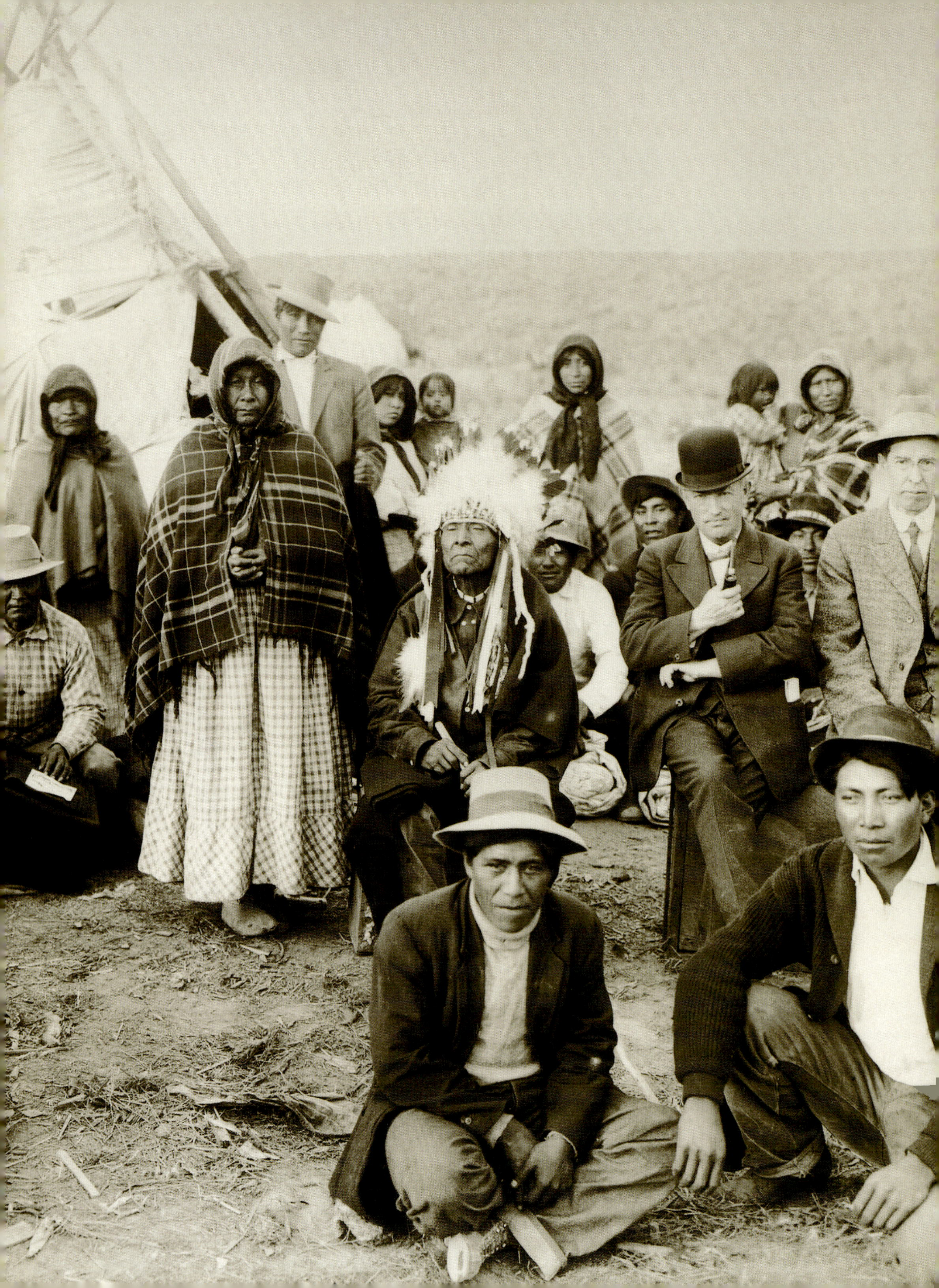

1780年代〜1860年代

故郷の喪失

1778年から1868年までのあいだに、
アメリカ合衆国政府は
先住民と数多くの契約を結び、
広範囲におよぶ、彼らの父祖伝来の地を
つぎつぎと取りあげていった。
おなじことは、カナダでも
1850年代にはじまった。

貧困が招いた白人への依存
土地を失った先住民は、自給自足体制を根本からゆさぶられた。写真のパイユートの人びとのように、貧困にあえぐインディアンは、政府の管理官から給付される年金にたよるしかなかった。

故郷の喪失

交渉の時代

1778年から1871年までは，条約締結が，合衆国政府の対インディアン政策の柱であり，この間に370以上の条約（うち6割は，部族の土地を合衆国に引き渡すという内容）が，合衆国政府とインディアンとのあいだで署名調印された。

一方カナダでは，1850年に，中央部のファースト・ネイション（アシニボイン，クリー，オジブウェー）が土地譲渡の交渉を開始して以降，11の条約が結ばれている。

最初の条約
ジョージ・ワシントン大統領が交渉にあたった，合衆国とインディアンの初の条約は，1778年9月17日，合衆国政府とデラウェアが署名して成立した。当時，ヨーロッパ勢力に脅威を感じていた若い国家は，力の均衡を保っていたインディアン諸部族と和平を結ぶ必要があった。

主な条約

1794年11月11日 ジェイ条約
イロクォイ6部族に，合衆国とカナダの国境の自由通行権を保証

1817年7月8日 最初の移住条約
チェロキー族と合衆国政府間で，ジョージアの土地の白人入植者への割譲をとりきめたもの

1851年9月17日 フォート・ララミー条約
北部平原諸部族と合衆国政府間で，インディアンと白人間の和平，署名諸部族間の和平をめざす

1867年10月21〜28日 メディスン・ロッジ・クリーク条約
南部平原諸部族と合衆国政府間で，敵対関係の解消をめざす

1868年6月1日
ナヴァホ族7000人に対し，ニューメキシコから保留地（アリゾナとニューメキシコの州境）へ戻ることを承認

グリーンヴィルでの署名
1795年8月3日，12部族が署名したグリーンヴィル条約によって，オハイオ渓谷の大半が政府の手に渡り，その地域の部族の居住地境界線を永遠に描きかえてしまった。

合衆国政府とはじめて条約を結んだインディアンはデラウェア族で，調印されたのは1778年，現在のペンシルヴェニア州ピッツバーグにあるフォート・ピットでのことだった。これ以降，最後の条約交渉がおこなわれた1868年までに，ナヴァホ族の2件からポタワトミ族諸バンド（移動生活をともにする集団）の40件以上まで，件数にばらつきはあるものの，じつに100以上の集団とのあいだに条約が結ばれた。1871年，合衆国議会は条約締結策に終止符をうったが，それ以前に署名，批准された条約の廃止もしくは変更を，法律で定めたわけではなかった。

交渉にのぞむ姿勢の変化

初期の条約交渉は和平をめざしたものだったが，合衆国が力をもつにつれ，その姿勢に変化があらわれ，武力闘争で破れた部族に土地明け渡しを強要するケースも見られるようになった。交渉はつねに倫理的に万全というわけではなく，部族のごく一部を全体の代表と思いこんで締結した例もあれば，部族民の多くが不在のまま締結されたり，指導者が部族民を説得するよう買収される例もあった。

インディアンが部族の土地や自治権を削減する条件を無理やりのまされ，領地の一部引き渡しに同意した条約数は230をこえる。たとえば，グリーンヴィル条約（1795）では，12のインディアン集団が"シカゴ川河口の6マイル四方の土地"を政府に割譲

▽ **ホワイトハウスに集まった代表団**
この有名な写真は，1857年12月31日，ワシントンDCにインディアン代表団が集まったときのもの。ホワイトハウスの南側ポーチコに集合しているのは，ポーニー，ポンカ，ポタワトミ，サック・アンド・フォックス各部族の代表使節と政府の役人たち。

交渉の時代：1778年〜1860年代

しているが，シカゴと呼ばれるこのわずかばかりの土地は，1800年代初頭には合衆国一の繁栄を誇る港に成長していた。また，インディアンが道路や鉄道の領地内通過に同意した条約も80近くあるが，多くの場合，政府の目的は，定住者を送りこむために，先住民から土地の所有権を剥奪することだった。

インディアンが政府に土地を割譲し，道路や鉄道を敷く権利を与え，独占交易協定を結ぶ代償として，政府は現金と食料（年数限定），教育，衛生設備などを提供し，宣教師を派遣，割譲された地域内での狩猟，漁，植物採取を"平和的におこなうかぎり"許可する，とした。また，すくなくとも24以上の条約で，政府は割譲された領地のかわりにほかの土地を与えることに同意している。

カナダでの条約交渉

カナダでは，植民地闘争のさなか，沿海州の"平和友好"協定を皮切りに，白人と先住民の条約交渉がはじまった。この種の協定では，戦時下での協力に対する同意はあっても，土地所有権についての言及はない。

年金受給者の列（ウィスコンシン州ラポイント）
年金や物資（またはその両方）の支給を条件に，インディアンが条約への署名に同意することはままあった。写真は1869年，年金をうけとるために行列するチペワ族。

中央カナダのファースト・ネイションは，1850年，イギリス政府と土地割譲交渉を開始したが，このときのふたつの条約（オジブウェー族がスペリオル湖とヒューロン湖北部の土地の割譲に同意した条約）は，その後のいわゆる"ナンバー条約"のモデルとなる。ノースウェスト・テリトリーズとブリティッシュ・コロンビアがカナダ連邦に加わると，1871年から77年にかけて，この地域に住むインディアンとのあいだに一連の条約が結ばれた（1〜7番）。さらに，1899年から1923年までに4つの条約（8〜11番）が調印されているが，これもほとんどがカナダ西部を対象としたものであった。

のちに，ノースウェスト準州の西部地域を対象とした諸条約がデネ族とのあいだに結ばれたものの，沿海州，ケベックおよびユーコンとブリティッシュ・コロンビアの大半は，引き渡し条約の対象とはなっていない。

これらの条約の共通点は，イギリス政府（のちにカナダ政府）が，広大な土地の所有権を得るかわりに，その土地でインディアンが狩猟や漁をする権利を認め，彼らに現金を支給し，特別保留地建設の準備をする，という枠組みであった。

符号と署名

条約は，合衆国政府とインディアン部族の正式な代表者の署名や印章，符号が記入されてはじめて合法的なものとなった。以下にあげた署名は，1769年，ウィリアム・ペンと交渉した条約に記された，イロクォイ6部族のもの。

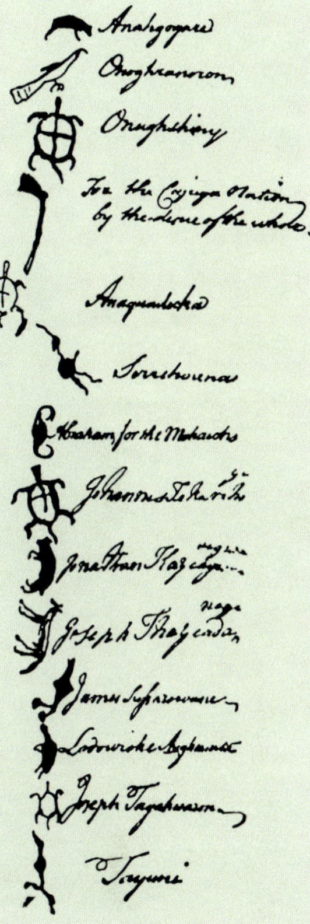

フォート・ララミーでの署名

1851年9月8日，フォート・ララミーでは，平原インディアンの代表者5000人が集まった会議につづき，各首長が，プラット川沿いに西へ向かう入植者の安全を保証する条約に署名した。その後，1868年にも条約が結ばれ，平原北部には一時的ながら平和がもたらされた。

◁**レッド・クラウド，和平条約に署名**
オグララ族の狩猟地を通るボーズマン・トレイルの通行を阻止しようと，オグララ・ラコタ首長レッド・クラウドは，沿道にある砦を襲撃した。軍隊が砦を放棄すると，1868年，レッド・クラウドはフォート・ララミー条約に署名して，武器を置いた。

◁**平和のメダル**
1851年のフォート・ララミー条約に署名したインディアンに贈られた記念メダル。片面には友好的な白人とインディアンの姿，裏面には大統領の肖像が描かれている。

フォート・ララミーでの和平交渉▷
1868年5月，ウィリアム・テクムセ・シャーマン将軍と和平委員会の委員たちは，フォート・ララミーでシャイアン族およびアパッチ族と会談し，レッド・クラウド戦争終結の道を探った。

△ **旅人のオアシス**
1834年，現ワイオミング州南東部のララミー河畔に建設されたフォート・ララミー交易所は，西をめざす長旅に疲れきった旅人たちに，豊かな草やハコヤナギの木立，澄んだ水を提供するオアシスだった。

故郷の喪失

ハロルド・カーディナル

1969年：カナダ政府の条約破棄について

1945年，アルバータ州ハイプレーリー生まれ。クリー族の政治的指導者で，1967年，カレッジを卒業後，インディアンのための政治活動に従事する。当時，あまり活発でなかったアルバータ州インディアン協会に勤務し，1か月もたたないうちに会長に就任，以後，9期にわたって会長をつとめた。ここに紹介するのは，カナダ・インディアンの条約について論じた著書《不平等社会：カナダ・インディアンの悲劇 The Unjust Society : The Tragedy of Canada's Indians》（1969年刊）からの抜粋である。カーディナルはまた，インディアンに対する法的，倫理的義務を放棄しようとするカナダ連邦政府に対し，1977年，《カナダ・インディアンの再生 The Rebirth of Canada's Indians》を著した。

　　"カナダのインディアンにとって，条約はインディアン・マグナカルタ（大憲章）ともいうべきものであった。われわれにとって，条約はどれも重要だった。なぜなら，われわれはつねに誠意をもって，誇りに満ちたよりよい生活への希望を胸に，交渉にのぞんでいたからだ。インディアンは，女王の代理人たちと対等の立場で取引する，名誉ある者として条約交渉の場にのぞんだ……われわれの指導者たちは，みずからに，そして同胞に，後継者に，交渉の結果を尊重することを誓わせた。

　しかし，われわれの指導者たちは，見誤っていた。交渉相手もインディアンとおなじように，自身も，同胞も，後継者も，名誉ある契約を遵守するものと信じていたのである。

　わが民族は，施しをもとめる物乞いとして，政府代表者と話しあったのではない。彼らがもとめる権利に見合うだけのものをこちらも提示する，という姿勢で交渉したのだ。わが民族にとって，これは，割譲した貴重な土地のかわりに，女王の代理人がインディアンに対して永久に責任を負う，という契約関係のはじまりのはずであった。

　条約は，大局的に見れば，白人がわれわれの土地における彼らの存在を合法化するための手段だった。彼らは当然のことのように領有条件を定め，わが民族の土地の所有権はわが民族にあるという正当な主張を，事実上，法的に無効にしようと試みたのである。

　わが民族は，カナダの土地が彼らの所有物だなどとは露ほども考えていなかった。

　一方，政府つまり白人たちも，だれがこの土地の所有者なのか，あらためて考えてみたこともなかったにちがいない。なぜなら，条約交渉は，白人がインディアンの権利を承認するという前提に立ったものだったからである。でなければ，交渉も条約も必要なかったはずではないか。

　インディアン保留地は，クリー・インディアンの言葉では「スカン-ガン」という。われわれが，われわれ自身のためにとっておいた土地，あるいは政府に与えなかった土地，という意味である。"

フォート・ピットで交易する首長ビッグ・ベア
クリー・インディアンの首長ビッグ・ベアは，1873年，カナダ連邦政府との条約に署名するようになった。写真はフォート・ピット（サスカチェワン）で交易するビッグ・ベア（1885年撮影）。

故郷の喪失

インディアンと南北戦争

南北戦争時，およそ2万人にのぼるアメリカ・インディアンが故郷を離れ，戦場におもむいた。勝者である北軍（連邦軍）についた者もいれば，南軍（連合軍）についた者もいたが，どちらを選択したにせよ，南北戦争はインディアンにとって悲惨な戦いだった。部族は引き裂かれ，男たちは命をおとし，インディアン・テリトリーでは家が，納屋が，商店が，学校が，略奪され，焼き払われた。しかも終戦後は，戦争によっていっそう深まった部族内の亀裂の修復につとめなければならなかったのである。

武器をとる
銃と剣を誇示する写真の男は連邦軍騎兵で，カンザス州のインディアン部隊に所属していたと思われる。開戦当初，合衆国政府はインディアンを徴募し，武器を持たせることを躊躇していた。

南北戦争略史

1861年4月12日
フォート・サムター：サムター要塞への砲撃で南北戦争勃発。連合軍勝利

1861年7月21日
ブルラン：ブルラン河畔で初の組織的戦闘。連合軍勝利

1862年9月17日
アンティータム運河：リー将軍率いる連合軍，初の北侵。連邦軍勝利

1863年7月1日〜3日
ゲティスバーグ：リー将軍率いる連合軍，2度目の北侵。連邦軍勝利

1862年12月〜63年7月
ヴィクスバーグ：連合軍の生命線である補給路をめぐる戦い。連邦軍勝利

1864年5月〜9月
アトランタ：連合軍にとって重要な鉄道ルートをめぐる戦い。連邦軍勝利

1865年4月9日
リー将軍，グラント将軍に降伏。終戦

ロバート・E・リー将軍

南北戦争が勃発した当初，連邦政府はインディアンを連邦軍に入隊させるのを躊躇していたが，1862年には連邦インディアン防衛隊を3連隊組織し，インディアン・テリトリー内の任務につかせた。この3連隊は，テリトリー内の約3500名のインディアンで組織され，やがて北部のほとんど全州でインディアンが徴募される。

一方，テリトリー内に足がかりがほしかった連合軍もまた，積極的にインディアンを徴募した。アルバート・パイクはチェロキー，クリーク，セミノール，チカソー，チョクトーの"開化5部族"およびインディアン・テリトリー内の他の部族を，内部に意見の対立があってもなお南軍を支援するよう説得し，協定を結んだ。その結果，テリトリー内で25以上の部隊が誕生し，約1万人のインディアンが従軍，ミシシッピ川以西の大きな戦闘のいくつかに参戦した。

1862年3月，ピーリッジ（アーカンソー州）で連邦軍が勝利すると，インディアン・テリトリーへの進路が開かれ，その後は各地でインディアン同士が戦うという悲惨な状況が生まれた。チェロキーやクリーク，セミノールは，自身の内なる南北戦争を耐えぬかねばならなくなったのである。

◁ **連邦軍への登録**
連邦軍に忠誠を誓い，兵役登録をするウィスコンシン州のストックリッジ・インディアン（右の2人）。連邦軍は特別旅団を組織し，数千人のインディアンが従軍した。

▽ **ヴァジニアの戦い**
1864年5月のスポットシルヴェニアの戦いは5日間にわたり，勇猛果敢で鳴るミシガン第1狙撃兵中隊K分隊のオタワ族12名を含む，多くの戦死者をだした。

戦争の代償

南北戦争で，"開化5部族"は総数6万余のうち6000が戦死，インディアン・テリトリーの経済は破壊され，多くのインディアンが家を失った。5部族のインディアンは，連邦軍派と連合軍派がほぼ同数いたにもかかわらず，政府は過去に結んだ条約をすべて無効にすると宣言，テリトリーの西部を国に譲渡するよう強いた。

インディアンと南北戦争：1861年～1865年

チェロキー，リー将軍につく

　チェロキーの大多数が連邦側を支持していたにもかかわらず，首長のジョン・ロスは連合軍の管理官や部族内部の共鳴者の圧力に屈し，連合軍と同盟を結んだ。しかし，50年余もチェロキーにつくしてきたロスは，条約締結から1年もたたないうちに東部へ逃亡。戦後，帰郷して，無残に敗退し引き裂かれた部族の再統一につとめた。

チェロキー第1騎馬ライフル部隊の隊旗

◁ **チェロキーの准将**
チェロキー出身の大農園主で奴隷を所有していたスタンド・ウェイティは，南軍を支援して，チェロキーの義勇兵部隊を組織。1864年，連合軍から准将に任命された。南北戦争中，彼以上の高位についたインディアンの例はない。

△ **トマス軍団の退役軍人**
1862年，白人貿易商ウィリアム・ホランド・トマスは，南部連合ノースカロライナ連隊のために，チェロキーの部隊を4つ立ちあげた。「トマス軍団」として知られるインディアン兵は，ノースカロライナやテネシーの山岳部で戦った。

両軍のインディアン斥候

　インディアンは地理に詳しく，戦闘での地形利用を熟知し，味方を危険にさらすことなく敵軍の位置を正確に把握，動きを探ることができたため，南北両軍で斥候をつとめた。チョクトー族の斥候は，ミシシッピの沼地で連合軍脱走兵を追跡，居場所を突きとめている。

◁ **連邦軍の斥候**
デラウェア族の優秀な斥候ブラック・ビーヴァーは，1861年，連邦軍をインディアン・テリトリーの外の安全な地域へと導いた。

デラウェアの斥候 ▷
連邦軍からの支給品で装備したデラウェアの斥候たちが，任務を終えてくつろいでいるところ。頭の羽飾りは，画家の潤色だろう。

△ **ポーニーの平和のメダル**
政府から授与された平和メダルを首にかけた，ポーニーの斥候たち。1860年代，鉄道の延長によって，従来の生活様式を破壊された平原インディアンが鉄道建設作業員を襲撃したが，ポーニーがそうした襲撃から作業員を守る一翼をになった。

指揮をとる

　トナワンダ・セネカ族の首長イーリー・パーカー中佐は熟練の技術者で，南北戦争では連邦軍将校にとりたてられ，その後グラント将軍の書記官となった（1864）。インディアンとしてはじめて，インディアン問題行政官にも任命されている（1869）。

△ **ユリシーズ・S・グラント**
1864年，連邦軍の総司令官に任命されたユリシーズ・グラントは，その5年後には第18代アメリカ合衆国大統領となった。

パーカー書記官 ▷
イーリー・パーカー（右端）は，1865年4月9日，リー将軍率いる連合軍が，アポマトックス・コートハウス（ヴァジニア州）で降伏したとき，書記をつとめていた。東部での戦闘終結を告げる公式文書を筆記したのはパーカーである。

△ **ロバート・E・リー将軍の降伏**
敗戦直前の数か月間，連合軍の総司令官をつとめたリー将軍は，グラント将軍に降伏し，自軍の兵および南部人すべてに向けて，結果を受けいれ，故国を再建しようと呼びかけた。

故郷の喪失

サンティ・ダコタの反乱

"スー族（サンティ・ダコタ）一斉蜂起"は，1862年8月末，ミネソタで火蓋をきった。いにしえから伝わる，住みなれた土地を失ったばかりか，バッファローをはじめとする獲物は姿を消し，白人交易業者やインディアン管理官のなかには不正をはたらく者もいる——そんな環境のなかで，ダコタの一支族サンティ・ダコタが積もり積もった怒りを爆発させたのである。しかし，1862年9月，政府軍は多数の白人犠牲者をだしながらも，蜂起を鎮圧。1862年12月26日，ミネソタ州マンケートで，38人のサンティ・ダコタが絞首刑に処せられた。

飢えに苦しむ人びと
夏のトウモロコシの不作で，サンティ・ダコタの人びとは深刻な栄養不良に陥り，飢えをしのぐために，木の根やしなびたトウモロコシの雌穂はおろか，馬や犬まで食べる者がいた。

白人を助けたインディアン

キリスト教徒となり，白人の生活様式をとりいれたダコタの首長アンペトゥートケカ（別名ジョン・アザーデイ）は，サンティ・ダコタの反乱のさなか，62人の宣教師や商人，その使用人を救出した。彼をはじめ，キリスト教に改宗したインディアンの家は，その報復として，リトル・クロー一行の焼き討ちにあった。

アンペトゥートケカ（ジョン・アザーデイ）

ミネソタのサンティ・ダコタは，南北戦争までに土地の9割を失い，さながら白人に包囲されているような状態だったが，それでもまだ白人は，彼らの土地をほしがった。不正を働く商人や盗賊が横行し，ダコタの女が襲われ，猟の獲物は激減して，インディアンと白人との関係は一触即発の状態となる。が，白人の横暴にどう対処するかで，部族内の意見は割れていた。

戦いの火蓋

1862年7月，飢えに苦しんでいたサンティ・ダコタは，議会が南北戦争で手一杯のため年金の支払いが遅れると告げられた。管理所の倉庫には食糧や支給品が保管されていたにもかかわらず，管理官トマス・ガルブレイスは，現金が到着するまで物資は配給しないと通告。交易業者アンドルー・マイリックはインディアンへの掛売りを拒否し，ガルブレイスに「やつらが飢えているというなら，草でも自分の糞でも食わせておけばよい」と話したという。こうした緊迫した空気のなか，ささいな出来事が原因で戦いの火蓋が切って落とされた。ダコタの若者4人が，獲物もないまま狩りから帰る途中，入植者の鶏が産み落とした卵を見つけた。ひとりが，白人から卵ひとつとりあげる勇気もないと仲間を笑ったのがきっかけで，彼らは勇気を誇示しようと，5人の入植者を殺害したのである。ダコタのなかでも傑出した存在だった首長リトル・クローは，白人の習慣を寛容に受けいれて木造家屋に住み，土地を耕し，教会に通って，隣人にとけこもうと努力していただけに，この出来事をひどく嘆いた。しかし，白人による報復は目に見えている。白人殺害の張本人たちは，決起すべきだとリトル・クローを説得。ついに8月18日，入植者の防備が手薄な機をとらえ，彼らは管理所の商店を襲撃する。その際に殺された男のなかにはマイリックもいたが，彼の口には草が詰めこまれていたという。ダコタは白人の女子供を捕虜にし，

◁ **不正管理官**
1862年，飢えに苦しむダコタは，管理官トマス・J・ガルブレイスに救済を訴えたが，ガルブレイスは，条約で定められた年金が届くまで倉庫の食糧は放出できないと拒絶した。

◁ **戦火を逃れて**
1台の馬車と数台の牛車で，蜂起から逃れてきた避難民たち。女性と子供約30人，宣教師2人を含む一行は，風雨にさらされながら，苦難のなかを東へ進み，なんとかヘンダーソンの町にたどりつくことができた。

サンティ・ダコタの反乱：1862年

指揮官シブリー
ヘンリー・H・シブリーはミネソタ義勇兵を率いて，フォート・リッジリーを包囲したダコタ族討伐に向かった。シブリーと1500人の兵が前線に到着したとき，ダコタはすでに退却していた。

建物に火をつけ，近隣に散って植民地を焼き払い，初日だけで400人もの白人を殺害した。恐怖にかられた白人たちはリッジリー砦に逃げこみ，リトル・クローはそこにも攻撃をしかけたが，曲射砲3門の砲撃のまえに100名を失った。また，ニューアルムの町を襲った他の集団は，まる一日，苦戦を強いられたあと，退却を余儀なくされた。

ダコタは全員が白人を敵視していたわけではなく，戦闘から白人を守った者も多かった。「ほとんど，どのインディアンにも，殺したくない白人の友人がいた」とダコタ首長ビッグ・イーグルは語ったが，こうつけくわえてもいる──「もちろん，他人の友のことまでは考えなかった」。

一方，ミネソタ州知事は，ヘンリー・H・シブリー将軍以下1500名を現地に派遣した。シブリーの分遣隊はバーチクーリーでリトル・クロー軍に攻撃されたが，砦からの援軍到着まで31時間もちこたえ，インディアンは退却。9月23日，サンティ・ダコタ700名によるウッドレイクの野営地襲撃も，シブリーの軍勢と砲の前には力およばず敗退する。カナダへ逃げる者やスネリングの砦に収監される者もいたが，じつに数百名が絞首刑を宣告された。リンカン大統領はそのうち大多数を減刑としたものの，1862年12月26日，ミネソタのマンケートで同時に絞首刑に処せられたダコタは38名にのぼった。これは合衆国における集団処刑のなかでも最大規模である。

△ ニューアルムの激戦
ニューアルムにおける最初の戦闘から4日後の1862年8月23日，リトル・クロー率いる650人のダコタが町を襲い，2度めの戦闘となった。ニューアルムの防備は薄く，数人の市民が銃を持っているだけだったが，彼らはチャールズ・E・フランドロー判事と数人の経験豊富なインディアン戦士の応援を得て，ダコタを撃退した。

▽ グラント隊攻撃の失敗
ダコタの反乱のなかでも屈指の激戦となったのが，1862年9月2～3日のバーチクーリーでの戦闘だった。ダコタはハイラム・グラント大尉軍の就寝中を襲い，多数の馬を殺したが，シブリー将軍が援軍を送るにおよんで，撤退を余儀なくされた。

▽ ダコタの指導者たち
リトル・クローとともに，フォート・リッジリー攻撃を指揮したダコタの首長マンケートとビッグ・イーグル。ともにバーチクーリーとウッドレイクでもシブリー軍と戦い，マンケートは戦死，ビッグ・イーグルは3年間投獄された。

マンケート

ビッグ・イーグル

故郷の喪失

死刑宣告

スー族（サンティ・ダコタ）の大反乱を鎮圧した後，軍の法廷は確かな証拠もないまま，種々の罪状で307名に絞首刑を宣告した。これに対し，リンカン大統領は裁判記録を取りよせ，ミネソタの行政官たちの抗議を押し切って，死刑対象者の数を38名に減らした。

▷署名入り指示書
リンカン大統領は，裁判記録をみずから再検討し，有罪となった者の数を大幅に減じた。結果として，死刑判決は，殺人・強姦罪で有罪となった38名のみとなる。1862年12月6日，大統領は事例番号と絞首刑該当者の氏名を手書きし，その他の，戦闘に参加しただけで有罪とされた囚人については，追っての指示に従うよう命じた。

評決を待つ▷
兵士に監視され，裁判官5名からなる軍事法廷の評決を待つダコタの囚人たち。彼らには，事態を説明するために証人をたてることも，弁護人をつけることも許されず，裁判によっては5分たらずで結審されてしまうこともあった。その結果，392名中307名に絞首刑がいいわたされた。

◁温情ある処置を訴える
ダコタ諸族と深い友情で結ばれ，献身的につくしていた監督派司教ヘンリー・B・フィップルは，有罪を宣告された者の執行猶予をリンカン大統領に訴えた。彼は，政府の不公平なインディアン政策と堕落したインディアン管理官が，暴動の引き金を引いたのだと主張した。

マンケートでの大量処刑▷
1862年12月26日，ミネソタのマンケートで，ダコタ蜂起の返報として38人のサンティ・ダコタが公開の場で同時に絞首刑に処せられた。男たちは縛られた手をできるかぎりつなぎあい，ダコタの死の歌をうたいながら，死におもむいた。

収監されたサンティ・ダコタ

シブリー将軍は，およそ1700名の男女と子供を，裁判も受けさせないままフォート・スネリング（ミネソタ州セントポール郊外）の敷地内に張ったティーピーに収監した。最終的に収監を生きのびた者は，遠く離れた保留地（現サウス・ダコタ州）に送られた。ビッグ・イーグルをはじめ，減刑された囚人たちはアイオワで獄中生活を送ったが，半数近くが病死している。

◁丸太小屋の法廷
法廷となった丸太小屋の外で，毛布にくるまり座っているダコタの囚人たち。裁判のうち半数近くがこの法廷でおこなわれた。囚人の大半は，フォート・リッジリーやニューアルム，バーチクーリー，ウッドレイクなど，戦闘の場にいたというだけで有罪を宣告された。

寒風吹きすさぶ収監所▷
ダコタの人びとは，フォート・スネリングの敷地内の，柵で囲われた劣悪な野営地に閉じこめられた。この砦はミシシッピ川とミネソタ川の合流地点にあり（1819年建設），周囲はすぐに泥沼と化してしまう低地で，刺すような寒風が吹きつけると，柵はなんの役にも立たなかった。

徒労に終わったカナダ行き

リトル・クローは西部平原のラコタと手を結び，ミネソタで土地の所有権を宣言するという計画を胸に，いったんカナダへ逃がれた。ところが，武器の調達をあてにしていたカナダ在住のイギリス人に拒否され，やむなくミネソタへ戻る。

▽ 砕かれた希望
ウッドレイクで敗退したダコタの多くはカナダへ逃れた。イギリス人は1812年戦争時のダコタの支援に恩義を感じていると信じていたからである。が，1862年のイギリス領カナダは，彼らの期待を裏切った。

吊るされた首謀者 ▷
首長のなかでもシャコピーとメディスン・ボトルはカナダまで追われ，薬を飲まされてひそかに連れ戻された。裁判の結果，1865年11月11日，ともにフォート・スネリングで絞首刑に処せられた。

メディスン・ボトル

シャコピー

△ 捕らえられたリトル・クローの家族
1863年，リトル・クローの妻たち，子供たち（写真）がフォート・スネリングに収監された。家や農地を破壊されたほかのダコタたちも，雨風をしのぐ場と食糧をもとめて砦の柵内に入ったが，食べものは乏しく，はしかなどの疫病が蔓延した。

故郷の喪失

リトル・クロー

1862年：サンティの反乱の指導役を引き受けるにあたって

ダコタ族のリトル・クロー（1810頃〜1863）は，1834年，ダコタの支族ムデワカントンの筆頭首長になったが，白人の生活様式をとりいれたことで，同族の多くから非難をあびた。しかし，それでもなおダコタの人びとは，1862年8月18日，白人に戦いを挑むにあたって，彼に指揮を依頼する。下に引用したのは，そのときの演説の抜粋である。リトル・クローは，みずから指揮しながら失敗に終わった1862年8月のフォート・リッジリー襲撃で負傷したが，命はとりとめ，つづくダコタの戦いのほとんどに参戦した。1862年に敗北を喫すると，カナダに逃れたものの，翌年ふたたびミネソタにもどり，入植者に殺された。

>われわれは散り散りになった，ほんの小さなバッファローの群れにすぎない。かつて大平原をおおいつくした大きな群れは，もういない。よいか！──白人は，吹雪のように空を厚くおおいつくすイナゴに似ている。1人，2人，10人，いや，むこうの森の葉の数ほど殺そうとも，彼らの兄弟は悲しみひとつ感じないだろう。
>
>1人殺す，2人殺す，10人殺す──そうすれば10の10倍がおまえたちを殺しにくる。一日じゅう指を折って数えても追いつかないほどの勢いで，銃を持った白人たちがやってくる。
>
>たしかに，白人は白人同士で戦っている［南北戦争］……彼らの大きな銃の轟きがきこえるか？きこえまい。白人が戦っている場所までは，走ってふた月ほどもかかるだろう。そして，そこまでの道のりには，オジブウェーの沼地のカラマツのようにびっしりと，白人の兵隊が立ち並んでいるのだ。たしかに白人は白人同士で戦っている。しかしもし，おまえたちが攻撃をしかけたら，彼らはひとり残らず，おまえたちに向かってくる。おまえたちを，女たちを，幼い子供たちを，むさぼり食う。勢いづいたイナゴの群れが木々にふりそそぎ，一日ですべての葉を食いつくすように。
>
>おまえたちは愚か者だ。首長の顔が見えまい。おまえたちの目は，煙でくもっているからだ。首長の声がきこえまい。おまえたちの耳には，水音が轟いているからだ。
>
>勇者たちよ，おまえたちは幼い子供だ──おまえたちは愚か者だ。おまえたちは一月の'無情の月'に，飢えたオオカミに狩られるウサギのように死ぬだろう。
>
>リトル・クローは臆病者ではない。リトル・クローはおまえたちとともに死ぬ。

生活の糧と生き方の終焉
19世紀を通じて，頭蓋骨と骨の山がいくつも築かれた。白人のハンターが，楽しみのため，あるいは利益のために，バッファローを手あたり次第に狩ったからである。そして先住民もまた，病気や飢え，戦闘，虐殺によって，大量にこの世を去った。バッファローが姿を消せば，平原インディアンのむかしながらの生活も終焉を迎える。

故郷の喪失

サンドクリークの虐殺

1864年秋，南シャイアン族とアラパホ族600人（3分の2は女性と子供）が，コロラドの南東部，サンドクリークで平和に，静かに野営していた。ところが，インディアンを嫌悪するジョン・シヴィントン大佐が，同年11月末，重装備のコロラド義勇兵700名を率いて，そこに奇襲をかけたのである。兵士たちは情のひとかけらもなく，100人をこえる婦女子と20人をこえる男たちを惨殺する。アメリカ・インディアンに対する戦争犯罪のなかでも，屈指の残虐行為とされるこの虐殺に，大平原全域のインディアンたちは，怒りの炎を燃えあがらせた。

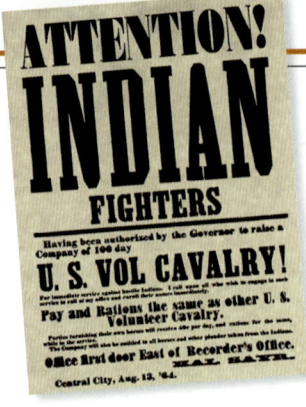

"100日兵"
エヴァンズ知事が徴兵し，100日間だけ兵籍に入ったコロラド第3騎兵隊の仕事は，インディアンと戦うこと，ただそれのみであった。

△ ジョン・シヴィントン大佐
南北戦争の英雄だったが，サンドクリークにおけるシャイアン虐殺（1864）以降は激しい非難をあびた。

1864年春，ドッグ・ソルジャー（シャイアン戦士の自主的軍事組織）が，コロラドの東部平原に住む白人に猛攻をかけ，馬やラバを奪い，家畜を殺し，数十人を殺害した。狭い保留地に定住し，狩猟を捨てて政府援助の農耕へ転換することを約束したブラック・ケトル（1861年に条約署名）以下，首長たちは，白人と和解する方針をとっていたが，ドッグ・ソルジャーは，もはや彼らの指示には従わなかった。

ドッグ・ソルジャーの破壊行為が，平和に暮らす大多数のシャイアンを危険にさらすと考えたブラック・ケトルは，暴走を制止しようとしたが失敗。彼らに同情的だったエドワード・ウィンクープ少佐（コロラド南東部フォート・ライアンの司令官）に仲介を依頼し，1864年9月，ジョン・エヴァンズ知事と，テリトリーの軍司令官でインディアンを嫌悪するジョン・シヴィントン大佐との面談が実現する。しかし，知事には戦火を鎮める気などまったくなく，平和がほしいなら武器を捨て，近くの砦の軍司令官に降伏を申し入れろと告げたのである。

インディアンは会談の席を立ち，ウィンクープ少佐と話しあうため，フォート・ライアンの北東40マイルにあるサンドクリークへと向かった。が，軍はすでに少佐を転任させており，後任の司令官はインディアンの糧食を削減したうえ，降伏を迫った。

△ 虐殺の基地となった砦
12ポンド曲射砲4門を擁するシヴィントン軍は，1864年11月，サンドクリークのシャイアンに猛攻をかけるべく，フォート・ライアンから出発した。

規律なき志願兵たち ▷
コロラド第3騎兵隊の兵士には規律も節操もなく，将校も彼らを統率できなかった。兵士はただインディアンを殺したいという一点でのみつながっていたからであり，インディアンをひとり殺すのはオオカミ1頭を殺すのとかわらない，と考えていた。

兵士（絵には描かれていない）に向かってライフル銃を連射するインディアン

背後の兵士をライフル銃で狙い撃ちするシャイアン

平和な村での虐殺

1864年11月29日早暁，フォート・ライアンに集結した700人の兵とシヴィントンは，シャイアンが平和裏に野営していたサンドクリークに乗りこんだ。が，ブラック・ケトルのティーピーには白い休戦旗と星条旗が掲げられており，シヴィントンはドッグ・ソルジャーが彼らと一緒ではないことを知る。

ところが，それでもなお，攻撃は決行されたのである。野営地に向けて一斉射撃がおこなわれると，軍の将校は兵士たちを制御できなくなり，彼らはインディアンを手当たりしだいに殺しはじめた。インディアンはただ野営していただけなのを知った将校のうち，すくなくともひとりは戦うことを拒否したが，それから6時間後，野営地には150人余のインディアンの死体が横たわっていた。そのほとんどが，女性と子供である。殺戮をまぬがれたブラック・ケトルが妻を探しに戻ると，妻は瀕死の傷を負って倒れていたという。

兵士はインディアンの頭の皮を剥ぎ，死体の手足を切断した。コロラドの白人は彼らを歓呼をもって迎えたが，ワシントンでは恥ずべき行為とうけとめられ，リンカン大統領はコロラド準州知事エヴァンズを解任，議会は調査のうえ，シヴィントンを虐殺の責任者として糾弾した。

△ **戦闘の記録**
南シャイアンの絵描きハウリング・ウルフは，伝統的な大平原の皮革画に，みずから体験したサンドクリークの戦闘を記録した。自分自身を示すために，頭の上から線を引いてオオカミを描いてあるが，これは皮革画の伝統的手法である。

△ **目撃者**
有名な毛皮商人ウィリアム・ベントと南シャイアンのアウル・ウーマンとのあいだに生まれたジョージ・ベントは，サンドクリークでの出来事をインディアンの視点から記録した。写真はジョージ・ベントと，ブラック・ケトルの姪にあたる妻マグパイ。

デンヴァーへの派遣団

インディアンの信頼を得ていたフォート・ライアン司令官エドワード・ウィンクープ少佐は，南シャイアンとアラパホの代表団とともにデンヴァー近郊キャンプ・ウェルドへ行き，コロラド州知事エヴァンズと会談した（1864年9月）。ブラック・ケトルはそこで，つぎのように知事に訴えた——「わたしたちの望みはひとつ，白人との和睦である」。

◁ **キャンプ・ウェルド会談**
1864年9月のキャンプ・ウェルドにおける和平協議は，ほとんど見るべき成果がなかったが，ブラック・ケトル（中列，左から3人め。椅子にすわっている）をはじめとする首長たちはみな，和睦がなったと信じ，サンドクリークの野営地は安全だと考えた。

◁ **エヴァンズ知事**
インディアンが和睦をもとめているとき，エヴァンズはつぎのように答えた——「しかし，和睦などしたら，コロラド第3連隊はどうする？ 彼らはインディアンを殺すために集められたのだ。インディアンを殺さねばおさまるまい」。

▽ **デンヴァーを通過する代表団**
サンドクリークの虐殺の2か月前，ブラック・ケトル率いる南シャイアンとアラパホの代表団は，知事たちとの会談が開かれるキャンプ・ウェルドへ向かう途上，デンヴァーを通過した。右手に見えるのはエヴァンズ知事邸。

> "……ここにいる兵士の指揮者全員に，
> あなた方から告げていただきたい。
> われわれは和睦のためにきたのであり，
> 和睦は成立し，もうわれわれが敵と
> 誤解されることはないのだと……"
>
> ブラック・ケトル
> エヴァンズ知事およびジョン・シヴィントン大佐に向かって，1864年，デンヴァー

サンドクリークの虐殺
戦闘記録にもとづいて描かれたこの絵は，1864年11月29日，ジョン・シヴィントン大佐の軍勢が，サンドクリークのブラック・ケトルの野営地を攻撃するようすを詳細に再現している。シャイアンが掲げた友好の印の旗（中央部）を無視して，政府軍は逃げまどう女や子供を銃撃した。

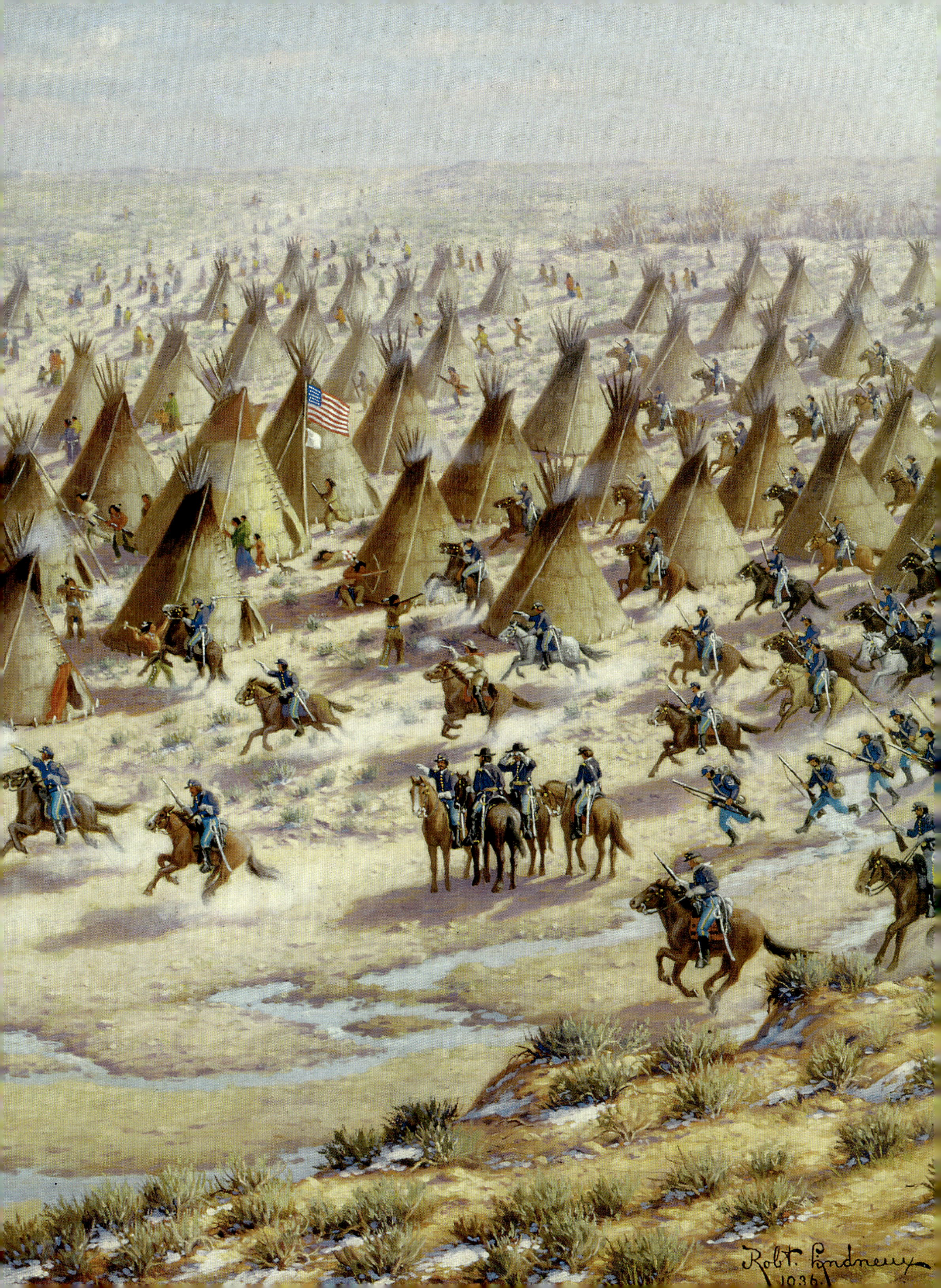
Robt. Lindneux

故郷の喪失

ナヴァホの「ロング・ウォーク」

1862年，ジェームズ・E・カールトン将軍は，旧友キット・カーソンに，ナヴァホをアリゾナ，ニューメキシコの居住地から強制移住させる任務を課した。これを受けてカーソンは，ナヴァホの作物や家畜に大被害を与えて兵糧攻めにし，部族の大半を土地の明け渡し同意に追いこむ。ナヴァホは居住地からニューメキシコの強制収容所まで350マイル（563キロ）の道のりを歩かされたあげく，移住先では飢えと病気を耐え忍ぶ暮らしを強いられ，ようやく故郷への帰還を許されたのは4年後のことだった。

ナヴァホの住居，ホーガン
1863年当時，ナヴァホはホーガン（丸太の骨組みを土でおおい，断熱性にすぐれる）に住んでいた。一般に円錐形だが，のちに壁が6面あるいは8面あるものに変化。入口はかならず東向きにつくられた。

伝説のキット・カーソン

斥候，ガイド，罠猟師，商人，そして陸軍将校でもあったクリストファー（・キット）・カーソンは，インディアン管理官もつとめ，彼らに尊敬された時期もあった。しかし，カールトン将軍の命を受けて，ナヴァホ，アラパホに対し焦土作戦を展開する。

キット・カーソン

南北戦争中，ジェームズ・E・カールトン将軍は連合軍のニューメキシコへの侵入を防ぐ任務を命じられた。しかし着任してみれば，すでに連合軍はテキサスに退却したあとで，彼は征服すべき相手をアパッチ族とナヴァホ族に切り替える。そしてキット・カーソン大佐とニューメキシコ義勇兵5中隊の力を得て，インディアンに，父祖の地を出て保留地へ行くか，死ぬまで戦うか，二者択一を迫った。

1863年，カールトン将軍はメスカレロ・アパッチを征服してニューメキシコ東部の保留地ボスケレドンドへ送りこむと，ナヴァホ首長ベアボンチートとデルガディートにも，保留地で農夫になるよう要求した。しかし，ナヴァホが抵抗したため，将軍はインディアンに友人と呼ばれたこともあるキット・カーソンにその征服を命じる。勇猛で鳴らしたカーソン隊は，ナヴァホのホーガンも作物も家畜も泉も，よく手入れされた桃の果樹園も，行く手にあるものすべてを破壊していった。

こうして1864年3月までに，6000人のナヴァホが降伏し，移送のときを待った。軍が組織的に実行した"ロング・ウォーク"は，アリゾナのフォート・ディファイアンスからニューメキシコのペコス河畔の保留地まで，350マイル（563キロ）におよび，ナヴァホの人びとはその全行程を徒歩で進まなければならなかった。つづく数か月のあいだにさらに多くのナヴァホが連邦軍に捕らえられ，あるいは降伏し，1864年後半までには8000人以上（部族の

△ **フォート・ディファイアンス**
1851年にナヴァホ居住地の真ん中につくられた砦（アリゾナ準州）で，投降したり捕らえられたナヴァホが収監された。1860年，マヌエリトとベアボンチート率いる1000名のナヴァホがここに総攻撃をかけ，陥落寸前にまで追いこんだ。

4分の3）が保留地のフォート・サムナーに移された。

やがて1866年，カールトンに屈服するよりはと，残る部族民を連れて西部に退却していた首長マヌエリトがついに降伏。このマヌエリトの降伏は，カールトンの討伐作戦の最終勝利を告げるものであり，ボスケレドンドへの途上，マヌエリトは囚人としてサンタフェの街中を引き回された。

フォート・サムナーの惨状

1864年から68年まで，多くのナヴァホが40平方マイル（104平方キロ）の，ろくに作物も育たない不毛の土地に追いやられて暮らした。せっせと作物を植えても洪水や干ばつに見舞われ，ペストに打ちのめされ，ヒツジやヤギを養おうにも草がなく，平原育ちの部族民たちは，家畜の群れに襲いかかるありさまだった。政府支給の食糧では飢えは解消せず，ペコス川の水はアルカリ性で胃腸障害が多発，支給品の衣類は冬の寒さをしのげるものではなかった。このような状況下，ボスケレドンドでは，栄養失調と寒さで衰弱した囚人約2000人が，肺炎やはしかなどの病気で命をおとした。

1868年，ナヴァホを農耕民化させるというカールトンの計画は失敗に終わったことがはっきりし，部族の指導者たちが居住地の大半を譲渡する条約に署名すると，生き残ったナヴァホの人びとは最愛の故郷へ帰ることを許された。

▽ **ナヴァホの要塞**
キット・カーソンにたびたび襲撃されたナヴァホは，古くから彼らの地であったキャニオンドシェイに逃げこんだ。しかしカーソンは1864年1月，谷間へ進軍し，ヒツジを捕らえ，果樹園を破壊。やがて何千ものナヴァホが飢えに苦しみ，投降を余儀なくされた。

△ **ナヴァホ首長**
ベアボンチートはナヴァホが敗れたあとも抵抗をつづけていたが，1864年，ついに投降。1868年に部族が帰郷するにあたって，ウィリアム・シャーマン将軍は保留地での部族の指導者，代弁者として，首長のベアボンチートとマヌエリトのふたりを指名した。

絶望への道程

ナヴァホのボスケレドンドへの旅がはじまったのは冬で，凍りついた雪と岩だらけの道が数百マイル以上もつづいた。強制移住の辛さと慣れない食物とで何百人もが下痢をおこし，体力を失う。疲れや病気で歩けなくなった者は射殺され，落伍者がメキシコ人に捕まって奴隷にされることもままあった。

△ **銃を構える見張りの兵士**
当初，フォート・サムナーのナヴァホは厳重に監視されていたが，そのうち薪を探しに15マイル（24キロ）程度の遠出なら許されるようになった。

1864年，ナヴァホの「ロング・ウォーク」の道程

辛く厳しい行程▷
ナヴァホはフォート・ディファイアンスから東へ軍用路を歩き，途中，チリカワ・アパッチやメスカレロ・アパッチの居住地を通過して，ボスケレドンドにたどりついた。

◁ **厳寒に耐える収監生活**
ボスケレドンドのナヴァホの住まいは，土に掘った浅い横穴に木の枝で屋根を差し掛けただけのものだった。薪が不足し，防寒具といえば毛布がわりのズック地の袋しかない状態で，彼らは厳しい冬の寒さを耐え忍んだ。

△ **配給食糧**
作物が不作で，草の種や野生のイチゴ類，ユッカの実にも事欠くような場合には，ベーコン，小麦粉，コーヒーといった食品の配給があったが，どれもナヴァホの人びとにはなじみのないものばかりだった。

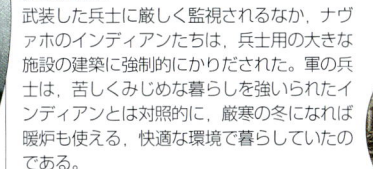

強制労働▷
武装した兵士に厳しく監視されるなか，ナヴァホのインディアンたちは，兵士用の大きな施設の建築に強制的にかりだされた。軍の兵士は，苦しくみじめな暮らしを強いられたインディアンとは対照的に，厳寒の冬になれば暖炉も使える，快適な環境で暮らしていたのである。

◁ **敵意を抱く兵士たち**
ボスケレドンドの兵士は，ナヴァホの敵であるコマンチが保留地に入りこみ，ナヴァホの家畜を盗むのを黙認していた。捕らわれの身で武器を持たないナヴァホは，家畜を守ることすらできなかった。また兵士たちは，ナヴァホとメスカレロとのあいだで争いがおこっても，見て見ぬふりをした。

故郷の喪失

マヌエリト

1885年：フォート・サムナーにおける1868年条約の署名について

1868年，マヌエリト（1818頃〜1894）ら，ナヴァホの首長たちは，忌むべきボスケレドンド保留地には住めない，故郷へ帰りたいと訴えるため，ニューメキシコのフォート・サムナーまで旅した。マヌエリトは，フォート・サムナーでナヴァホの帰郷を許可する1868年条約に署名したのち，ナヴァホ族の筆頭首長に指名され，1885年まで，同地位にあった。その間，1876年にはワシントンDCにおもむいてグラント大統領に面会し，部族の土地の一部を白人入植者に開放する政策に抗議している。1885年，マヌエリトは68年6月のフォート・サムナーでの条約締結について，つぎのように語った。

> わたしたちは条約を守ると約束した……4度も約束した。条約に関して，わたしたちはみな「イエス」と答え，彼はよき忠告をくれた。彼とはシャーマン将軍のことだ。わたしたちが彼に，彼のことばを忘れぬようにするというと，彼はこういった――「みな，わたしのほうを見てほしい」。彼は，わたしたち全員からよく見えるように立ちあがった。そしてこういった――「わが子たちよ，わたしはかならず，きみたちを故郷の地へ送り帰す」。故郷の地へ帰りつく日まで，昼も夜もどれほど長かったことか。出発する予定の日の前日，わたしたちはすこしでも早く帰りたくて，短い距離だが故郷へ向かって歩きはじめてしまった。わたしたちが戻ると，アメリカ人たちは，まずこれが必要だろうといって家畜をくれた。ありがたかった。ラバを引く者たちには，鞭をいれろと，はっぱをかけた。わたしたちは，それほど急いでいたのだ。アルバカーキから山の頂きが見えたとき，わたしたちの山ではないかと思い，大地に語りかけたくなった。わたしたちは故郷を深く愛していたから，家にたどりついたとき，年寄りのなかにはうれし泣きする者もいた。
>
> 管理官は，ここの保留地はとても広いといった。しかし，見せられた土地は狭く，わたしたちは，もっと広い土地をもらえてもいいはずだと思った。そこで，もっと土地が必要だということになり，わたしたちはその話をしにワシントンに行った。奇妙な動物や悪い水を恐れ，ワシントン行きの約束を取り消す者もいたが，わたしはここで死ぬくらいならあそこで死ぬほうがよいと思っていた。わたしは長官とすこしだけ話をした。翌日も話す予定だったが，管理官がわたしたちを連れ戻してしまったので，いいたいこともいえずじまいだった……こういう話をするのは，わたしたちがどれほどの苦難に見舞われ，どれほど小さな満足しか得られなかったか，あなたがたに知ってほしかったからだ。だからこそわたしたちは，保留地は狭すぎるといいつづけてきたのだ。

故郷からはるか遠く
1866年，フォート・サムナー（ニューメキシコ）に収監されたナヴァホの人びと。1868年6月に解放されると，部族の首長たちが生き残った者を連れてナヴァホの故郷へ向かったが，その多くが裸で，靴もなかった。帰郷の旅は15〜20日を要し，その間に幾人もの老人がこの世を去る。また，歩くのをあきらめ，ふるさとから遠い地に居をかまえた者も多かった。

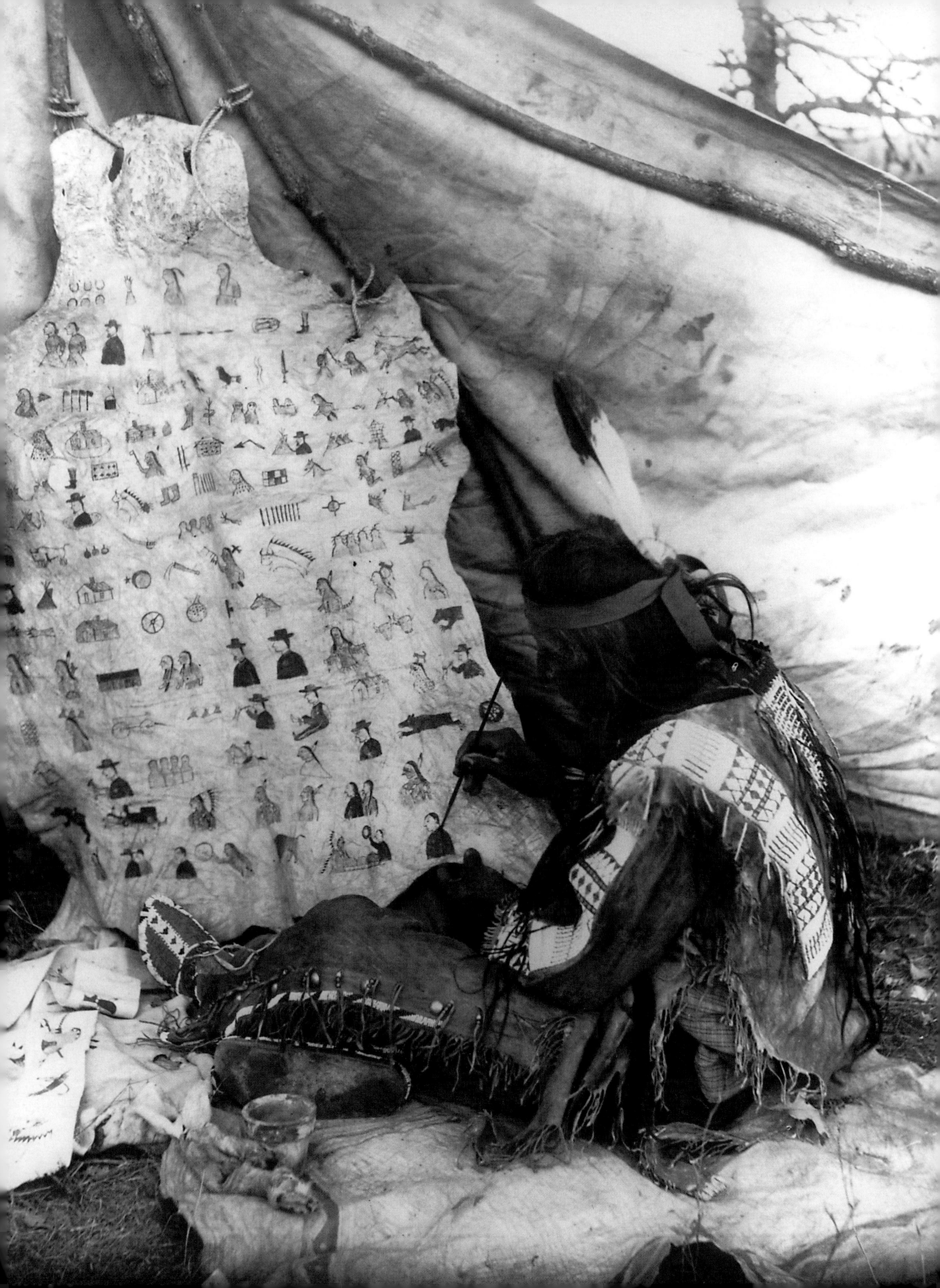

1860年代〜1890年代

先住民の抵抗と戦い

合衆国とカナダの政府は，
軍隊の派遣という
武力による戦いだけでなく，
先住民の子供を強制的に
寄宿学校へ入学させる
同化政策によっても，
彼らの文化とアイデンティティを
根こそぎにしようとした。

冬を数える
すごした冬の数を絵にして，動物の皮に記録しているラコタの
サムス・キルズ・ツー（1910年）。その年におきた大きな出来事を示す
絵文字を見ると，白人がラコタに与えた影響をうかがい知ることができる。

先住民の抵抗と戦い

南部大平原の戦い

1864年11月のサンドクリークの虐殺（p.70〜71）が，インディアンと白人の関係をいっそう悪化させた。1864年から75年にかけて，戦闘はやむことなくつづき，草原一帯が悲惨な戦場と化す。南方の平原インディアンを壊滅させる戦いは激烈をきわめ，インディアンの生活の糧であるバッファローは狩りつくされて，部族の大半がインディアン・テリトリーの保留地に強制的に移住させられた。南部大平原におけるインディアンの抵抗は，1875年をむかえるころには，軍隊によって完全に制圧される。

シャイアンの復讐
サンドクリークの虐殺ののち，怒れるシャイアンは白人を殺戮することで，ブラック・ケトルたちのかたきをうった。写真はフォート・ドッジ（カンザス州）の近くで発見された白人猟師。インディアンと白人は，たがいを敵とみなし，見境なく殺しあった。

ハンコックの作戦
1867年，ミズーリ軍の司令官となったウィンフィールド・スコット・ハンコック将軍は，同年4月，シャイアンとアラパホに対して，ずさんな戦闘をしかけた。その結果，南部大平原諸部族による報復戦が，何か月にもわたってつづくことになる。

ウィンフィールド・S・ハンコック将軍

1864年12月末，怒りに震えるラコタ，アラパホ，シャイアンの各部族は力を結び，サンドクリーク虐殺の報復に立ちあがった。翌65年は，幾千もの戦士がサウスプラット川の沿岸地域を攻撃して，牧場と駅馬車の駅を焼きはらい，幌馬車を略奪，家畜を奪い，鉄道職員その他の人びとを殺戮した。

南北戦争が終結すると，ふたたび旅行者が洪水のごとくおしよせた。ホームステッド法（1862）とパシフィック・レイルウェイ法（1862〜64）によって，移民の波は大平原にまでおよんだが，政府はまったく何の制限も加えようとしなかった。

しかも，手当たり次第のバッファロー狩りまで見て見ぬふりをし，野獣狩りを職業にする者たちが，1840年代後半から減少の一途をたどっていたバッファローの大群を一網打尽にしていった。1枚がせいぜい3ドルの皮のために，ハンターが大平原に群れ集まったのである。

インディアンの土地に住む白人を守るため，合衆国陸軍がふたたび大平原に姿を現わした。1867年4月，ウィンフィールド・スコット・ハンコック将軍は，中央平原の部族が反乱をたくらんでいると疑い，討伐を宣言。彼の部隊がポーニー・フォーク（カンザス州）のシャイアン・ラコタの集落に近づくにつれ，インディアンは男も女も子供も，サンドクリークの悪夢におびえ，逃げ散った。将軍はジョージ・アームストロング・カスター中佐に命じて，おびえる彼らを追跡して捕えさせ，駅馬車の駅に放火した罪，家畜を逃がした罪，市民を惨殺した罪で告発した。将軍はまた，インディアンの集落を"陰謀者の巣窟"と見なし，ティーピーに火をつけたりもした。そんな軍のふるまいに，カンザス西部とコロラド東部のシャイアンやアラパホは激怒し，報復にでる。

政府はしかし，ハンコック将軍の遠征を，インディアンの抵抗に対する純軍事的解決に傷をつけた失敗として考え，方針を変更，より現実的な条約締結という道を選んだ。1867年10月，政府が大平原南部および中央部の諸部族に和平会議を呼びかけると，5000名余のインディアンがメディスン・ロッジ・クリーク（カンザス州）に集合し，南部の主だった首長のほとんどが対立回避のため，条約に署名する。条約の内容は，西部のインディアン・テリトリーに広大な保留地を2か所設けるというもので，ひとつはシャイアンとアラパホの，もうひとつはカイオワ，コマンチ，カイオワ・アパッチの保留地だった。政府は，条約に署名したのは各部族の一部の代表者で

◁ **駅馬車の襲撃**
サンドクリークの虐殺（1864）と，ハンコック将軍によるポーニー・フォークのシャイアン・アラパホ村の焼き討ち（1867）が引き金となって，一部のインディアンが，往来の多いルートの駅馬車とその駅を襲った。

南部大平原の戦い：1860年代〜1875年

装飾の施されたスプリングフィールド・マスケット銃

△**すばらしい火力**
政府軍はレミントン44口径（右）のようなピストルとスプリングフィールド銃のおかげで，インディアンより優勢だった。グラント将軍はスプリングフィールド銃を「単純で強力，正確だ……」と評している。写真の銃は，インディアンの手に渡ったのち，装飾を施されたもの。

レミントン44口径リヴォルヴァー

"よいインディアンは，
死んだインディアンだけだ"

フィリップ・ヘンリー・シェリダン将軍
フォート・コブ，1869年

◁**戦場のシェリダン**
1868年，当時のミズーリ軍司令官フィリップ・H・シェリダンは，南部平原インディアンに対する冬の討伐戦を計画した。その後，1874〜75年の戦いの指揮もとっている。

▽**再出発**
写真はアラパホの男たち。彼らは1869年にグラント将軍によって設けられたシャイアン・アラパホ保留地に移住した。バッファローに頼らない新たな生活の道をさぐるなかで，牛の群れを世話したり，菜園を始める者もいた。

しかなかったにもかかわらず，これを全部族を対象としたものとしてとらえ，条約に従わない者は武力をもって保留地へ移住させると主張した。

そして保留地は，本来の土地ルートからはずれた場所につくられた。南北戦争時，敵側についたかどで没収した開化5部族の土地である。政府はインディアンに食糧と贈与品を確約し，インディアンはそのかわりに保留地外の土地に対する権利の放棄，鉄道や軍隊への攻撃中止，白人とその所有物に危害を加えないことを約束させられた。

武力抵抗の終焉

条約に署名したとはいえ，保留地にとじこめられたいインディアンなどいるはずもなかった。コマンチとカイオワは，保留地を拠点にしてテキサス地域を急襲し，1868年には，好戦的な若者が農場や牧場，旅行者をくりかえし襲った。かたやジョージ・カスターは冬の討伐戦を指揮し，ワシタ，ソルジャー・スプリング，サミット・スプリングズの戦いなど，南部大平原のインディアンに無情な攻撃をしかけた。また，フィリップ・シェリダン将軍はレッドリヴァーの戦い（1874〜75）でインディアンを執拗に追いつめてゆく。

容赦ない追跡に，インディアンの抵抗力も萎えはじめた。多くの指導者が裁判にかけられ，70名がフォート・マリオン（フロリダ）に拘留される。そしてついに，南部大平原諸部族は，武力による抵抗を放棄した。

平和志向 ▷
平原インディアンのなかでも南部のアラパホは，白人に対してはとりわけ平和志向で，戦闘よりも交易を好んだ。それでもなお彼らは，1868年，シャイアンの蜂起に参加する。土地を失うことは，彼らの存亡にかかわるからである。

先住民の抵抗と戦い

生き方を守る戦い

　1864年から75年にかけて，アラパホ，シャイアン，コマンチ，カイオワ，ラコタの各部族が，自分たち本来の生き方を守るため，南部大平原全域で必死の戦いをくりひろげた。鉄道建設，減少するバッファロー，狭い保留地内での暮らしに絶望してのことである。しかし，ライフルその他の銃器がふんだんにある政府軍は，冬の討伐戦でインディアン壊滅をはかる。冬季になれば彼らの食糧が乏しくなり，馬も腹をすかせて力が低下するからである。

ビーチャー島の戦い▷
　1865年9月，インディアンの大軍に攻撃されたA・フォーサイス将軍は，50名の民兵とともにコロラド北東部の川中にある小さな島に渡った。ロッキー山脈以東の大草原における，歴史に残る戦いである。フォーサイスの小隊は防戦に努め，インディアンは9日後，援軍の到来を知って撤退した。シャイアンの首長ロマン・ノーズが，この戦闘で命をおとした。

ジョージ・アレクサンダー・フォーサイス将軍

ポーニー・フォークの焼き討ち▷
　1867年4月，ウィンフィールド・スコット・ハンコック将軍は，反乱計画ありと見て，ポーニー・フォーク（カンザス州）にあるシャイアン・ラコタの村の攻撃を決定した。サンドクリークのくりかえしを恐れたインディアンは村を捨て，その後，政府軍兵士が252のティーピーに火をつけた。

△無情な指導者，カスター
　インディアン討伐者としてのジョージ・アームストロング・カスターのキャリアは，1866年に始まる。1867年の作戦のさい，カスターは部下を酷使したうえ，脱走兵に容赦なかったことから軍法会議にかけられて，1年間の停職処分を受けた。

◁攻撃されるブラック・ケトルの野営地
　1868年11月27日，ジョージ・A・カスター中佐は大嵐のなか，第7騎兵隊を率いてオクラホマのワシタ川沿いにあるブラック・ケトルの野営地を奇襲した。ここはサンドクリークの生き残りであるブラック・ケトルが，仲間とともに安息の地とした場所である。インディアンの虚をついたカスター軍は，カンザスにおけるシャイアン蜂起の復讐にとりかかった。首長のブラック・ケトルは殺され，女と子供の大半も殺された。

南部大平原の戦い：1860年代〜1875年

レッドリヴァーの戦い

1874年から75年のいわゆるレッドリヴァーの戦いとは，コマンチ，シャイアン，カイオワに向けられた一連の討伐戦を指す。彼らがオクラホマとカンザスの保留地を出て，テキサス北西部の開拓地や牧場を襲ったからである。ニューメキシコ，テキサス，オクラホマの砦から多数の部隊がインディアン討伐に派遣された。1875年，最後のインディアンが保留地に引き戻され，すくなくとも14の誓約によって，抵抗の芽は摘み取られた。

◁ **不敵なカイオワの指導者，サタンク**
カイオワの土地に侵入した白人たちに恐れられていたサタンクは，1870年の蜂起で息子が殺されて以来，テキサス住民に対する憎悪を倍加させた。幌馬車の御者を殺した罪で禁固刑をいいわたされたが，刑務所に向かう途中，番兵を襲い，射殺された。

ビッグ・ツリー　　サタンタ　　ローン・ウルフ

△ **カイオワ首長の戦闘**
南部大平原でやむことなくつづく戦いのなか，カイオワ族の首長ビッグ・ツリー，サタンタ，ローン・ウルフは，バッファローのハンターや幌馬車を襲い，テキサスの開拓村襲撃にも加わった。その後，ビッグ・ツリーとサタンタは死刑を宣告されたが，人道主義者たちの反対にあって減刑。ローン・ウルフは，レッドリヴァーの戦いに関与した罪で，フロリダのフォート・マリオンに流刑となった。

壕で防戦する兵士が，周囲を囲むカイオワ戦士に発砲している。

◁ **戦士の記録**
カイオワ戦士が「レジャー・ドローイング」様式で記録したもの。帳簿（レジャー）のページに描かれたところから，この名がついた。左の絵は，どの戦闘の場面かは不明だが，白人兵士にライフルでねらわれてもなお，勇敢に立ち向かうカイオワ戦士の誇りを表現している。

◁ **コマンチ首長クアナ・パーカー**
コマンチ族の首長を父に，白人捕虜シンシア・アン・パーカーを母にもつ。1874年までテキサス地方の襲撃を指揮したが，その後はオクラホマの保留地で暮らして白人文明を受けいれ，農場主として成功した。

"われわれが白人と戦うのは，
それが喜びを与えてくれるからではない"

カイオワ族の指導者サタンク，1867年10月

フロリダ監獄

1875年，リチャード・H・プラット指揮官が，レッドリヴァーで戦ったインディアン戦士をセントオーガスティン（フロリダ）のフォート・マリオンにある軍刑務所まで護送する任務についた。ここはセントオーガスティン港を堅固に守る，中世スペイン建築の巨大な要塞である（1695年建設）。72名のインディアン（シャイアン，アラパホ，コマンチ，カイオワ）は，3年のあいだ，じめじめした石づくりのみじめな室に収容された。政府は，公式には彼らと戦争をしているわけではないため，捕われたインディアンが軍の審理を受けることはなかった。

◁ **白人式の強要**
プラット指揮官は，フォート・マリオンにインディアンを収容すると，彼らの髪を切り，軍服を着せ，白人とおなじ外観に見せようとした。自由時間を過ごすインディアンたちの写真は，周辺を訪れる観光客に売られた。

奉仕の時 ▷
インディアンの囚人の多くは，自由時間になると，キャンプや保留地での生活（儀式，狩猟，南部大平原での戦闘シーンなど）を絵に描いて過ごした（写真はセントオーガスティンにて撮影）。

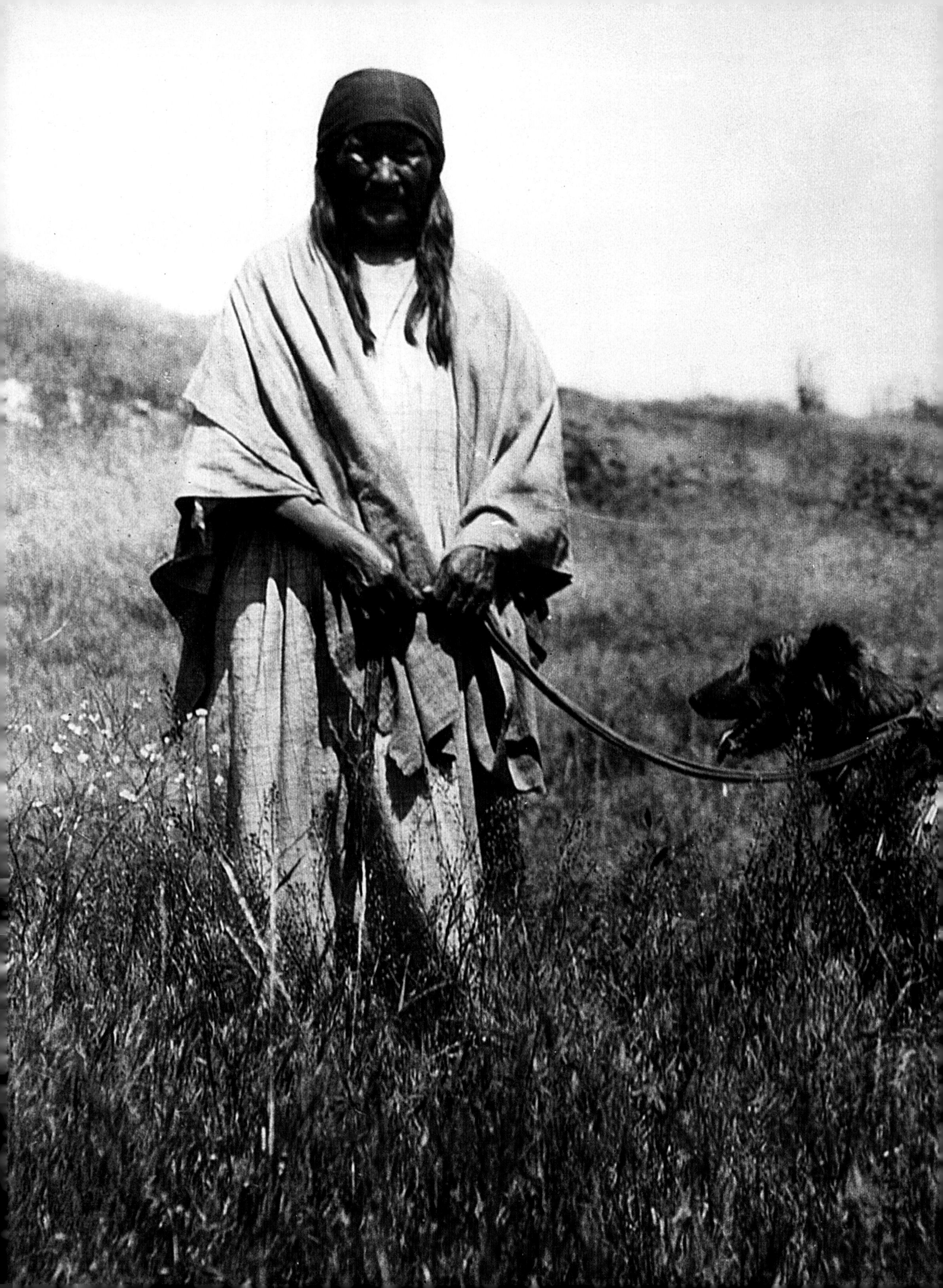

トラヴォイでの運搬

馬を知るまで、平原インディアンの家族は、犬に引かせたトラヴォイで所持品を運んだ。トラヴォイとは、2本の棒を皮紐でV字形に結んだソリで、先端が閉じた側は犬の肩にのせ、開いた側は地面につける。のちに、重たい荷は馬引きのトラヴォイで運んだ。

◁ **聖なる頭骨**
バッファローの頭骨は，平原インディアンの数ある儀式で重要な役割を果たした。供物台に置かれたり，年に一度のサン・ダンス（太陽の踊り。大平原地域でバッファロー狩りをおこなう部族による信仰儀礼）でも使われた。

マンダン族のバッファロー・ダンス ▷
ミズーリ北方に住むマンダンの重要な信仰儀礼であるオキパでは，生活を支えてくれるバッファローの帰還を祈るかたわらで，牛踊りがくりひろげられ，自然の被造物の姿を再現する。

△ **オオカミの衣**
オオカミもしくはバッファローの皮を身にまとった男がひとりかふたり，バッファローの群れに忍び寄り，ある程度の距離まで近づいたところで，慎重に弓でねらう。もっと古い時代には，猟師が集まってバッファローを崖から追い落とす「バッファロー・ジャンプ」と呼ばれる手法が使われていた。

乗馬による狩り ▷
馬を知ったことで，インディアンのバッファロー狩りのスタイルが様がわりした。群れが罠の近くに来るまで待つのではなく，馬にまたがって追うのである。そのほうが，徒歩よりもはるかに速く，はるかに遠くまで，バッファローを追いかけることができた。狩りは1年のあいだ，ほぼ季節を問わずできるようになり，よい馬であれば，全速力で逃げる群れを追いこすことさえできた。

◁ **狩り旅行**
1869年に大陸横断鉄道が建設されてからというもの，バッファロー狩りは白人の娯楽として人気を博し，特別列車が走るまでになった。観光客が，列車の窓から，バッファローを銃で撃つのである。

バッファローの山 ▷
1874年，輸送を待つバッファローの皮。ドッジシティ（カンザス州）のR・M・ライトが購入したもの。処理場では，質の悪い皮でさえ，立派に使用にたえる皮革に変貌する。

殺害原野 ▷
1800年から95年にかけて，バッファローの数は推定4000万頭から1000頭以下へと激減した。バッファロー狩りを職業あるいは趣味とする白人の殺戮の結果であり，これが平原インディアンの生活を根本から破壊した。バッファローが姿を消せば，インディアンは飢えに直面し，住む家もなく，絶望の淵に追いやられる。

命の糧

平原インディアンにとって，バッファローは生存に必要なものすべて（食糧，燃料，衣類，ティーピーの覆い，ナイフ，太鼓，おもちゃ）を供給してくれる存在といってよかった。猟師たちは，肉体をささげてくれるその心に感謝して，この大きな動物を種々の儀式でたたえた。

栄養豊かな食糧

バッファローの肉は，味も栄養も豊かで，季節を問わず老若男女の食糧だった。母親にとっては，子供にしゃぶらせるのに格好の肉片で，歯のない老人もおなじように肉汁を吸った。バッファローの脂肪と血液にベリー種の果実をまぜたスープは，人気の料理だった。

肉が豊富にあれば，赤身の大塊は細長く切り，杭にのせた板で乾燥させてから，生皮（肉を削りとって洗浄，乾燥させたもの）でつくった袋"パーフレシュ"に詰める。また，乾燥肉はペミカンにもする。ペミカンとは，肉を乾燥させてから石のハンマーでたたき，溶かした脂肪と（ときに果実も）まぜたものである。その後，やはり生皮製の袋に保存する。

生皮（ローハイド）の使い道

平原インディアンにとって，バッファローの生皮には数えきれないほどの用途があった。まず，小屋の覆いは，仕上げ皮（肉をそいで洗い，脳と肝臓でなめしたもの）を，腱（やはりバッファローのもの）で縫いあわせてつくる。寒い冬がやってくると，インディアンたちは，内側が毛にびっしり覆われた，厚手のバッファロー皮に身をつつむし，冬用の皮からは，ミトンや帽子，モカシンもつくられる。

バッファローの生皮は，丈夫で水を通さないので，食糧／衣類／野営道具類の保存，運搬容器としてはうってつけだった。しかも，やわらかく耐久性があるため，破れたり，すりきれたモカシンの底の修理にも重宝する。そして馬具のほとんども，生皮製だ（繋馬索，頭絡，尻がい，鞭，鞍，いためた脚の保護具，携帯用飼葉桶）。厚い首の皮は盾となり，ナイフや果実の潰し器を木製の取っ手にくくりつけるのにも生皮を用いる。バッファローの角は，スプーンやカップに変身する。

△ **馬の調教**
盗みと部族間交易により，インディアンは大平原一帯で急速に馬を普及させていった。1750年頃には，アルバータ（カナダ）のブラックフィートがすでに馬を調教しており，1800年代はじめには，平原インディアンのほとんど全家庭が数頭の馬を所有していた。写真はブラックフィートの男性と，彼らが「大きな犬」と呼ぶ動物（モンタナ州，1891）。

◁ **女性の仕事**
バッファローの皮をはぎ，解体する作業は，たいていの部族で女の仕事だった。脂肪をこそぎ落としたのち，皮を地面に広げ，杭でとめて乾燥させる。その後，脳と肝臓，脂肪，かすみ草を混ぜあわせたものでなめすのも，すべて女たちの仕事だった。皮を仕上げるのには，約10日ほどかかる。

ダコタの皮の矢筒

> "できるかぎりのバッファローを殺せ。
> バッファローが1頭死ぬたびに，
> インディアンがひとり死んでゆく"
>
> 合衆国陸軍R・I・ドッジ大佐，1870年頃

先住民の抵抗と戦い

北部大平原をめぐる戦い

1860年代に入ると，一攫千金をねらう人びとがボーズマン・トレイルからモンタナへ押しよせた。北部大平原のインディアンの土地を侵しながらである。侵入者に対するレッド・クラウドの戦いは，1868年のララミー条約で終結し，これによって新道は閉鎖され，採鉱者を守るために築かれた三つの砦も取り壊された。しかし，1874年，ブラックヒルズで金鉱が発見されるや，以前にも増して多くの人びとが流入し，ララミー条約に署名しなかったスーとシャイアンが，フォート・エイブラハム・リンカン（ノースダコタのビスマーク近郊，1872建設）を攻撃，白人のさらなる憎悪をかきたてる結果となった。

北部大平原の戦い

1865年7月
パトリック・コナー将軍のパウダー川遠征——スーとシャイアン討伐作戦

1866年12月21日
ウィリアム・J・フェターマンと部下80名がスーの攻撃で全滅

1866〜68年
レッド・クラウドの戦い：ラコタ・スー，および連盟を結んだシャイアンとアラパホが，ボーズマン・トレイル閉鎖のために襲撃開始

1867年8月1日
シャイアンとスーが，フォート・C・F・スミス近くの乾草職人の小集団を襲う

1867年8月2日
スーが，フォート・フィルカーニー近くの材木伐採者を襲う。ワゴンボックスの戦い。

1870年1月23日
ユージン・M・ベイカー少佐が，モンタナのブラックフィートを攻撃

1876年3月17日
ジョージ・カスター中佐が，パウダー川のシャイアン村を襲撃

1876年6月17日
クレイジー・ホース率いるスーとシャイアンが，ローズバッド・クリークでジョージ・クルック将軍を攻撃

1860年代初期にモンタナ南部で金鉱が発見され，一攫千金を夢見る者たちをひきつけた。そして1863年から65年，ジョン・ボーズマンが現在のカスパー（ワイオミング州）からヴァジニアシティ（モンタナ州）の金鉱キャンプまでの道を切り開く。ミズーリ川を蒸気船で，その後陸路を徒歩で行くのにくらべ，はるかに簡便なルートができたのである。ただし，この新道は，スーとシャイアンが住むパウダー川地区を抜けるため，インディアンは侵入への報復として，旅人を襲った。それを受けて軍隊は，1866年，新道沿いに砦を3か所建設する。

1865年と66年，数名の首長が「彼らの土地の……陸路から退く」ことを確約する条約に署名したものの，首長らは全部族の代表でもなければ，条約内容を完全に理解しているわけでもなかった。ラコタ族の一部はボーズマン・トレイルからの撤退を拒否し，白人が通過すれば攻撃すると宣言。1866年から68年，スーと同盟を結んだシャイアン，アラパホが軍隊を締め出してこの新道を封鎖しようと，砦に立ち寄る幌馬車隊，陸軍偵察隊，民間人を襲撃した。これがレッド・クラウドの戦いである。1866年12月21日，軍隊にとっては最悪の，恥ずべき事態が発生した。フィルカーニーの砦（現ワイオミング州）近くで，ウィリアム・J・フェターマン大佐の部隊がラコタに完敗したのである。しかし，翌67年，軍隊はワゴンボックスとヘイフィールドの戦いで雪辱をはらした。

新道の閉鎖

1868年，ララミー条約によってレッド・クラウドの戦いが終結し，砦と新道が閉鎖された。この条約

▷**新道の警備**
1866年，ビッグホーン山脈のふもとに建設されたフォート・フィルカーニーに，警備隊が配備された。ボーズマン・トレイルを行く旅人たちを守るためである。このフィルカーニーの砦は，先祖伝来の土地が白人に侵されることを嫌ったラコタやシャイアンの襲撃に悩まされつづけた。

▷**ワゴンボックスの戦い**
1867年8月2日，フォート・フィルカーニー近くに住む森林伐採者を護衛していた歩兵26名が，レッド・クラウド率いるラコタ・インディアンに襲われた。最新の連発銃を持っていた兵士は，円形に並べた幌馬車の土台を盾に，救援隊が到着するまで，必死で防戦に努めた。

> "80人の男を連れて，わたしはスーの土地を馬で行くことができた"
>
> ウィリアム・J・フェターマン大佐，フォート・フィルカーニーにて，1866年

ウィリアム・J・フェターマン大佐

北部大平原をめぐる戦い：1860年代〜76年

◁ 殺戮の記録
ブラックフィートの長老が、バッファロー皮に描いたベイカーの大量殺戮（1870）。マリアス川（モンタナ）沿いにあったピエガンの村は、ユージン・M・ベイカー少佐の部隊によって皆殺しにされた。

ブラックフィートの絵描き、パーシー・ブル・チャイルドが描いた死。ここには女や子供も数多い。天然痘におかされていたピエガンの人びとは、ほとんど抵抗できなかった。

△ ベイカー隊
1870年1月、ユージン・M・ベイカー少佐はピエガン討伐を命じられた。ブラックフィート連合の一部族ピエガンが、牧場主や金鉱さがしの白人を襲ったからである。ベイカーは村を攻撃して173人のピエガンを殺し、そのやり方は物議をかもした。

▽ カスター、金を発見する
ジョージ・アームストロング・カスター中佐は、1874年の遠征でグレート・スーの保留地の一部、ブラックヒルズで金を発見した。合衆国政府は、金を目当てに怒涛のごとく押し寄せる白人を、かたちばかりしか制止しなかった。

△ モンタナのギボン
1866年、フォート・エリス（モンタナ）に派遣されたジョン・ギボン大佐は、1870年代を通じ、モンタナ軍区の司令官としてスーやシャイアンと戦った。

ハンクパーパ・スーの指導者

ハンクパーパ・スーの卓越した指導者だった巨漢のゴールは、早いうちから戦士として名をはせた。1865年から66年にかけての冬、一兵士の銃剣に刺され、そのまま放置されてもなお生きのびる。その後は復讐の念にかられ、10年にわたって数多くの白人兵士を殺しつづけたが、1880年、戦いを放棄し、保留地に移住した。

ゴール首長

は、土地の一部がスー族の「全面的かつ侵害されることのない利用」に供されるのを保証したもので、土地のなかにはブラックヒルズも含まれており、白人による開拓の禁止が宣言された。これに対し、署名した部族は開拓民や砦を襲撃せず、狩猟地域の通行も許可することに同意する。

このララミー条約に、ラコタの意見は二分された。レッド・クラウドは条約をよしとしたが、シティング・ブルとクレイジー・ホースに従う者たちは署名を拒んだのである。

ブラックヒルズの金鉱

1874年、ブラックヒルズで金が発見され、「ゴールドラッシュ」が起こった。軍も政府も、白人探鉱者がインディアンの土地に侵入しても傍観し、インディアンはそれに襲撃でこたえた。あくる75年、グラント政権はブラックヒルズの買い取りをスーに申し出たが、スーは聖なる土地への白人侵入を断固拒否する。同年12月、政府はインディアンの全集団に対し、76年1月31日を期限に保留地に帰るよう命令、さもなければ敵とみなすと宣言した。「敵」が保留地に戻らないときは、軍隊が出動するという。1876年6月17日、北部大平原諸部族を保留地に強制帰還させるため、ジョージ・クルック将軍が派遣された。ところが、1000人の騎兵と歩兵、金採掘者、民兵、300人のクロー族とショショーニ族からなるこの大軍団が、ローズバッド川（現モンタナのカービー近郊）で、クレイジー・ホース率いるスー戦士の奇襲を受ける。軍隊は多数の死傷者を出して敗退するが、8日間つづいた戦闘のあとで彼らを待ちうけていたのは、リトル・ビッグホーンにおけるさらなる大敗だった（p.94〜97）。

先住民の抵抗と戦い

ブラックヒルズへ

　スーとシャイアンが，聖なる土地，魂がやどる土地と考えたブラックヒルズ（サウスダコタ西部）は，1868年のフォート・ララミー条約によって白人の侵入禁止が約束された。ところが，ジョージ・アームストロング・カスター中佐が同地で金を発見するや，白人が群れをなして侵入する。それでもなお，軍隊，政府ともに，見て見ぬふりをした。

△ 遠征計画
オフィスで机に向かうジョージ・A・カスター中佐（ダコタ・テリトリーのフォート・エイブラハム・リンカン，1873年撮影）。彼はこの直後，ブラックヒルズで金を発見した。写真では，本人の肖像画が背後の壁にかかっている。

◁ 学術調査班
カスター中佐が率いる部隊は，ユリシーズ・S・グラント大統領の命により，ブラックヒルズ山中の地図作成に着手した。ただし，学術的事業という名目の裏にある真の目的は，軍の駐屯地に適した場所をさぐることだった。

カスターの斥候

　アリカラ・スー族のブラッディ・ナイフは，大平原地帯で陸軍屈指の斥候となった。その腕のよさに，カスターは自分の部隊に引き抜き，ふたりは深い友情で結ばれたと伝えられる。ブラッディ・ナイフはリトル・ビッグホーンの戦いで命をおとした。

△ 高く評価された斥候の力
インディアンの斥候は，下士官として軍隊に正式登録された。写真でカスターを囲むインディアンたちは，1874年のブラックヒルズ，76年のリトル・ビッグホーンの踏査で，彼の斥候をつとめた。

狩りの手伝い ▷
ブラックヒルズ踏査でハイイログマを仕留めたブラッディ・ナイフ。部隊の食糧確保のための狩りも，斥候の仕事のひとつだった。

ローズバッドの戦い

　協力して，モンタナ南東で合同野営していたラコタとシャイアンが，1876年6月17日，ローズバッド・クリーク沿いで無警戒だったジョージ・クルック隊を襲撃した。戦いはほぼ1日つづき，クレイジー・ホース率いるインディアン軍が退却して決着。多くの部下を失ったクルックは，追跡せずにベースキャンプへ引き揚げた。

△ ローズバッド・クリークの代償
ローズバッドの戦いは，凄絶だった。ローズバッド・クリークの上方にある開けた高地で戦ったのは，インディアン戦士1500名，政府軍兵士1000余名にものぼる。両者ともに敵を非難し，反論し，両者ともが勝利を宣言した。

1860年代〜76年

△ 補給物資を運ぶ幌馬車
1874年のカスター隊のブラックヒルズ踏査に見られるように、部隊はときに、備品を積んだ幌馬車の大部隊で移動した。ブラックヒルズ地域調査の真の目的は、砦建設の適地を見つけることにあった。

◁ ブラックヒルズの部隊
ジョージ・A・カスター中佐の遠征調査では、第7騎兵隊1000余名、補給品を積んだ馬車100台が、ブラックヒルズの山道を踏みわけて進んだ。「草の根のあいだに金がある」というカスターの報告が、新聞報道などで喧伝された。

> "ブラックヒルズという名の土地を、インディアンは自分たちの土地の中心だと考えている"
>
> ランニング・アンテロープ（ラコタ族）
> カスター隊のブラックヒルズ踏査に随行して
> 1874年

△ 勝利を主張するクルック
クレイジー・ホース率いるインディアン戦士に襲われたとき、ジョージ・クルック将軍たちはコーヒーをすすっていたという。クルックは、自軍は退却せず、敵は6時間の戦いの後に撤退したという理由で勝利を主張した。

ローズバッドのヒロイン ▷
ローズバッド・クリークの戦いのさなか、"カムズ・イン・サイド"という名のシャイアン戦士が自分の馬を撃たれた。彼は姉妹に助けられたが、そのようすが北部シャイアンの絵描きによって帳簿に記録されている。

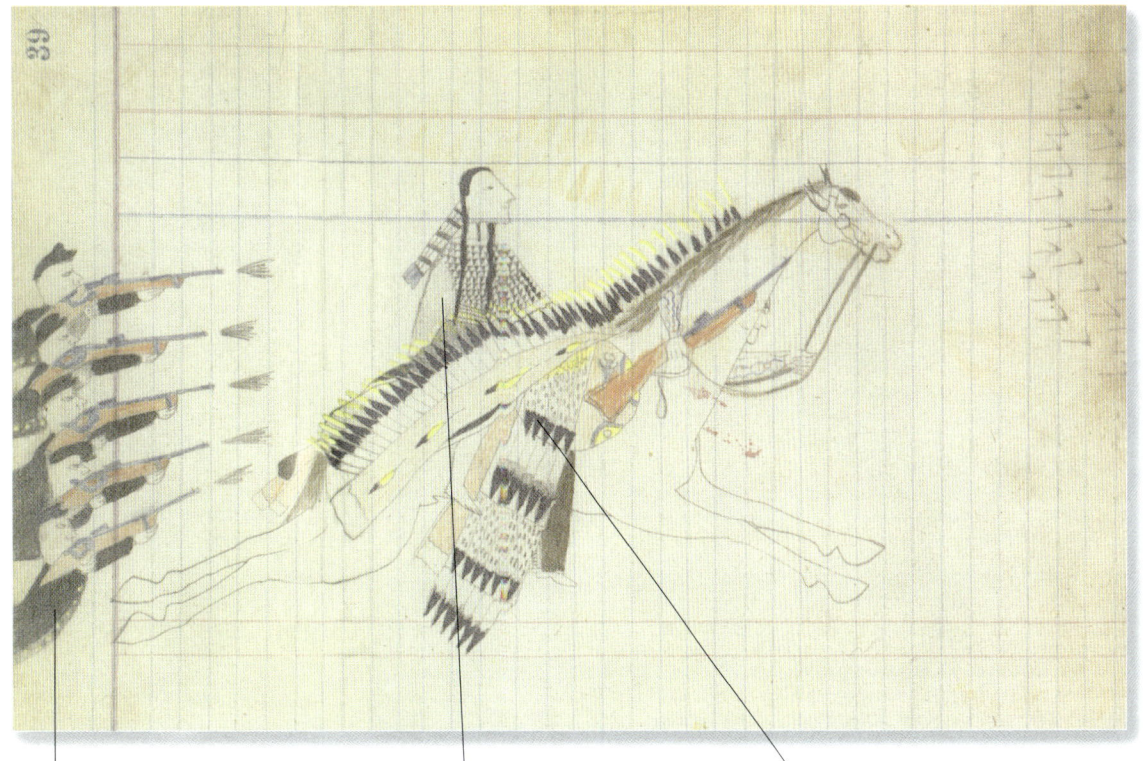

青色のクルック隊が、"バッファロー・カーフ・ロード・ウーマン"と、その兄弟にライフルを発射。雨あられとふる弾丸のなか、男は身を守られている。

"バッファロー・カーフ・ロード・ウーマン"は、馬上から腕をのばし、兄弟を馬の尻に引っぱりあげて助けた。

帳簿に描かれた"カムズ・イン・サイド"。ライフルを握ったまま、布に隠れている。

先住民の抵抗と戦い

西部をめぐる戦い

　19世紀の大半の期間，インディアンはミシシッピ川から太平洋岸にいたる地域で，白人たちに苦しめられた。合衆国が西方に拡大して，開拓民，ホームステッド法による入植者，金採掘者たちが，彼らの故郷になだれこんだからである。

　1850年代から60年代，白人がめざましい勢いで西進するにつれ，西部のほぼ全域で戦闘がくりひろげられるようになる。推計によれば，西部における白人とインディアンの戦いは，1865年から90年までに1000件にものぼったという。そしてそのひとつが，1876年の，伝説的なリトル・ビッグホーンの戦いだった（p.94〜97）。右の地図は，この間の主な戦地と砦である。

シティング・ブル▷
ハンクパーパ・ラコタの首長であり，神に仕える人でもあったシティング・ブルは，弱冠10歳ではじめてバッファローを仕留め，若くして勇名をはせた。その後，白人のブラックヒルズへの侵入阻止と，保留地への強制移住に抵抗する精神的，軍事的指導者となる。リトル・ビッグホーンの戦いの前，シティング・ブルは，政府軍の兵士が天空からインディアンの野営地へ，死んで落ちてくる光景を見たという。この戦いののち，彼はカナダへ逃がれた。

◁ジョージ・アームストロング・カスター
カスター軍は，1876年6月のリトル・ビッグホーンの戦いで全滅した。オハイオ生まれのカスターは，士官学校をクラス最低の成績で卒業し，訓練成績でも最悪の記録を残している。とはいえ，南北戦争では，最年少の23歳で将軍になった。1867年，ハンコック作戦での部下に対する非道な行為で軍法会議にかけられ，停職処分の判決を受けている。

クリアウォーター川, 1877
ホワイトバード・クリーク, 1877
ビッグ
フォート・ボイシ
シープイーター, 1879
ベア川
ロスト川, 1872
ラヴァベッズ, 1873
ドライ・レイク, 1873
ソルトレークシテ
ピラミッド・レイク, 1860

凡例
フォート（砦）
戦闘

キャニオン
シェイ, 186
●ロサンゼルス
●サンディエゴ
キャンプ・グラント, 1871
●トゥサン

西部をめぐる戦い：1860年〜90年

ベアポー, 1877
フォート・ユニオン
マニュエルズ・フォート
リトル・ビッグホーン 1876
パウダー川, 1876
ヘイフィールド 1867
ローズバッド, 1876
スリムバッテス, 1876
ウッド・レイク, 1862
バーチクリー, 1862
フェターマン, 1866
ワゴンボックス, 1867
フォート・フィルカーニー
フォート・リノ
ウンディッド・ニー, 1890
ニューウルム, 1862
ダルナイフ, 1876
ボンネット・クリーク, 1876
フォート・フェターマン
フォート・ロビンソン
フォート・ララミー

ククリーク, 1879
デンヴァー
ビーチャー・アイランド, 1868

サンドクリーク, 1864

200 miles　400 miles
200 km　400 km

サンタフェ
アドビウォールズ 1864, 1874
ワシタ, 1868
ソルジャースプリングズ, 1868
パロデュロ・キャニオン, 1874

戦いを挑まれた先住民たち

リトル・ビッグホーンの戦い

平原インディアンから見れば，政府の騎兵隊に対する大勝利であり，アメリカ軍史から見れば，最悪の惨劇のひとつであるリトル・ビッグホーンの戦いは，1876年6月25日，モンタナのリトル・ビッグホーン河畔における壮絶な戦いを指す。この日，ジョージ・アームストロング・カスター中佐と200名余の士官，兵士が，いまでいう「カスター最後の抵抗」のなかで全滅した。インディアンが，政府軍との戦いに勝利したのである。しかし，この勝利は彼らにとって，破滅への第一歩でもあった。カスターの死が白人を激怒させ，おびただしい数の兵士がインディアンの土地に侵入，ラコタやシャイアンを徹底攻撃したからである。

運命の指揮
ジョージ・カスター中佐を司令官とする作戦は，指揮下の5つの中隊すべてを全滅させるにいたった。

1876年：リトル・ビッグホーンの戦い

6月25日未明
カスターの斥候，遠方に大きなインディアン集落を発見

6月25日正午
カスター，指揮を3分割する（リノ，ベンティーン，カスター）

6月25日午後3時頃
リノ，集落の南端を攻撃するも，河畔の断崖に後退して防戦に転じる

6月25日午後3時30分頃
カスター，伝令を送る——「ベンティーン，援護に向かえ。大きな村だ。急げ，手がいる」

6月25日午後4時15分頃
ベンティーン，河畔の断崖でリノに合流する

6月25日午後4時10分以降
カスター，村の北端に接近。1時間後には，カスターを含む部隊の兵士全員が死亡

6月25〜27日
リノとベンティーン，包囲攻撃に耐える

6月27日
テリー将軍とギボン大佐の到着により，インディアン退却する

ジョン・ギボン大佐

ローズバッドの戦い (p.90) 以後，スー（ラコタ族，ダコタ族の通称）とシャイアンは，バッファローを狩るために，モンタナのリトル・ビッグホーン河畔（グリーシー・グラスともいう）に野営していた。保留地内で永久に拘束されるのを拒んだクレイジー・ホースやシティング・ブルなどの指導者たちは，1868年のララミー条約によって，バッファローがいるかぎりはミズーリ北部を自由に往来する権利があるのだと信じ，狩り場を政府軍から守る体勢を整えていた。これに対して政府は，保留地移住を拒む者はすべて「敵」と見なし，軍事行動の対象にすると宣言する。

そこで，討伐軍の司令官となったアルフレッド・H・テリー将軍は，カスターの第7騎兵隊ならインディアンを制圧できると考え，戦力の分割を決定。自軍は谷の北側を封鎖するため，ビッグホーン川の西から南へ向かい，600名のカスター軍には南側からビッグホーンへ向かってインディアンの退路を断つよう指示した。カスターの信任を得ていた斥候ブラッディ・ナイフが，そのルートの前方に待ちうけるインディアンの数は，白人兵士のベルトにある弾丸の数より多いと警告する。カスターはしかし，テリー将軍とジョン・ギボン大佐の部隊が到着するまで待機せよという将軍の指示を無視し，進軍した。

1876年6月25日の正午前後，カスターはフレデリック・ベンティーン大尉の3部隊を，インディアン野

"死ぬには，よい日だ。わたしにつづけ"
オグララ・スーの指導者ロー・ドッグ，リトル・ビッグホーン（グリーシー・グラス）の戦いにて
1876年6月25日

◁**戦うロー・ドッグ**
騒々しい音に眠りから目覚めたロー・ドッグは，陸軍兵士がシティング・ブルの野営地に発砲しているのを目のあたりにした。当初彼は，政府軍がこれほど多くのインディアンを攻撃するとは信じられなかった。

リトル・ビッグホーンの戦い：1876年

営地の南西にある断崖の偵察にさしむけた。そしてマーカス・A・リノ少佐に，野営地の南端を3部隊で攻撃するよう命じ，自身は5つの部隊で北側からの襲撃を決定する。その結果，リノ隊はスーとシャイアンに撃退され，断崖まで後退したのち，ベンティーン隊が合流，2日にわたって防戦に徹した。6月27日，テリー将軍とギボン大佐の到着により，ようやくインディアン軍が退却して，戦いは終結する。

カスターは野営地の北に接近するのに失敗し，実際の動きはいまもって謎ながら，結果的に2500人ともいわれるインディアンに襲撃された。カスターは山に退却する決断をしたものの，時すでに遅く，5つの部隊の命をひとつだに救うことはできなかった。

容赦ないスー族討伐

カスター隊が全滅したのち，インディアンの戦士数も減少したが，陸軍は攻撃の手をゆるめなかった。3月はじめ，ジョージ・クルック将軍が，リトル・ビッグホーンで戦ったスー族を執拗に追撃し，9月9日，150騎からなる分遣隊がサウスダコタのスリムバッテスでラコタの野営地を攻撃する。

スーとシャイアンも，初雪が降るまでは追手をうまくかわしていたものの，冬の到来が契機となって戦力が低下。そしてついに，1876年11月25日，北部大平原におけるインディアン討伐の最後の一撃が加えられた。カスター隊を殲滅したインディアンに報復するため，テキサスから派遣されたラナルド・マッケンジー中佐以下1100人の兵士が，太陽が昇るころ，ダル・ナイフとリトル・ウルフの村を攻撃，40人のインディアンを殺害して，ティーピーや衣類，食糧備蓄を破壊したのである。

一方，カスターに勝利したシティング・ブルは，仲間とともにカナダに移動していたが，年をおってバッファローの数は減り，飢えに苦しむようになる。1881年，彼らはやむなく合衆国にもどり，シティング・ブルはフォート・バフォード（現ノースダコタ州）で降伏。クレイジー・ホース一行は，討伐軍から逃れながら，ビッグホーン山地にとどまった。

虐殺の知らせ
カスター隊が「大虐殺」されたのを最初に報じたのは，1876年7月6日付けの《トリビューン》紙（ダコタ準州のビスマーク）だった。

◁カスターの大敗
1000人をこす画家が「カスター最後の抵抗」を描いた。その大半が，この民俗画に見られるように，銃を手にしたカスターがインディアンを迎え撃つ英雄的な姿である。この絵の作者は，戦場を満たしたおぞましい流血と暴力を描いていない。

だれがカスターを殺したか？
ジョージ・アームストロング・カスターを殺害した人物は，いまなお特定されていないが，ワン・ブルの功績にする者もいる。ワン・ブルはハンクパーパ・スーの戦士で，シティング・ブルの養子となったが，彼の戦果の記録にカスター殺害は含まれていない。

ワン・ブル

カスターの副司令官リノ▽
カスター軍の副司令官をつとめたマーカス・A・リノ少佐は，谷から撤退したことで非難をあびた。1879年，戦意の欠如を理由に軍の査問会議にかけられたが，敗北の直接的な責任は問われずに終わった。

▽生き残った大尉の馬
カスターの部下，第1中隊のマイルズ・W・キーオ大尉は，リトル・ビッグホーンの戦いで命をおとしたが，彼の馬の"コマンチ"は戦場を生き抜いた。とはいえ，ほかの馬はコマンチほど幸運ではなく，インディアン軍であれ陸軍であれ，多くが戦闘のさなかに死んでいった。死体は飛びかう銃弾や矢から人を守る盾となることもあった。

先住民の抵抗と戦い

死ぬには，よい日

リトル・ビッグホーンの戦いでは，すくなくとも2500人のインディアンが村を守るために陸軍兵士に立ち向かい，ときに死体から武器を奪って，おなじ武器を持つ者を撃った。馬の背で川を渡り，逃げる白人を殺すインディアン，馬を駆って騎兵のなかに分け入り，落馬させるインディアン。「これほど死ぬのによい日はない」──ラコタの戦士，レッド・ホースはそう叫んだという。彼はその後，戦争を絵文字ふうに描いた41点の作品を残した。

> "彼らはわれわれが［カスターを］殺戮したという。しかし，われわれが自分の身を守らず，最後まで戦わなければ，彼がわれわれにおなじことをしただろう"
>
> スーの指導者クレイジー・ホース，リトル・ビッグホーンの戦いにて，1876年

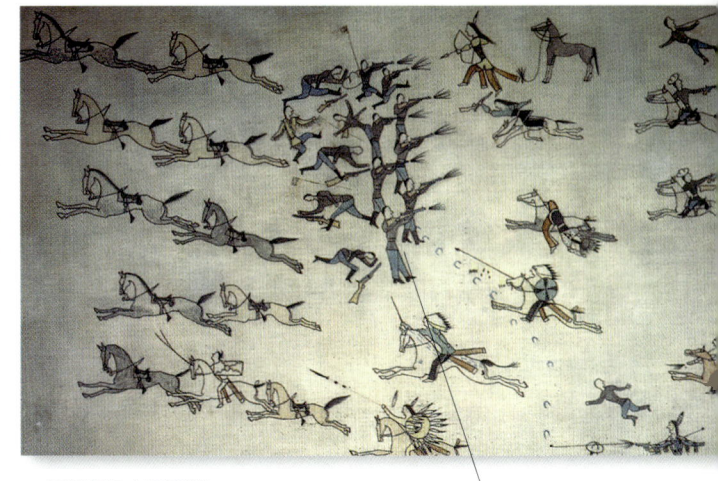

△ **目撃者による再現**
北シャイアンのホワイト・バードは，15歳のときにリトル・ビッグホーンで戦い，18年を経てからのち，当時のようすを再現した。部族に伝わる話をもとに，彼は兵士が戦死した山で迎えた，カスター最期の場面を描いている。

インディアンの大軍に襲撃されたカスター軍。ホワイト・バードの作品。インディアンは馬に乗り，ライフルその他の武器を手にしている。

スリムバッテスの追撃

カスター隊に大勝利をおさめたのち，さまざまなラコタの集団が，バッファロー狩りのために北や東へ向かった。アメリカン・ホースを長とする小グループは，スリムバッテスという名の岩場の下で野営したが，1876年9月9日未明，クルック将軍の派遣部隊に奇襲される。このスリムバッテスの戦いで，陸軍兵士の士気はあがり，先の大敗の雪辱をはらした。

▽ **奇襲指揮官ミルズ**
スリムバッテス奇襲の指揮をとったのは，アンソン・ミルズ大尉である。アメリカン・ホースは，洞窟に逃げこんだ女や子供の防衛にあたったが，重傷を負い，降伏せざるをえなかった。

△ **死傷者**
洞窟にいたラコタの男女15人は，陸軍兵士に深手を負わせる一方で，自分たちの損失も大きく，降伏するしかなかった。写真で馬がひく担架には，戦いで傷ついた兵士が横たわっている。

◁ **勝利者たち**
ミルズ大佐の部隊は，村のすみずみまで焼きつくし，ラコタからすべてのものを奪いさっていった。写真は，これから破壊しようとするティーピーの前でポーズをとる兵士たち。

復讐しつづける陸軍

スリムバッテスの戦い以後も，軍隊はラコタとシャイアンを迫害しつづけた。1876年の晩夏から秋にかけてはクルック将軍がラコタを追い，冬に入ってからはマイルズ将軍が村々を攻撃する。一方クレイジー・ホースは，新年があけた1月8日，マイルズ軍を襲ったものの敗退。5月になって，厳しい寒さに加え，弾薬が底をついたため，クレイジー・ホース以下インディアンたちは降伏した。

リトル・ビッグホーンの戦い：1876年

◁ **敵をとらえる**
騎乗したラコタの戦士が敵を刺そうとしているか、「勇気を示している」ところ（敵に殺されることなく、クースティックという棒で触れるのは、平原インディアンの勇気の証し）。鳥の羽根のついた頭飾りが丹念に描かれている。

戦いのあと ▷
6月27日、テリー将軍とギボン大佐は、山の尾根のいたるところに、おびただしい数のカスター軍兵士の死体を発見した。そしてあくる日、彼らを息たえた場所か、その近くに埋葬する。おなじ戦いで殺されたシャイアンやスーの死体は、親戚や友人によって運び出された。

戦場で死んだ騎兵を描いたレッド・ホースの絵。襲撃された村の女性が、死体の衣服をはぎ、切断した。

◁ **攻撃されたシャイアン指導者の村**
1876年11月25日、クルック将軍の命令により、ラナルド・マッケンジー中佐がリトル・ウルフとダル・ナイフの村を攻撃した。指導者2人は逃亡したが、40人のシャイアンが殺され、村は破壊された。

リトル・ウルフ　ダル・ナイフ　ラナルド・マッケンジー中佐

◁ **結集する兵士**
クルック将軍は、大きなシャイアンの村があると耳にして（現ワイオミング州）、そこを襲撃するべく、約2200名を動員した。装備は400頭のラバと168台の荷車に積みこまれ、兵士たちがそれを引いて進軍した。

▽ **軍備の拡大**
1877年、陸軍はフォート・カスターを建設。モンタナにあるラコタの土地の中心部、リトル・ビッグホーンの戦場から数マイルしか離れていない場所である。前哨地としては過去に類のない規模であり、新しく構成された騎兵隊は大部隊となった。

シティング・ブルの降伏

カスター隊全滅のあと、シティング・ブル一行はカナダに逃亡し、サスカチェワンで避難生活を送った。何年かのあいだに、仲間は徐々に合衆国へ戻り、部下が1000人以下になったところで、シティング・ブル自身も帰国。1881年7月、フォート・バフォード（現ノースダコタ州）で降伏する。

▽ **監禁された家族**
陸軍将校の娘とシティング・ブル、妻のひとり、4人の子供。フォート・ランドル（ダコタ・テリトリー）のティーピーの前で、1882年に撮影。彼らはここで2年間監禁された。

見世物 ▷
1885年、シティング・ブルはバッファロー・ビルのワイルド・ウェスト・ショーとともに合衆国とカナダを巡業した。写真はシティング・ブルと興行師。シティング・ブルは、自分は意思に反して見世物になってしまった、と宣教師に語っている。

カスター伝説▷
画家，作家，映画製作者たちが，リトル・ビッグホーンの戦い（1876年6月）のカスターを英雄伝説化した。ウォルト・ホイットマンは，戦闘のニュースを耳にして24時間もたたないうちに『カスターにささげる死の歌』という詩を《ニューヨーク・トリビューン》紙に寄せている。また，エドガー・S・パクストンは，惨劇をこの絵画に表現した（1899）。

▽ 西部劇のヒーロー
キット・カーソン（左のカード）と"ワイルド・ビル"ヒコック（右）は，アメリカのインディアン戦争における功績でその名を不滅のものとした。1860年代，キット・カーソンはナヴァホ，コマンチ，カイオワに猛襲をかけ，ヒコックはカスターの斥候だった。

▽ 神話が現実に
1883年から1913年にかけて，バッファロー・ビル（コーディ）のワイルド・ウェスト・ショーが，北アメリカとヨーロッパを巡演した。インディアンによるデッドウッド郵便馬車の襲撃や，リトル・ビッグホーンの戦いにおけるカスターの死を再演して，絶大な人気を博す。馬の疾走，白兵戦，火薬，花火などを駆使したショーにより，コーディのつくる西部神話は現実味をともなって観衆に迫った。

◁ 先住民のカウボーイ
カウボーイ時代の初期，1865年頃，先住民は「カウボーイ文化」に惹かれ，一見しただけでは，インディアンというよりカウボーイにしか見えないことも多かった。

△ 生きた伝説
チリカワ・アパッチのジェロニモは，興行師ゴードン・W・リリーが主催するポーニー・ビルのワイルド・ウェスト・ショーで主役を演じ，数ある呼び物のひとつとなった。ショーが町に来るときは，この写真のようなリトグラフの大きなカラー刷りポスターで宣伝された。

大西部の神話

　世界がアメリカ大西部に夢中になったきっかけは，バッファロー・ビルのワイルド・ウェスト・ショーだった。これはウィリアム・F・コーディ製作によるカウボーイとインディアンの派手な見世物で，演じるのは本物の平原インディアンとカウボーイ，馬，バッファローである。コーディは，ポニー・エクスプレスの早馬騎手，軍隊の斥候，バッファロー・ハンター，興行師といった経歴をもち，1883年に旅回りのショーを組織，30年にわたって合衆国やカナダ，イギリス，ヨーロッパを巡演して人気を博した。見世物は流血の再現であり，インディアンは裸馬に乗って奇声や喚声をあげ，開拓民の小屋の襲撃や幌馬車の待ち伏せ襲撃を演じたり，実際の戦闘を再現したりした。

保安官バッヂ

神話の創造

　大当たりしたこの見世物が，大衆の心に野蛮なインディアンというイメージを植えつけ，ショーを見た何百万という人に大西部の神話を根づかせた。1887年のロンドン公演では，ベルギー王やギリシア，デンマーク，ザクセンの王侯貴族が，デッドウッドの駅馬車の乗客に扮して，インディアンがそれを"襲撃"し，ヴィクトリア女王50年祭でも大盛況を博した。1889年夏，パリで公演すると，"西部"ファッションが流行。このときインディアンは正装してエッフェル塔に連れていかれたという。ドイツではワイルド・ウェスト熱が生まれて，西部インディアンのクラブが数多くつくられた。さらに1890年のイタリア巡演の際には，インディアンたちがレオ13世によって祝福を受けている。

神話と歪曲

　ワイルド・ウェスト・ショーが刺激となって，ハリウッドの映画製作者や放送作家が描いたインディアンは，獰猛で，稚拙な英語を話し，砦や開拓村，兵士，幌馬車を襲う。そして最後に騎兵隊が登場して，白人を救出するのである。あまたの小説やハリウッド映画が紋切り型のインディアン像を創作したように，玩具メーカーも，時代を問わず，実際とは異なる人形を開発した。武器を持ち，戦闘用の化粧をほどこしたプラスチックのインディアン人形が，頭飾りとビーズのバックスキンといういでたちで，世界各地の玩具店にいまも置かれている。衣類や装身具，髪型，頭飾り，靴など，先住民の文化はきわめて多様だが，この種の人形はそれを無視し，ひとつの型にはめこんだ。

　"バッファロー・ビル"が，北米史における先住民の役割を深刻なまでに歪めてしまった。ワイルド・ウェスト・ショーで，インディアンは欧米の文明，技術の前進をさまたげる脅威とみなされたが，現実を見れば，先住民は家を，家族を，ふるさとを，自分たちの生き方を，白人の侵入から守ったにすぎない。

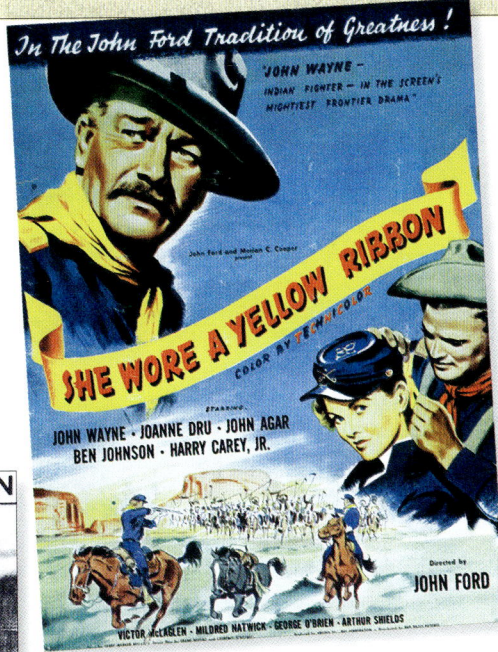

◁ ハリウッド西部劇
1903年以降，ハリウッド映画のなかで，インディアンはきまって血に飢えた悪人か，気高くも悲運の野蛮人として描かれた。いずれも白人ヒーローの優位性を強調したものである。現実とは異なる，極端によい，あるいは極端に悪いイメージのインディアンが，数え切れない作品にくりかえし登場し，ジョン・ウェインが主演したジョン・フォード監督の3作では，とりわけそれが顕著である（《アパッチ砦》《黄色いリボン》《リオ・グランデ》）。

△ 牛を追う暮らし
白人，インディアンを問わず，真のカウボーイは単なる拳銃使いではない。彼らは牛を追いながら，日に16〜18時間，厳しくも単調な仕事をこなして収入を得ていたのであり，けっしてアウトローではなかった。

> "子供にきいてみるがいい……アメリカで見てみたいものは何か。答えはおそらく「カウボーイとインディアン」だ"
>
> ルシア・ルイス
> 《シカゴ・デイリー・ニューズ》，1961年

先住民の抵抗と戦い

カナダの過去と現在

　この地図は，イヌイットのコミュニティと，600余あるカナダ・インディアンのバンド（政府公認の先住民の集団単位）の現在地を示したものである。バンドは約2400の保有地——彼ら占有の土地——に居住しているが（地図はその一部），この保有地は，長年住みなれた部族の土地のなかに置かれている。ただし，初期の居住地と比べれば，規模は大幅に縮小された。メティス（カナダのフランス人とインディアンの混血）の約3分の2はマニトバ，サスカチェワン，アルバータの各州およびノースウェスト準州に住み，残り3分の1は全国に分散している。1990年，法律によってアルバータ州のメティスに125万エーカー（50万ヘクタール）の土地が供与され，8つのメティス居留地に分割，保護された。この地図には，1850年から1923年のあいだに締結された条約で割り当てられた地域も示している。

カナダ・インディアンの土地割譲

1850年，オジブウェー族は，ふたつのロビンソン条約によって，鉱物資源の豊富なスペリオル湖とヒューロン湖の北部をカナダ政府に譲渡した。この条約はその後の"ナンバー"条約やウィリアムズ条約（1871, 1923）のモデルとなる。（左欄の略号／数字は，地図に示された条約関連地域と対応）

RS	1850:	ロビンソン・スペリオル条約, オジブウェー
RH	1850:	ロビンソン・ヒューロン条約, オジブウェー
DT	1850～54:	ダグラス条約, ソンギッシュ, サネッチ, スーケ, ナナイモ
MI	1862:	マニトゥーリン島条約, オタワ, オジブウェー
1	1871:	条約#1, オジブウェー, クリー
2	1871:	条約#2, オジブウェー, クリー
3	1873:	条約#3, オジブウェー
4	1874:	条約#4, オジブウェー, クリー, アシニボイン
5	1875 (1908～10加盟):	条約#5, オジブウェー, クリー
6	1876 (1889加盟):	条約#6, チペワイアン, クリー, アシニボイン
7	1877:	条約#7, ブラックフィート, ブラッド, ピエガン, サルシー, チペワイアン, アシニボイン
8	1899:	条約#8, クリー, チペワイアン, ビーヴァー
9	1905 (1929～30加盟):	条約#9, オジブウェー, クリー
10	1906:	条約#10, チペワイアン, クリー
11	1921:	条約#11, スレイヴ, ドグリブ, ルシュー, ヘアー
WT	1923:	ウィリアムズ条約, オジブウェー, ミシサウガ

ヌナヴート

カナダ連邦政府とイヌイット（ヌナヴート人口2万5000人のうち85％を占める）の20年余にわたる交渉のすえ，1999年4月1日，北極地方にようやくイヌイットの自治州が誕生した。これがヌナヴート準州で，イヌイットのかつての居住地のうち13万5000平方マイル（337,500平方キロ）に相当する。これによって，カナダの地図が，50年ぶりに大きくぬりかえられることになった。ヌナヴート準州では，英語，フランス語，イヌクティトゥット語の3言語が公用語として使われている。

カナダの過去と現在：1580年〜現代

カナダの先住民人口

1996年の国勢調査によると、カナダの総人口のうち約3%が、ファースト・ネイション・インディアン（55万4000人）、メティス（21万人）、イヌイット（4万1000人）である。居住地は、ファースト・ネイション・インディアンの大半がオンタリオ州で、メティス、イヌイットの多くは、それぞれアルバータ州、ノースウェスト準州となっている。

リエルの反乱

メティスの指導者ルイ・リエルは，カナダ政府が彼らの要求をまったく無視したことから，2度の反乱をおこした。

最初の反乱（1869～70）はレッドリヴァーの反乱として知られ，カナダ政府がメティスの土地の既得権とリエルの臨時政府を承認しなかったことに端を発する。政府は，この反乱を武力によって制圧，リエルは国外へ逃亡した。

その後，第二の反乱（1885）では，メティスとクリー族が連合し，いくつかの戦闘に勝利したものの，これもやはりカナダ軍によって鎮圧された。

ルイ・リエル

◁**首相の介入**
カナダの初代首相ジョン・A・マクドナルドは，レッドリヴァーの反乱の際，合衆国経由で軍隊を派遣した。ケベック州を刺激したくなかったからで，同州はフランス語を話すメティスを支援していた。

スコット，処刑される▷
1870年，トマス・スコットは2度リエルと戦い，裁判の結果，反逆罪で死刑を宣告された。スコットの死刑が執行されると，リエルは世論の非難をあび，合衆国へ逃亡する。

▽**騎馬警官**
写真はノースウェスト騎馬警察に属するブルトン少佐の騎馬軍団。リエルの2度めの反乱で，その一部がガブリエル・デュモン率いるメティス反乱軍に迎撃された。

1869年，カナダ政府はハドソン湾交易会社からルパーツ・ランドを手に入れ，移住を推進した。同地に定住するメティスの既得権をまったくかえりみずにである。メティスは，政府の調査測量団が自分たちの土地に境界線を引きはじめると，弱冠24歳のルイ・リエルを指導者として蜂起した。

1869年から70年，カリスマ性をもったリエルは臨時政府を樹立，測量団を追放して，反メティスの暴徒トマス・スコットを処刑する。ところが，オンタリオ州のイギリス政府がこれに激怒して軍隊を派遣，リエルは合衆国に逃亡した。この一連の衝突が，リエル第一の反乱である。その後，メティスとカナダ政府は交渉を継続し，1870年，マニトバ法が成立，メティスの要求の多くが受け入れられた。

しかし，これ以後も，白人の移住によって，メティスの暮らしは侵害されつづける。さらに，1885年のカナディアンパシフィック鉄道の完成が，メティスを北と西に追いやり，白人移民に広大な土地を開放することになった。

メティスは，その多くが西方に移動し，バトゥーシュの村の近郊におちつくと，サスカチェワン川沿いに小ぢんまりとした集落を築いた。が，政府はふたたび測量技師を派遣，土地を矩形に分割して，伝統的なメティスの土地利用法を踏みにじる。バッファローが姿を消し，作物の収穫はままならず，食糧配給も極端に削減されて，メティスは飢えに苦しんだ。彼らの不満は，募る一方でしかなかった。

リエルの第二の反乱

1884年7月，ルイ・リエルはメティスの指導者たちに請われ，抵抗運動を指揮するために合衆国から帰国した。しかしマクドナルド首相が，リエルの支持者へ物資を供給するという懐柔策をとったため，リエルと行動をともにしたのはクリーの首長わずか2人（パウンドメーカーとビッグ・ベア）だけとなる。絶対的に兵力の劣るメティスとインディアン軍は，一連の戦闘で敗北を喫し，降伏したリエルは1885年11月16日，反逆罪で処刑された。

リエルを支援するクリー

2度めの反乱に協力したのは，大平原に住むクリーの指導者，パウンドメーカーとビッグ・ベアだけだった。保留地生活を嫌い，自分たちの生活を破壊したのは白人だと考えていた彼らは，リエルの再度の蜂起を知るや，自身も反乱を起こす。結果は反逆罪に問われ，ふたりとも禁固3年をいいわたされたが，病に倒れて釈放された。

◁ **毛皮交易するクリーの首長**
リエルの反乱に加わるわずか数か月前，ビッグ・ベアをはじめとするクリーの首長たちは，彼らの土地の中心にあるフォート・ピットで毛皮の取り引きをしていた。1885年4月，ビッグ・ベア率いるインディアンが同地を襲い，44名の住民を捕虜としたが，嫌悪していた警察に対しては，逃げるにまかせた。

パウンドメーカー首長

◁ **パウンドメーカーの攻撃**
1885年3月，パウンドメーカー首長と200人のクリー族戦士が，ノース・サスカチェワン河畔にあるバトルフォードの町を襲撃した。住民は警察の砦柵のなかで，3週間にわたって防戦する。

カットナイフ・ヒルの戦い ▷
1885年5月，ウィリアム・オター大佐の大隊は，バトルフォードの町を救ってから後，カットナイフ・ヒルにあるパウンドメーカーの野営地を攻撃。クリーはこれを撃退した。

バトゥーシュの敗戦

1885年5月，カナダ陸軍のフレデリック・ミドルトン将軍が，総勢850名でノースウェスト準州のバトゥーシュを攻撃した。リエル軍の戦闘隊長ガブリエル・デュモンと約275名のメティスは，村の周囲に設けていたライフル用の壕からこれを迎撃。銃撃戦は3日間つづいたが，弾薬がつき，メティス軍は降伏した。

◁ **メティスの軍事指導者**
ガブリエル・デュモンは25歳でメティスのバンドの首長に選出され，2度めの反乱では300人の戦士を率いた。しかし，戦いに敗れると合衆国に逃亡，バッファロー・ビルのワイルド・ウェスト・ショーに加わる。

△ **部隊の移動**
カナダ東部から派遣された部隊は，完成した鉄道を利用してノースウェスト準州に移動した。それでもウィニペグ駅（写真）の西側にある中間地点の補給所に到着するまで，じつに4週間を要した。

△ **メティス政府**
1884年，メティスはルイ・リエルを予言者と見なし，その指導のもとに独自の行政府を設置した。つぎなる戦いは神の奇跡によりかならずメティスが勝利する，というリエルの言葉を，審議会メンバーの多くが信じきっていた。

攻撃されるバトゥーシュ ▷
ミドルトン軍がバトゥーシュを攻撃したとき，メティスは壕のなかから迎え撃ち，弾丸が底をつくと，金属製のボタンや石を投げつけた。しかし，ミドルトンの部下のひとりが仕掛けた攻撃によって，メティスは壕から壕へと退却せざるをえなくなり，5月12日，ついに降伏する。

△ **裁かれるリエル**
バトゥーシュの戦い後，リエルは降伏。反逆罪に問われて死刑判決を受け，減刑されなかった。リエルが絞首刑になった翌日，何千人ものケベック州民が，モントリオール市内で抗議のデモをおこなった。

先住民の抵抗と戦い

ルイ・リエル

1885年：反逆罪に問われた裁判での陳述

フランス人とオジブウェーの混血（メティス）を父に，フランス人を母にもつルイ・リエル（1844～85）は，カトリック教徒として育ち，聖職者になるための教育を受けるが，途中放棄してレッドリヴァーに帰郷する。1869～70年，ノースウェストの土地がハドソン湾交易会社からカナダ政府へ委譲されることに抗議し，メティスの反乱を指揮。その後，いったん合衆国へ逃れるものの，1884年に帰国すると，メティスの権利を無視した政府に対して，短期間ながらサスカチェワン・メティスによる抵抗運動の先頭に立った。以下は1885年の裁判（サスカチェワン州レジャイナ）における抗弁であるが，判決は反逆罪で有罪，リエルは死刑に処された。

> 根拠をもって，申し立てよう。その刑は，わたしに向け，わたしに対して下されるべきものではないと……。
>
> サスカチェワンの問題を，サスカチェワンだけの問題としてとらえてはならない。これは15年におよぶ闘争の結果であり，解決に苦しむ問題の源をたどれば，レッドリヴァーに行きつく。カナダから，700も800もの人びとがレッドリヴァーにやってきては，先住の民に何の相談もなく，土地を自分たちのものにしようとした。真実，そこに住んでいたのは混血の人びとだった。白人の開拓民も数多くいはしたが，住民の大半は混血だった。わたしたちは，東からの侵入者に対し，彼らのことを知らぬまま武器をとって立ち向かった。湖の反対側，はるか遠くにいた彼らに対し，わたしたちが敵意を抱くはずもないではないか。わたしたちは彼らを知らなかった。そして彼らは，何の通告もなしにやってきた。彼らはじつに大胆だった。わたしたちはたずねた──「あなたたちは，だれなのだ？」。彼らは答えた──「この土地の所有者だ」。それはありえないと思いつつ，わたしたちは東からやってくる人びとに対し，南や西からやってきた，かつてのインディアンに対する行動とおなじ行動をとった。インディアンがわたしたちの土地に侵入しようとしたときのものだ……。わたしたちは武器をとった，先にもいったように。そして何百人もの捕虜を得て，交渉した。条約が結ばれた。条約は，両者の代表によって締結されたものである。

終末の始まり

リエル裁判が始まった1885年5月に撮影。前列左から右へ：ホース・チャイルド（ビッグ・ベアの末息子），ビッグ・ベア，アレクサンダー・スチュワート（リエルの起訴状［反逆罪］にサインした警察署長），パウンドメーカー首長。

イヌイットの野営地
夏になると，海や川の近くに，動物の皮でつくったテントが張られる。そして家族が寄り集まり，釣りや狩りをしながら長い日中をすごす。皮のテントは，北極風や雨をしのぐにはよいが，蚊の大群を防いではくれなかった。

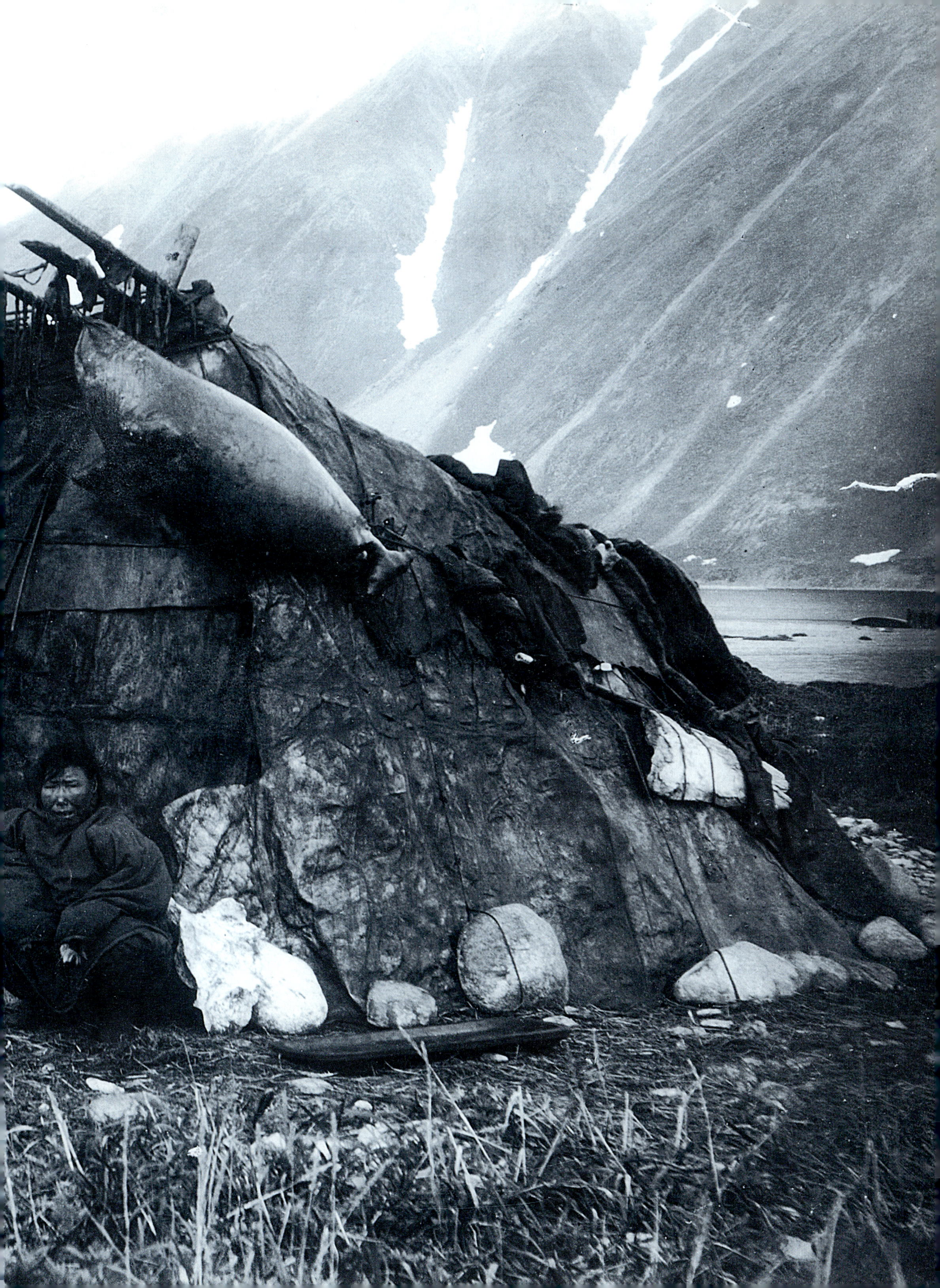

先住民の抵抗と戦い

西部の闘争

1860年代と70年代は，以前にも増して，対立と抗争が起きるようになった。白人開拓民が，グレート・ベースン（大盆地），コロラド高原，カリフォルニアにも進出したからである。牧場主，農場主，金や銀で一攫千金を夢見る者たちが，集落を形成してはインディアンを締め出した。先住民にふるさとを捨てさせようとする圧力は強まる一方でしかなく，パイユート，ショショーニ，モドック，バノック，ネズパース，ユトの人びとは，故郷を死守する勝ち目のない戦いをつづけた。

馬上のショショーニ
ショショーニ族の多くが，バッファローやシカ，エルクを狩るために，馬を手にいれようとした。馬は成功の証しであり，首長，神霊師，産婆は，行為の代償に馬を望んだ。また，馬は大切な贈呈品としても利用された。

戦いの記

1860
南部パイユート戦争
（ネヴァダ）

1863
ショショーニ戦争
（ユタ）

1866～68
北部パイユート（スネーク）戦争
（オレゴンとアイダホ）

1872-73
モドック戦争
（カリフォルニア）

1877
ネズパース戦争
（アイダホとモンタナ）

1878
バノック戦争
（アイダホ）

1879
シープイーター戦争
（アイダホ）

1879
ユト戦争
（コロラド）

▽ **すぐれた武器**
1873年，合衆国陸軍の歩兵がスプリングフィールド銃を使用するようになった。単発式で3200メートルもの射程距離をもつこの銃は，インディアンの武器（弓矢とライフルだけだった）をはるかにしのいでいた。しかし，1879年頃には，ユトもスプリングフィールド銃を使うようになった。

　今日のカリフォルニア，オレゴン，アイダホ，ネヴァダ，ユタ，コロラド各州を居住地としていたインディアンは，白人開拓民を積極的に受け入れたため，父祖の地にとどまっても問題はなかったはずである。が，それでもなお政府は，彼らを保留地に強制移住させようとした。

　1860年，両者のあいだの緊張が，ついにパイユートの戦い（ピラミッド・レイクの戦い）を呼ぶ。飢えたパイユートが，銀の探鉱者や開拓者の侵入に怒り，食糧を求めて小さな白人集落を襲ったのである。首長ヌマガは，大きな戦闘に発展するのを防ごうとしたが，パイユートの少女がふたり誘拐されて，選択の余地がなくなった。2度の壮絶な戦いのすえ，パイユートは保留地への移住を余儀なくされる。

　南北戦争中，グレート・ベースン地域に住んでいたショショーニも，幌馬車や駅馬車，ポニー・エクスプレス，電線新設作業員などを襲い，白人の侵入に抵抗した。しかし，パトリック・E・コナー大佐が，西進ルート確保のため，義勇軍とともに到着。1863年1月，ショショーニ族のベア・ハンターの村（現ユタ州）を兵士300名で攻撃した。義勇軍が殺害したショショーニは，ベア・ハンターを含めて200人

◁ **捕虜たち**
オレゴン出身のウォームスプリングズ・インディアンが，すくなくとも100人，斥候として陸軍に加わった。ドナルド・マッケイ（前列中央）を長として，キャプテン・ジャック一行を追跡するのが任務である。彼らが潜伏場所をつきとめると，たちまちジャックは捕らえられた。

スプリングフィールド銃

をこえ、150人以上の婦女子が捕虜となる。同年、インディアンはグレート・ベースンの大半を割譲する条約に署名せざるをえなかった。

ショショーニ同様、パウリナを指導者とする北パイユート族も、探鉱キャンプ、駅馬車、牧場、農場を襲った。これがいわゆるスネークの戦いで、ジョージ・クルック大佐とパイユートは、約40回もの小衝突をくりかえした。パウリナが殺されると、ウィアウィアが戦士を指揮したが、1868年6月、クルック大佐に降伏する。

たえまない衝突

モドック族はカリフォルニア北東部の故郷を捨て、オレゴンの保留地に移住させられたが、ここには長年の宿敵、クラマス族も移住してきていた。数で劣り、虐待されたモドックは、キントプーアシュ（"キャプテン・ジャック"）とフッカー・ジムのもと、1870年、父祖の地に帰還する。保留地生活を拒否する彼らの行動が引き金となって、北カリフォルニアの溶岩地域が流血の戦場と化し、戦いが終結すると、指導者たちは処刑され、部族民はオクラホマに移住させられた。

ネズパースの戦い（p.114～115）後の緊迫した空気のなか、アイダホとオレゴンに住むバノック族とパイユート族が激高した。白人の牧場の豚が、インディアンの必需食品であるヒナユリの根を台無しにしたからである。彼らは植民者に怒りをもって迫り、この事件がきっかけで、バノックの指導者バッファロー・ホーン、その後はパイユート首長エガンによって、武力による闘争が開始された（1878）。しかし、両名とも戦死し、前年にネズパース族と戦ったオリヴァー・ハワード将軍の部隊が、1000人のインディアンを捕虜にして、戦いは9月に幕をおろした。

1879年、怒れるショショーニの一集団とアイダホのバノックが開拓村を襲撃するが、エドワード・S・ファロー中尉軍のユマティラ族斥候に追跡され、降伏。彼らは主にヒツジを食糧としていたので、この短期間の衝突はシープイーターの戦いと呼ばれる。

1878年に鉛が発見されると、ユト族の保留地に白人が流入した。翌年、コロラドのユトが立ちあがり、保留地の職員ほか数名の白人を殺害して、鎮圧にやってきた軍と対決する。ミーカー虐殺と呼ばれるこの事件は、ユト首長オウレイがインディアン戦士に戦闘中止を命令してようやく終わりを告げた。その後、査問委員会がユトの処罰を検討したが、裁判にかけられた者はひとりもいない。

パイユートの指導者ヌマガ

白人の武器のほうが勝っていることを知っていたヌマガは、できるかぎり戦闘を回避するよう努めた。また彼は、ピラミッド湖に駐屯していた陸軍司令官ウィリアム・オームズリー少佐に友情を感じてもいた。しかし、パイユートの少女がふたり誘拐されたと聞き、激怒した戦士が少女を救出、交易場に火をつける。ヌマガは仕方なく、戦いの指揮をとった。

首長ヌマガ

△ 投獄されたバノック
1878年、アイダホのバノックおよびパイユート・インディアンと白人植民者との摩擦は、戦闘へと発展。結局、インディアンが降伏して終結し、バノック族131人が捕虜となって、一冬を監獄ですごした。

△ 写真による記録
ウィリアム・ヘンリー・ジャクソンと撮影機材（ユタ準州エコー・キャニオン、1869）。ジャクソンはグレート・ベースンとコロラド高原に住むインディアンを撮影し、1876年にフィラデルフィアで写真展を開催した。

白人移民に解放されたユトの故郷▷
1879年にユトの戦いが終わりを告げると、コロラド保留地北部のユトの人びと（写真）は、べつの保留地（現ユタ州）に移住させられた。一方、保留地南部にいたユトは、土地を個人所有のかたちで割り当てられ、保留地の一部は植民者に解放される。

先住民の抵抗と戦い

溶岩大地に隠れるモドック

1872年11月，軍隊はキントプーアシュ一行をクラマスの保留地に強制帰還させようとしたが，彼らはトゥーリ湖南の溶岩地域に行くと，1000名の陸軍兵士を相手に6か月間戦った。モドックのフッカー・ジムの一行もまた，同地に逃げ場を求めた。

◁ 和平会談
キャンビー将軍が提案した和平会談で，キントプーアシュはフランク・リドル（後列左）とモドック族の妻ウィネマ（トービーとも。後列中央）の通訳を介し，溶岩地域を彼らの保留地とするよう要請，フッカー・ジムを当局に引き渡すのを拒否した。

トゥーリ湖の駐屯地 ▷
地区司令官をつとめたフランク・ウィートン中佐は，通常の部隊に加え，カリフォルニアとオレゴンから義勇軍を得て兵力を増強，トゥーリ湖のほとりに駐屯地を設営した。

モドックの指導者キントプーアシュ ▷
地元の人びとにキャプテン・ジャックと呼ばれたキントプーアシュは，白人開拓民や探鉱者に友好的だったが，1864年，オレゴン州クラマス保留地に強制移住させられる。彼に従ったインディアンたちは，同地で敵対していたクラマス族に虐げられた。

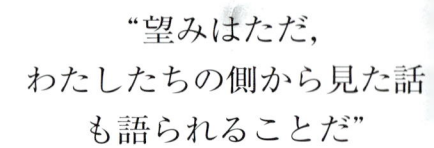

"望みはただ，
わたしたちの側から見た話
も語られることだ"

キントプーアシュ（キャプテン・ジャック）
1873年

キャンビー殺害

1873年4月，戦いを終結させるため，キャンビー将軍が溶岩地域に出向き，モドックの指導者たちと会談した。将軍はモドックに公平であろうとし，彼らの苦しい状況を目の当たりにして，武力による攻撃をいったんひかえる。その後，戦闘が始まって，モドックが溶岩地域に逃亡すると，将軍は攻撃を中止し，再度，中立地域で話し合いをもとうとした。

△ 将軍，射殺される
1873年4月11日，エドワード・R・キャンビー将軍が殺害された。モドックとの和平交渉中，キントプーアシュが放った弾丸によってである。キャンビーは陸軍士官学校出身で，フロリダのセミノール，アリゾナのアパッチ，テキサスの部族連合とも戦った経歴をもつ。

△ ねらいを定める
2度めの会談のとき，キントプーアシュは戦士たちに，キャンビー将軍を殺害するよう説き伏せられた。そしてついに，隠しもっていたリヴォルヴァーで彼を射殺。キャンビーはインディアンとの戦闘で命をおとした，最初で最後の将軍である。

◁ 有罪の判決
6月1日，軍隊は先に捕縛していたフッカー・ジムに協力させて，ついにキントプーアシュを捕えた。軍法会議の結果，キントプーアシュはキャンビー将軍と治安委員エリーザー・トマス殺害の罪で処刑された。

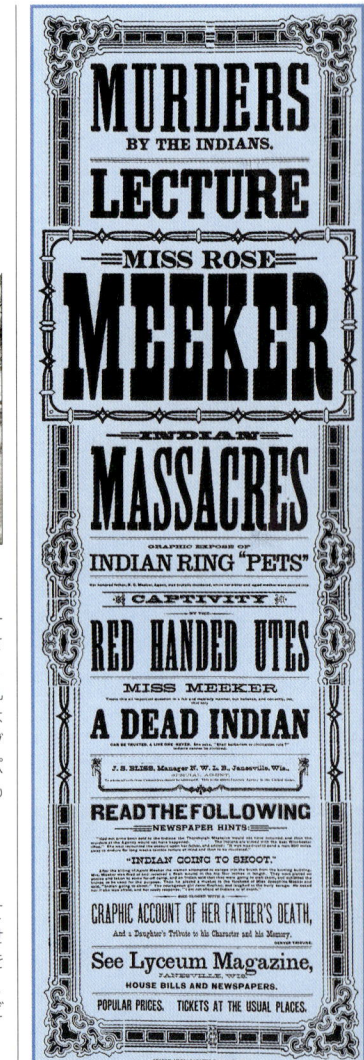

西部の闘争：1860年代〜70年代

▽火山の隠れ場所
溶岩地域は，身を隠すにはうってつけだった。背の高い噴石，長くつづく割れ目，亀裂，ジグザグ道があるほか，自然の岩が，さながら要塞の塔や稜堡，胸壁となってくれ，しかも鉄のように強固だったからである。インディアンたちは，攻撃してくる兵士に見つからないよう，岩の隙間にもぐりこんだ。

◁陽動作戦
モドックの戦士の多くは，元込め式のライフル銃を持っており，射撃が得意だった。また，突き出た場所の頂部に石を置いて人間のように見せ，敵の目をそらして誤射させたりもした。かたや軍の兵士は，開けた土地から攻撃しなくてはならず，その点でもインディアンより不利だった。

洞窟に隠れるキントプーアシュ▷
3か月以上ものあいだ，キントプーアシュと彼の家族は，溶岩地域の洞窟で住み暮らした。地表を覆うヤマヨモギやアカザを燃やして燃料とし，ここまで連れてきた牛の群れには，ところどころにはえる草を食べさせていた。水はなかったので，トゥーリ湖までくみにいった。

管理官ミーカーに激怒したユト

ユトのホワイト川保留地の管理官だったネイサン・C・ミーカーは，自分の協同農場の体験を彼らに伝授しようとした。しかし，狩猟が基盤のインディアンは，保守的農業への移行に抵抗する。ミーカーは馬に草をはませる土地に鋤を入れろと主張したが，それは馬を餓死させるのにひとしかったし，ユトの土地に侵入する白人鉱夫に対して，ミーカーはまったく何の手もうたなかった。

◁ホワイト川の管理官
メディスンマンとの対立に恐怖をおぼえたミーカーは，想像上の，ありもしない反乱を鎮圧するため，軍隊を派遣した。1879年9月29日，部隊が保留地に近づくと，ダクラス首長以下インディアンたちは，ミーカーほか，管理事務所の職員を殺害した。

◁戦闘の引き金をひいたソーンバーグ
ユトの指導者たちは，トマス・T・ソーンバーグ少佐に，ミルク・クリークには近づくなと警告した。しかし少佐は聞きいれず，それがきっかけとなって，保留地の白人職員が襲われ，ミーカーの妻と娘が捕らえられた。

△ミーカーの死刑執行人
この肖像写真を撮影するために，スーツを着たユトの首長ダグラス。1879年の蜂起に加わり，ネイサン・ミーカーを殺害した。ミーカー夫人をはじめとする人びとを捕らえ，夫人をレイプしたかどで訴えられたが，正式な告訴にはいたっていない。

外交家オウレイ▷
白人の将軍たちは，心のなかではユト討伐を望みながらも，オウレイ首長に和平交渉の使節を送った。オウレイは軟化し，ミルク・クリークに監禁していた白人捕虜を無傷のまま解放した。

◁苦しみの回想
ミーカーの娘ジョゼフィーンは，《勇敢なミス・ミーカーの捕虜生活！ 彼女自身が語る Brave Miss Meaker's Captivity! Her Own Account of It》(1879刊)で辛い体験を告白している。10月23日，母ローズとともに救出されると，その後巡回講演して，ユトの捕虜としての生活と父ミーカーの死について語った。

◁人質となったミーカーの娘
ミーカーの妻と娘ジョゼフィーン(写真)は，首長ダグラスのもとで23日にわたり監禁された。ユトの分遣隊13人が逃亡者の野営地を発見し，武力衝突を避けるには人質を解放したほうがよいとダグラスを説得した。

先住民の抵抗と戦い

セーラ・ウィネムッカ

1883年：パイユートと白人の戦いの原因について

セーラ・ウィネムッカ（1844頃〜91）は，1860年代，パイユートと白人の一連の戦闘で，陸軍の通訳および和平交渉人をつとめた。十代にはすでに英語，スペイン語，インディアン言語（3種）を習得しており，白人の習慣，パイユートの習慣いずれをも理解していた。戦闘が終結してのちは，インディアン保護管理について幅広く，批判的に講演して，インディアンの権利擁護に尽力した。以下は，結婚後の姓ホプキンズで出版した《パイユートとの暮らし——彼らの過ちと主張 Life Among the Paiutes, Their Wrongs and Claims》（1883）から抜粋したものである。1880年代後半，ネヴァダにインディアンの子供のための学校を設立し，みずから教鞭をとった。

> 1865年，わたしたちは白人の兄弟と，またもめごとをおこしました。春まだ早い頃のことで，当時，ネヴァダのデイトンで暮らしていたわたしたちのところに兵士がやってくると，幾人かに話しかけ，「おまえたちはハーニー湖畔の白人から牛を盗んだ」といったのです。そして兵士は，行く手にあるものすべて，男，女，子供もすべて殺すといいました……。彼らが去ってからは，悲しい時間だけがすぎました。ああ，読者のみなさん，兵士たちは，わずか60マイル先のマディ湖に向かったのです。そこでは部族の人びとが，水のほとりで暮らし，魚を釣り，だれにも何もしていませんでした。兵士はそんな彼らの野営地まで行くと，銃弾を放ち，ほとんどすべての人びとの命を絶ちました。ああ，語るにはあまりに恐ろしいこと。でも，伝えておかねばなりません。このわたしが，語りつがねばなりません。老人も，女も子供も，殺されました。わたしの父は，若者を連れて，カーソンの湿地まで狩りに出かけていましたが，でなければ，やはり殺されていたことでしょう。兵士は，とても小さな子供と，まだカゴに入っている赤ん坊を除いて殺しつくすと，残った幼子たちを捕らえました。そして野営地に火を放ち，生きたまま焼かれるのを見ようと，捕らえた子たちを炎の中に放り投げたのです。わたしの小さな弟も，そこで命を失いました。妹は，父のいちばんよい馬に飛び乗り，逃げました。兵士に追われたものの，聖霊が宿る土の"よき父"に守られて，ぶじに逃げきることができました。この出来事に，あわれな父は，死ぬほどに苦しみ，もだえたものです。それでも人びとは，平和的であろうとしました……。
>
> ほぼ2週間後，ウォーカー湖で白人がふたり，部族の人たちに殺されて，いうまでもなく，カリフォルニアから兵士が，大部隊が，到着しました。そしてネヴァダの隅々まで，わたしの部族の人びとを追いかけまわしたのです。白人開拓民は，いたるところで，赤い悪魔に牛を殺された，と報告しました。この嘘のせいで，山から山，谷から谷と，道がインディアンの血で赤く染められるようになりました。このようにして兵士たちは，一年ものあいだ，わたしの仲間を追ったのです……。それでも，こんな噂をまきちらしたのは，穀類を売りたい白人開拓民だけでした。そうでもしなければ，収穫物をさばくことができないからです。牛飼いや農民がお金を得るには，インディアン戦争を引き起こすしかありませんでした。戦争が始まれば，軍隊がやってきて，彼らの牛肉や牛や馬，収穫物を買ってくれます。白人植民者は，そうやって豊かになっていったのでした。

先住民の抵抗と戦い

ネズパースの戦い

1877年6月，ネズパースの戦いの幕があがった。ネズパース保留地（アイダホ）の規模を極端なまでに縮小する条約に，数名の首長が署名してから14年後のことである。若いネズパース戦士と白人植民者が衝突し，その後ジョーゼフ首長が抵抗者をまとめてひとつの反乱軍を組織すると，ここに軍史に残る追撃と逃走が開始された。インディアンは，4か月ものあいだ，自分たちを執拗に追いつづける白人部隊の裏をかき，戦闘に勝利していった。

反乱の指導者，ジョーゼフ
ジョーゼフは，1871年，ワロワ・ヴァレー（オレゴン）のネズパース族の第一首長となった。父と同様，彼もフォート・ラプワイ（アイダホ）の保留地への移住に消極的な抵抗を示していたが，やはり譲渡はしないと決断する。そこはネズパースの人びとにとって，先祖の骨が埋まった土地だからである。

1855年，ワシントン・テリトリーの総督に任命されたアイザック・I・スティーヴンズは，ネズパース族に対し，750万エーカー（300万ヘクタール）の保留地をアイダホに設ける条約を申し入れた。首長ローヤーは締結に同意したものの，他の集団はそれに従わなかった。ローヤーには，代表として条約に署名し，土地を譲渡する権限がなかったからである。その後1860年代に入り，ネズパースの土地で金が発見されるや，インディアン以外は侵入禁止だった保留地の一部に，白人がなだれこんできた。1863年，保留地を縮小し，探鉱者を受け入れる条約にローヤーが署名。しかし，ジョーゼフとホワイト・バードを筆頭とする反対者は，新しい境界も，狭くなった保留地も認めようとはしなかった。ジョーゼフの主張は，自分の父は1863年の条約に署名しなかったし，ワロワ・ヴァレーを売ってもいない，ここが自分の居住地である，というものだった。しかしオレゴン当局は，ジョーゼフに保留地への移住を強要，ワロワ・ヴァレーを白人植民者に開放すると宣言する。最終的にジョーゼフは，ネズパースの戦力は陸軍に劣ると判断して，これに従った。

戦闘開始

1863年から77年，ネズパースは狭い保留地を受け入れる者と拒否する者とで，徐々に2派に分裂しは

◁ **簡素なバッグ**
明るい幾何学模様が描かれたネズパースの皮製品。折りたたみ式で，形やサイズを自在に変えることができる。女性がバッファローの皮をなめしてつくり，食糧や衣類，神聖な品物を入れた。

機動性に富む部族 ▷
1700年代初期に部族間交易で馬を知るや，ネズパースはまたたくまに乗馬の術にたけた部族となった。新たな移動手段によって，食糧採集や狩りの範囲が広がり，生活習慣が様がわりしてゆく。

△ **最愛のワロワの谷**
ジョーゼフに従った者たちは，峰々を境として豊かな牧草地が広がるワロワ・ヴァレーで暮らしていた。ジョーゼフの父は死の床で息子にいった──「父は故郷を売らなかった，そのことを忘れてはいけない……故郷を売る条約に署名を求められたら，耳をふさぐのだ……」。

ネズパースの戦い：1877年

ネズパースの逃走

ジョーゼフその他の首長一行は、ラプワイ保留地を出て、兵士1900名に追われながら国境近くまでたどりついた。壮大な旅の途中の戦いは、クリアウォーター・クリーク（アイダホ）、ビッグホール（モンタナ）、キャマス・クリーク（アイダホ）、キャニオン・クリーク、カウアイランド（モンタナ）、そして最後がベアポー山地（モンタナ）である。

△ 追放されたジョーゼフ
首長ジョーゼフと政府の土地配分官アリス・C・フレッチャー。ジョーゼフは1884年、ワシントン準州コルヴィルの保留地に追放処分となる。先祖の土地への帰還を許されたのは、1904年、"心が砕かれて"死を迎える前のほんの短期間だけだった。

戦死したルッキング・グラス ▷
ビタールート山脈を逃走中、戦闘司令官をつとめたルッキング・グラスは、カナダ国境まで残り64キロという地点で野営しているところを、騎兵隊に襲われて戦死した。

◁ 追跡者ハワード
オリヴァー・O・ハワード将軍は、400名の兵を率いてネズパースを追跡したが、結局は捕らえられなかった。ただし、1877年10月にジョーゼフが投降したときは、現場にいあわせた。

▽ 逃走ルート
長く、曲がりくねった逃走路は、現在のアイダホからワイオミング、さらにモンタナへとつづいた。インディアンたちは山を越え、谷を越え、岩だらけの地域を歩き、川をわたらねばならなかった。

じめた。1877年6月、若者たちが白人植民者4人を殺害してホワイトバード・キャニオンに逃亡。第1騎兵隊が同地を攻撃したものの、37名の犠牲をだし、生存者も軍の誇りを傷つけながら退却した。

この最初の戦闘で、以後の武力衝突は不可避となり、オリヴァー・O・ハワード将軍がネズパース討伐の指令を出す。インディアンは、首長ジョーゼフ、ルッキング・グラス、ホワイト・バード、トゥーフールフールゾテ、ジョーゼフの兄弟オロコトを先頭に、約650名が東方に、その後カナダ国境を目指して北方に逃亡。ハワード将軍は必死で彼らを追い、追跡劇は4か月で1700マイル（2736キロ）におよんだが、ルッキング・グラスが仲間に休息を告げたとき、この劇も終幕を迎えた。9月30日、カナダまで残り40マイル（64キロ）足らずというベアポー山地で、ハワード将軍が派遣したネルソン・A・マイルズ大佐の部隊が、5日にわたりインディアンの野営地を包囲攻撃したのである。ホワイト・バード以下300名のインディアンは、哨兵線を越えてカナダへ入ったものの、1877年10月5日、ジョーゼフ首長は戦闘に疲れきり、また、人びとが飢え凍えているのを憂慮して、マイルズ大佐に降伏した。

破られた約束

マイルズ大佐の確約によれば、インディアンは春までにはアイダホの保留地に帰ることができるはずだった。ところが、政府が大佐の約束を反故にする。ジョーゼフの降伏と監禁後、部族のほとんどが1863年条約の保留地内に再移住する一方で、ジョーゼフに忠誠を誓った者はアイダホへの帰還を許されず、ワシントン準州中央部のコルヴィル保留地へ強制移住させられたのである。

◁ ベアポーでの降伏
1877年9月30日、ネズパース族と、約600名からなるネルソン・A・マイルズ大佐の部隊が、ベアポー山地で激突した。戦いの代償は、首長ジョーゼフの兄弟オロコトと、メディスンマンのトゥーフールフールゾテ、ルッキング・グラスの死だった。10月5日、ジョーゼフはさらなる苦難を望まず、ついに降伏を決意する。左の絵では、ジョーゼフがマイルズ大佐と向き合い、それをオリヴァー・ハワード将軍が見守っている。

"聞いてほしい、首長たちよ、わたしは疲れた。
わたしの心は痛み、悲しんでいる。
いま、この太陽がある位置から先、
わたしはもう二度と、永遠に、戦わないだろう"

ジョーゼフ首長、降伏するにあたって、1877年

先住民の抵抗と戦い

アパッチの抵抗

1860年代から80年代にかけ，確実に数を増しながら南西部に向かう探鉱者や入植者とアパッチ族との関係は，険悪になりつつあった。そんななか，インディアンの土地の権利など意に介さない白人の暴徒がアパッチを殺害し，これがその後の戦いに火をつけた。マンガス・コロラダス，コーチース，ヴィクトリオ，ジェロニモといった戦士の指揮のもと，アパッチが現在のアリゾナ州とニューメキシコ州の白人集落を襲って報復にでたのである。一連の戦いは，1886年，チリカワ・アパッチのジェロニモがネルソン・A・マイルズ将軍に降伏して，ようやく終わりを告げた。

△ バックスキンの帽子
ガラス・ビーズと金属板の飾り，頂部にはワシの羽根。アパッチはこれと同様のデザインの戦闘用帽子をかぶった。

ウォームスプリングズの闘士

ミンブレノ・アパッチの指導者ヴィクトリオとロコは，ウォームスプリングズ保留地（ニューメキシコ）からサンカルロス（アリゾナ）への移住を，当初，拒否した。しかし，1880年にヴィクトリオが戦死すると，ロコはウォームスプリングズのアパッチの指導をマンガス（マンガス・コロラダスの息子）の手にゆだね，従う者を連れてサンカルロスに移住。残った首長たちが降伏するとマンガスも捕らえられ（1886），フロリダの監獄に送られた。

ヴィクトリオ  　ロコ

マンガス・コロラダスの息子マンガス

アパッチのふるさとである南西部は，グアダルーペ・イダルゴ条約（1848）と"ガズデン購入"（1853）の結果，合衆国の一部となった。その後しばらくは穏やかだったアパッチとアメリカ人の関係は，1860年代に入ってから変化する。探鉱者や開拓民が，インディアンの土地や水の権利，狩猟や採集方式に理解の目を向けなかったからである。白人によるアパッチ殺害事件があいつぎ，ついにアパッチは武器をとって，戦闘は80年代までつづいた。

1861年，ジョージ・バスコム中尉が，チリカワ・アパッチの首長コーチースを牛泥棒と誘拐のかどで不当に告発。コーチースを捕らえようとする動きが，彼と彼の義父（ミンブレノ・アパッチの首長マンガス・コロラダス）の反撃を招いた。しかし，1863年，マンガス・コロラダスは休戦の白旗のもと，軍の派遣隊との会合に同意する。ところが結果は，逮捕，投獄され，看守に殺害されたのである。脱獄しようとした，というのが看守の主張だった。コーチースはドラグーン山脈に入り，機会さえあれば白人移民を襲って，保留地への移住を拒否しつづけた。彼の戦いは1872年までつづき，同年ようやく和解にいたる。

アパッチ保留地

軍の駐屯地がアパッチのテリトリーにもつくられるようになり，1870年，最初のアパッチ保留地が，アメリカ人にとって興味のない土地に設けられた。

△ 管理官クラム
アパッチのサンカルロス保留地の管理官，ジョン・P・クラムは，法律違反を取り締まる警官にインディアンを採用した。インディアンたちを非軍人の管理下においたのである。

クルックの斥候 ▷
クルック将軍は，逃亡者を保留地に連れ戻すにあたって，アパッチを斥候に雇った。写真は将軍（左）とアパッチの斥候アルケセイ。

アパッチの抵抗：1860年代～80年代

アパッチはしかし，その多くが自発的に移住する。でなければ皆殺しか餓死の道しかなく，移住しなかった者は，この後数年にわたり，軍によって故郷から追いたてられた。1871年3月，トゥサン（アリゾナ）の植民者が100人をこえるアリヴァイパ（アパッチの支族）を虐殺，しかもその大半が女性と子供だった。当時の大統領グラントは，保留地のアパッチと白人植民者を分離すべきだと考え，1886年，政府は全アパッチを保留地に移住させるか投獄した。

サンカルロスへの抵抗

1875年はじめ，アリゾナの資源を渇望する移民と採鉱者に迫られて，政府はアパッチをサンカルロス保留地一か所に集めはじめた。灼けつく暑さと埃っぽい風，虫だらけの不毛の土地である。トント，ホワイト・マウンテン，ミンブレノその他のアパッチ系部族（山岳地帯，寒冷な森林地帯を好む）が故郷から追われ，農業など不可能な同地に強制移住させられた。そしてヴィクトリオ率いるミンブレノの集団が逃亡，1877年に，リオグランデの両河畔で蜂起する。1879年，ヴィクトリオが第9騎兵隊のキャンプを襲い，合衆国とメキシコが討伐指令を発して，80年，ヴィクトリオはメキシコ軍との戦いで戦死した。

追撃されるジェロニモ

1876年から86年，チリカワ・アパッチの首長ジェロニモ（ゴヤスレイ）は，サンカルロスの保留地を嫌い，くりかえし脱出した。そして戦士の一軍を率いてメキシコに逃亡。シエラマドレ山脈に入って，国境の両側から，神出鬼没に開拓村を襲う。メキシコ人も白人も，長年アパッチを殺戮しつづけながら，移民と役人はなおも飽くことなく土地を欲して，アパッチに残忍な反逆者のレッテルを貼り，とりわけジェロニモを攻撃した。その後もアパッチは抵抗したが，1886年9月，アパッチの斥候がジェロニモの隠れ家を発見し，何千人というメキシコ・合衆国軍が彼を包囲，ついにジェロニモはネルソン・A・マイルズ将軍に降伏した。マイルズ将軍は，ジェロニモ追撃に失敗したジョージ・クルック将軍の後任である。首長ジェロニモと300人余のインディアンはフロリダとアラバマの監獄に送られ，1892年，ジェロニモと生き残ったチリカワ・アパッチはインディアン・テリトリー（現オクラホマ州）のフォート・シルに移送された。1909年，ジェロニモは同地で歿する。

△ **ジェロニモと反逆者たち**
ジェロニモ（右端）と，メキシコのシエラマドレでともに戦ったインディアン。スケルトン・キャニオンで降伏する（1886年9月4日），約6か月前の撮影である。ネルソン・A・マイルズ将軍は，ジェロニモと24名の反逆者を捕らえるべく，アパッチの斥候の力を借りて，5000名の兵士を野に送り出した。

◁ **マイルズの約束**
当時の合衆国大統領クリーヴランドは，反逆者を無条件降伏させたがったが，マイルズ将軍（写真）は1886年9月4日，ジェロニモとの会談で，条件つきの降伏を受け入れ，インディアン捕虜の生命を保証した。捕虜はその後，アラバマの軍刑務所に送られた。

▽ **裏をかかれたクルック**
ジョージ・クルック将軍の部隊はメキシコに進軍し，1886年3月，ロスエンブドス峡谷でジェロニモを投降させた。ところがジェロニモはふたたび逃亡，クルックはアリゾナの指揮官職をとかれる。写真はジェロニモ（左から3人め）やインディアンたちと協議するクルック（右から2人め）。

先住民の抵抗と戦い

アパッチを斥候にする

ジョージ・クルック将軍は，アパッチの動きを偵察し，彼らと戦わせるために，同族の斥候を雇った。また，機敏なインディアンに対抗できるよう，動きの遅い幌馬車ではなくラバに荷を積み，兵士も機動性を重視して，身軽な斥候とおなじく備品を減らした。

アメリカ人とアパッチの斥候▷
1886年に撮影されたもの。主としてアパッチの暴徒を追跡するために雇われた斥候たちは，武器を携帯し，多少の弾丸を支給された。戦闘に参加する斥候は，さらに追加の武器を渡された。

▽報復
アパッチの斥候を雇うのは簡単だった。数多い集団間で，積年の確執があり，報復の機会には敏感だったからである。ある集団がべつの集団を襲えば，クルックはそこに出向き，攻撃された側から斥候を雇いいれた。

△小集団で追手をかわす
ネルソン・A・マイルズがクルック将軍の後任についてから，斥候はアパッチを執拗に追跡し，ほとんど毎日のように小さな戦いをくりひろげた。ジェロニモは追手をまくために，仲間を小さなグループに分割して散らせた。写真はそのグループのひとつ（シエラマドレ，1886）。

国境を越えた逃避行

1885年，ジェロニモと約150人のチリカワ・アパッチ，ウォームスプリングズ・アパッチは，サンカルロス保留地から脱走した後，今度はメキシコのシエラマドレを目指した。岩だらけの山道を歩き，一見通行不能な渓谷を踏みわけて，彼らは1886年9月まで逃げつづけた。

逃走中の住居▷
ジェロニモたちアパッチ一行は，野営する場所がどこであれ，かならず低木でウィキャップ（丸屋根の円形住居）をつくった。あわただしく出発せざるをえないときは，ウィキャップを燃やしてから逃げた。写真は1880年代の野営地。

▽ジェロニモ軍団
ジェロニモと戦士たちが並ぶ，勇壮でドラマティックなこの写真は，1886年3月，アリゾナのカメラマン，C・S・フライが，シエラマドレ（メキシコ）で撮影したもの。これから半年後の9月，ジェロニモはついに降伏するにいたったが，彼の軍団の男性戦士は，わずか20数名でしかなかった。

アパッチの抵抗：1860年代～80年代

戦争捕虜

1886年9月，ジェロニモ投降の際，マイルズ将軍は彼に，家族と一部の土地，住居，家畜，農耕器具の返還を約束したが，結果はちがった。ジェロニモと彼に従った者は戦争捕虜の扱いを受け，フロリダとアラバマの刑務所に送られたあげく，多くが結核で世を去る。1894年，ジェロニモは思いこがれた故郷ではなく，インディアン・テリトリーのフォート・シルに移送され，1909年，同地で戦争捕虜として亡くなった。

配給を待つ▷
不毛の地サンカルロス（アリゾナ）の保留地で，配給を待つアパッチ・インディアンの列。ジェロニモが最初にここから逃げ出したのは1876年で，彼は家族とともに逃亡することで，チリカワの強制移住に抵抗した。

△ **フォート・ボーイの降伏**
フォート・ボーイ（アリゾナ）の閲兵場に立つジェロニモ（右）とナイケ。マイルズ将軍への降伏から4日後である。楽団が〈オールド・ラング・ザイン〈蛍の光〉〉を演奏するなか，捕虜はボーイ駅まで護送され，そこからフロリダ行きの列車に乗った。

△ **捕虜への道**
フロリダの刑務所に護送される途中，列車を背にしてカメラに向かうジェロニモ（前列右から3人め）以下，チリカワ・アパッチの戦争捕虜たち（1886年撮影）。ここに写っているインディアンはみな，個人の所有物や馬，犬をあとに残して，列車に乗った。

フォート・シルでの農作業▷
スイカ畑でポーズをとるジェロニモ。いっしょに写っているのは6番めの妻ジ・ヤーと子供たち。ジェロニモは，フォート・シルに移送されたのち，農耕に従事して，オランダ改革派教会の信者にもなった。また，自分の写真を売って収入を得ていた。

> "わたしは降伏する。
> かつて，わたしは風のように動いた。
> いま，わたしはあなたに降伏し，
> それがすべてだ"
> 　　　　　ジェロニモ，1886年

先住民の抵抗と戦い

エスキミンジン

1871年：トゥサン住民に同胞を虐殺されて

ピナル・アパッチのエスキミンジン（1825頃～90）は，結婚してアリヴァイパ・アパッチの人びとと暮らし，最終的にそこの第一首長となった。1871年，トゥサン（アリゾナ）近郊，キャンプ・グラントの陸軍駐屯地にほど近い場所に村をつくって，トウモロコシを植え，リュウゼツランを採集して暮らす。同年4月30日，トゥサンの住民が，たび重なる町の襲撃はエスキミンジンたちの仕業であるとし，自警団を組織，キャンプ・グラントを攻撃して，彼の部族150名を殺害した。そのなかには，エスキミンジンの妻ふたりと5人の子供たちも含まれていた。この虐殺は，合衆国大統領にあてたインディアン行政委員会の報告書にも記されている（1871）。

先住民の土地への侵入

1869年，トゥサン住民によるアリヴァイパ襲撃の2年前，先住民はキャンプ・グラント近くの孤立した保留地で暮らしていたが，この看板が示すように，サザンパシフィック鉄道が急速に路線を延ばし，土地を求める人びとがアリゾナへ流れこんだ。

> わたしは，ここにきて穏やかに暮らした最初の者でした。わたしはここでしあわせでした。三日に一度，配給をもらい，ここからそう遠くないところに住んでいました。ところが，わたしがティズウィーン［発酵飲料］を穏やかにつくっていたその朝，わたしと村の人たちが襲われ，たくさんの者が殺されたのです。虐殺の翌日，わたしはこの野営地にきました。襲ったのがここの人ではないと知っていたからです。殺したのはトゥサンの住民とパパゴ族でした。だからわたしはそれからも，谷の近くで30日ほど暮らしつづけました。すると，また村が襲われました。このときは，軍隊の人たちでした。だれも殺されはしませんでしたが，わたしは怒り，戦いに出かけました。いま思えば，わたしはまちがっていました。しかし，わたしは悲しみにくれ，怒っていたので，こらえることができなかったのです。責める相手は，最初に平和を破った人です。［ヴィンセント・］コイラー行政官［インディアン行政委員会代表］は平和のためにやってきたのだと，わたしは信じています……行政官はわたしを呼びました……彼はおそらく，偉大な首長に会えると思ったことでしょう。しかし，彼はとてもかわいそうな男，首長にはそぐわない男を見ただけです。わたしには仲間が70人いましたが，みんな殺されてしまい，いまはだれもいません。わたしはここを去り，近くに住みました。以前，ここには友がいました。それでもわたしは，戻ってくるのが恐ろしかった。それでも行政官がきたと聞いてすぐ，戻ってきました。話すことはあまりありませんが，これだけはいえます――わたしはここが好きです。ほかにいうことはありません。語りかける人びとが，どこにもいないからです。虐殺さえなければ，ここにはもっとたくさんの人がいたはずです。でも，あんな虐殺のあとで，耐えられる人などいるでしょうか……［ロイヤル・E・］ホイットマン中尉と和解したとき，わたしの心はとても大きく，しあわせでした。トゥサンとサンハビエル［パパゴ］の人びとは，狂っているにちがいありません。彼らは，頭も心もないとしか思えないことをやりました……トゥサンとサンハビエルの人は，わたしたちの血に飢えていたのでしょう……トゥサンの人は書類を書いて，彼らだけの話を語りました。アパッチには，自分の話を語れる相手がいません……。

先住民の抵抗と戦い

保留地の分割

1880年代，合衆国議会は，インディアンを白人社会に同化させる方法を懸命に模索した。彼らを保留地に強制移住させ，隔離してもなお，インディアンと白人の武力衝突はいっこうになくならないうえ，インディアンは保留地で，部族のいにしえからの生活様式に固執しつづけていたからである。そこで保留地を切り刻み，その小区画をインディアン一人ひとりに強制的に分け与えれば，文化的，領土的単位としての部族は弱体化し，土地の個人所有という白人のシステムが浸透するのではないか，と政府は考えた。

"余剰地"売ります
保留地の分割後，政府は残った広大な"余剰地"を購入し，特価で販売した。上の広告のインディアンは，「ポーニー族はこわくない」という意味の名前をもつヤンクトン・ダコタ（スー）。

割当法の主唱者
一般土地割当法（ドーズ法）の導入を唱えたのは，ヘンリー・ドーズである。インディアンを白人文明に同化させるには，彼らの保留地を大幅削減するのが必須である，というのが彼の主張だった。

上院議員ヘンリー・ドーズ

長年にわたってインディアンは，その生活と文化を，土地共有制のもとで維持してきた。つまり，他人の権利を侵害しないかぎり，そこに住むだれもが土地を利用してよいのである。集団に属するものを個人が手放すことなどできず，個人が土地を売買したり，土地に手を加えたりするのは許されない。一方，白人はといえば，自分たちの土地保有の考え方とは極端に異なるインディアンの慣例を誤解もしくは蔑視した。白人にとって，個人所有は文明の基本要素だからである。"個人所有にもとづく分割"方針（すなわちインディアン保留地を切り刻むこと）は，白人移住の初期のころから幾度も提案されてはいた。早くも1633年には，マサチューセッツ地方集会が「イギリスの習慣にのっとった」土地の区画に先住民が住むことを認め，1850年以降も，土地の個人所有の条項をもりこんだ条約は数多い。しかし，金の発見，大陸横断鉄道の完成（1869），白人による農地と家屋の要求などがあいまって，政府は保留地を分割し，西部開拓の道をひらく必要性に迫られた。

割り当てと個人所有

1887年，「一般土地割当法」（ドーズ単独保有法）が議会を通過した。これはインディアンが部族の土地の一部を個人所有するという法律で，大統領が，先住民の家族の長，独身インディアン，孤児に，特定の面積の土地を分割供与するというのである。また，個人に割り当てた土地の管理権は，連邦政府が25年間保有し，そのあいだは販売，課税，貸与が禁止された。この期間がすぎると，供与された者には財産税の支払い義務が発生するが，土地を売って収

△「開化5部族」との合意
ドーズ委員会のメンバーとチェロキー族。委員会はインディアン・テリトリーの「開化5部族」（チェロキー，チカソー，チョクトー，クリーク，セミノール）と割当法合意の交渉をした。

◁部族の土地を切り刻む
写真はアリス・フレッチャーと測量士たち，ネズパース族数人。フレッチャーは，部族の土地を個人に分割すれば，インディアンの"文明化"を促進できると信じていた。彼女は1889年から93年にかけ，ネズパースの割当管理官をつとめた。

保留地の分割：1880年代〜1900年

益を得ることが許される。部族のその他の"余剰地"は，一般に払いさげられるか政府に譲渡された。

インディアンの土地は，すべてが一斉に分割されたわけではなく，割当法が全保留地にひとしく適用されたわけでもない。しかし，もっとも利用価値の高い土地は，きまって白人の所有となった。政策として，当局は水や鉱物資源，森林の豊かな土地をインディアンに割り当てないようにしたからである。

インディアンへの割り当て分を極端に減らすという政府の方針は，シセトン・ダコタ族の土地91万8000エーカー（37万2000ヘクタール）の分割を見ればよくわかる。この部族は2000人だが，合計で30万エーカー（12万1000ヘクタール）のみ供与され，その後，残り約60万エーカーが"余剰地"として白人入植者に買いあげられた。

抵抗と固執

多くのインディアンが，ドーズ法に抵抗した。1887年，インディアン・テリトリーでの集会で，19の部族の代表が満場一致で反対したものの，結局はむなしい意思表示でしかなかった。それでも一部の部族は，ひきつづき共有生活を送れるよう，法律の目をかいくぐり，土地をブロックで割り当てた。

白人のなかには，割り当ては失敗すると考える者もいた。法律が議会を通過する前にも，下院のインディアン担当局の少数派は抵抗した——「この法案の真の目的は，インディアンの土地を手に入れ，白人に開放することだ……」。

土地の割り当ては，インディアンを先祖の土地から引き離すことに成功した。しかし彼らは，けっして白人のコピーにはならなかった。インディアンたちは，いにしえからの部族の価値観，心がまえ，生活様式を，あくまでつらぬいたのである。

> "彼らはわたしが思い出せないほどたくさんの約束をしたが，ひとつを除いてどれも守られなかった。彼らはわたしたちの土地をとりあげると約束し，その約束だけは守った。"
>
> 白人のインディアンへの対応について語る
> スー族の長老，1890年頃

△ オセージの先見の明
1890年代はじめ，オセージ族の代表団がワシントンDCにおもむき，鉱物資源はすべて部族の共同所有として残すよう陳情した。1920年，かつての保留地に石油が発見されると，オセージは部族全体で油田の使用料を得ることができた。

▽ 圧力下での団結
クリークの少数派は割り当てに反対したが，1890年（クリーク族審議会開催の年，写真），議会は白人農民や投機家，鉄道プロモーターの圧力に屈し，インディアン・テリトリーの"割り当てられていない土地"を移民に開放した。

割当法反対の指導者▷
割当法反対運動の先頭に立ったオクラホマのクリーク族，チット・ハルジョ（"クレイジー・スネーク"）は，暴動を先導したかどで短期間ながら投獄された（1901）。釈放後も合法的戦いを継続したが，1912年に没するころには，テリトリー全土が分割されていた。

▽ クリークの抵抗
クレイジー・スネークを指導者として，割当法を拒否したクリークの小グループは，その大半が伝統を重んじる純潔のインディアンだった。みずからを"スネーク"と呼び，地域の白人移民はもとより，割当法を受け入れたインディアンたちをも攻撃した。

先住民の抵抗と戦い

インディアンへの割り当て

1887年の一般土地割当法により，インディアンの家族の長（男性，女性）のほとんどが土地を割り当てられた。割り当ての対象者は，インディアン総務局の管理下で部族の名簿から選出され，土地の調査や分割，実際の割り当ては，インディアン管理官が実施した。

△ **チョクトーとチカソーの登録**
1893年，議会は"開化5部族"の土地の調査と割り当てをドーズ委員会に許可した。写真は，土地の区画登録にやってきたチョクトーとチカソーの人びと。いずれの部族も1897年に割当同意書に署名した。

◁ **割り当ての段どり**
アメリカン・ホースから聴きとり調査をする政府の割当事務官（中央），通訳（左）。アメリカン・ホースはサウスダコタのパインリッジ保留地に住むオグララ・スーの指導者で，彼個人の土地の割り当てを交渉しているところ。

△ **土地の争奪戦**
1893年9月16日正午，スタートの合図を待って，10万をこす白人が馬を駈った。チェロキー・アウトレット――以前は牧場主に貸与され，農民の垂涎の的だったチェロキーの土地――を，わがものと主張するためである。

▽ **ビジネス開始**
急遽，ガスリー駅（オクラホマ）と，西に48キロ行った駅馬車のキングフィッシャー駅に，連邦政府の土地管理事務所が建設された。ここで，白人移民が土地所有を申請する。

△ **見慣れない紙**
白人による土地の取り引きには書類が欠かせないが，これはインディアンにはなじみのない習慣だった。写真の証明書は，クリーク族の同意にしたがって分割された，ひとり分の土地を証明したもの。

△ **意見を述べるチカソーの自由民**
1866年の条約にもとづき，チカソーは先祖の土地を，割り当てを含み，かつての奴隷と分けあうことが決められ，4607名の自由民全員が，40エーカー（16ヘクタール）を供与された。チカソー自由民は，部族の土地の中心であるティシミンゴを要求した（写真）。

保留地の分割：1880年代～1900年

テリトリーへ押し寄せる人波

1889年3月27日，ベンジャミン・ハリソン大統領が，インディアン・テリトリーの"割り当てられない"土地を白人移民に開放すると宣言。ここに合衆国史に残る，土地の獲得ラッシュが始まった。国内全域はもとより他国からも，土地に飢えた人びとが押し寄せては，未使用地を自分のものだと主張した。もとは開化5部族が暮らしていた土地である。

▽ 町の出現
オクラホマで最初の土地争奪戦が始まったのは1889年4月22日で，その日の午後4時，若い写真家ウィリアム・S・プリティマンが，誕生の産声をあげはじめたガスリーの町をフィルムにおさめた。この日が終わるころにはテントの町が生まれ，小売店や銀行が営業を開始していた。

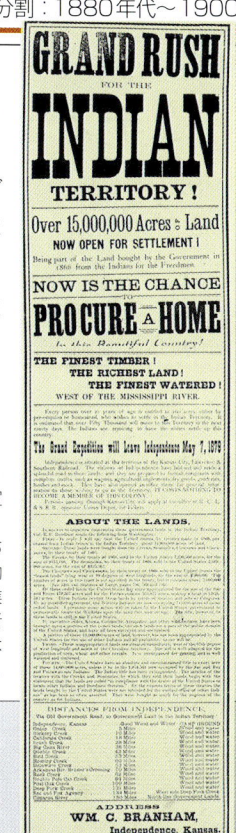

誇大広告▷
写真は1879年のポスター。土地を宣伝する大袈裟な文句が並んでいるが，当時インディアン・テリトリーへの立ち入りを許されていた白人は，農場労働者かチェロキー・アウトレットの牧畜業者，商人，鉄道や鉱山，森林の労働者だけだった。1889年まで，入植者は公式には立ち入りを許可されていない。

△ カリフォルニアの土地競売
カリフォルニアに流入する白人の数が増えるにつれ，南カリフォルニアの保留地に，インディアンでない者が大手をふって侵入した。怒れるインディアンは，しかし，最終的に分割法を受け入れ，先祖の地を手ばなさざるをえなかった。写真は，土地購入希望者が，開発会社の競売に参加しているところ。

先住民の抵抗と戦い

カール・スウィージー

1953年頃：保留地の配給日にバッファロー狩りの興奮を味わうことができて

インディアン・テリトリーに生まれたアラパホ族のカール・スウィージー（1881頃〜1953）は，インディアンの血を大いに誇りに思い，知るかぎりのアラパホの伝統的生活様式を描き，画家として名をなした。初期の絵画には署名がなく，売買の記録も残っていないが，その作品は合衆国の地域を問わず，さまざまな団体組織や個人が所有している。スウィージーの死後13年たってから出版された《アラパホ的方法——少年インディアンの思い出 The Arapaho Way: A Memoir of an Indian Boyhood》（1966）には，彼とアルシア・バスの対談が収録されており，本書はスウィージーの人生のみならず，部族の歴史の多くを物語ってくれる（以下はその抜粋）。

> 配給日は，だれにとっても胸おどる一日だった。
>
> 狩りにおもむく男たちは，顔に模様を描き，自慢の駿馬にまたがって，自慢の弓矢や銃を手にした。つきしたがう女たちは，馬にトラヴォワを引かせ，そこに幼い子供をのせる。帰りはこれに，牛肉をのせるのだ。ひとり残らず，美しい装飾品で身を飾り，馬のたてがみや尾にも色布を編みこむ。そして日課の仕事は何ひとつせずに，この日は休日扱いとする。
>
> 月曜の朝，草原のあちこちから，あざやかな色に身を包み，胸おどらせた人びとが，馬にゆられて配給所までやってくる。人のにぎわいと興奮，狩りと饗宴が，これから始まるのだ。
>
> 事務員が，ひとりまたひとり，家族の長の配給券にスタンプを押すと，畜舎の男が牛を連れてきて，おろし樋に追いこむ。インディアンの男たちは喚声をあげ，馬を駆って，家族をでるだけ背後にぴったりと従えて，ウォーホー［牛］を追う。ウォーホーは鳴き，飛び出し，草原を一目散に走って逃げる。そのスピードも，鳴き声も，荒々しく向きを変えるようすも，かつてのバッファローをほうふつとさせる。そんな数時間のあいだだけ，アラパホのインディアンたちは，かつての，あのなつかしいバッファロー狩りの興奮を，ふたたびよみがえらせることができるのだ。
>
> 男が牛を仕留めると，女がナイフと鍋を手に近寄り，皮をはぎ，肉を刻み，持ち帰る準備にとりかかる。そのとき全員が，なまのレバーを一切れ口にするが，これがとても新鮮で，温かい。それがすんでようやく，家族はともに家路をたどる。
>
> 帰りつけば，ティーピーの中，あるいは野外で火をたき，肉をいくらか料理して，宴会の始まりだ。天気さえよければ，家の壁をもちあげ，入口の皮をつっかい棒で頭上高くあげておく。宴会のあいだ，みながどこでも好きに行き来できるようにだ。
>
> だれにとっても，ぜいたくなひととき，心がぬくもりに満ちるひとときだった。

牛肉の配給を待つ

カール・スウィージーが語ったようなウォーホーの"狩り"はその後禁止され，かわりに肉牛の屠畜場が建設された。シャイアン川の保留地（サウスダコタ）では，配給日になると，牛肉を求めるインディアンたちが写真（1890年撮影）のように，厳寒のなかを並んだ。

前……▷
1878年，ハンプトン・インスティテュート（保留地の外につくられた寄宿学校の先駆け）の創立者サミュエル・アームストロングとプラット大尉は、学校教育を受ける前と後のちがいを写真に残した。プラットはその写真を使って、インディアンにも伝統を捨てさせることができるのを証明しようとした。

△ 合衆国寄宿学校運動の父たち
1879年，リチャード・ヘンリー・プラット大尉は，連邦政府の資金によって，初の保留地外の寄宿学校を設立した。場所はカーライル（ペンシルヴェニア州）の廃屋兵舎である。プラットは，インディアンを保留地から引き離し，短期間で集中的に白人文化へ同化させることを主張。カーライル式の学校をつぎつぎに設立して，全国のインディアンの子供を，必要なら力ずくでも，ひとり残らず収容させるのがよいとした。

◁後……
インディアンの子供たちは，寄宿校に入るとすぐ，左のように写影された。制服とシャツウェストレスに着替え，やわらかいモカシンをぬいで堅い靴をはき，長かった髪は短く刈られている。白人文化へ行させる仕上げは，子供たちに新しい，欧米ふうの名前を授けることった。

△ 読み書き，算術
寄宿学校の教師は，一日の半分を正統的，基礎学問的科目の授業にあて，残り半分を"職業訓練"に費やした。寄宿学校ではまた，宗教的な指導や礼拝，アメリカ市民となるための教育もおこなった。たとえば，合衆国史を学ばせたり，愛国唱歌を歌わせるなどである。

安上がりな労働力▷
連邦政府は寄宿学校に対し，経済的，人的援助を十分におこなわなかったため，学校は生徒を働かせて運営維持を図った。その結果，子供たちは教室で勉強するよりも，掃除や料理，裁縫，洗濯，農作業，施設整備などに時間をとられることのほうが多かった。

寄宿学校

　1800年代後半，北アメリカの政府は，欧米／カナダの規範にしたがって，強引にインディアンを"文明化"する方針をとったが，それには部族単位の集団生活が最大の障害になると判断。そこで，インディアンの子供を親類縁者から引き離して寄宿学校に入れてしまい（なかにはわずか4歳の子もいた），家庭やコミュニティからなるべく遠ざけて生活させれば，いずれ白人文明に同化すると考えた。両親が子供を手放すのを拒否すれば，保留地のインディアン管理官が食糧配給を控えると脅し，親が子供を隠せば，警察が追跡して隠れ家から引きずり出した。

アイデンティティの破壊

　寄宿学校の大半は，最低でも8か月から9か月は子供を家族から引き離した。この間，インディアンの子供のアイデンティティは二重の打撃を受ける。つまり，寄宿学校が，部族生活から得られる自己認識の内的，外的サインをすべて剥奪し，一方で白人文化の価値と行動規範をすりこむからである。

　寄宿学校のルールを破れば，懲罰が待っていた。たとえば一部の学校では，おねしょをすると，一日中マットレスを持ち運ばなくてはいけなかった。部族のことばを話したり，伝統的信仰儀礼をおこなったのが見つかれば，両腕を高くあげて，何時間も爪先立ちさせられた。反抗的な少女は，級友の前で服をめくらされ，何度も叩かれた。宿舎から逃げ出した少年は，少女の服を着せられたり，ゴムホースで鞭打たれたり，足首に鉄球のついた鎖を巻かれることまであったという。一般的な懲罰は，暗い地下室に閉じこめ，食事はパンと水だけというものだ。

　学年が終わると，インディアンの生徒の多くが白人家庭に送られた。農作業や家事を手伝い，英語での生活に慣れて，インディアンではない，キリスト教的価値観を身につけるためである。こういった夏季プログラムのために，何年間も実家に帰れない子供もいた。

"インディアンを殺し，人間を救え"
リチャード・ヘンリー・プラット，1890年頃

チェマワ・インディアン・スクールの生徒たち
カーライル・インディアン・スクールが成果をあげたことで，チェマワ・インディアン・スクール（1880創立，オレゴン）のような，保留地外の職業学校が普及した。19世紀末から20世紀にかけて，保留地内に81，保留地外に25の学校が設立される。しかし，その学校がたとえ保留地の近くにあっても，子供は家族や親類縁者と直接触れ合うことができなかった。

演奏開始
フェニックス・インディアン・スクール（アリゾナ）の楽団は，生徒にとって，大きな精神的解放の場となった。練習に参加すれば，日々の雑用をまぬがれるだけでなく，楽団員はパレードや祭りで演奏するため，定期的にあちこちの町へ出かけられたからである。

軍事訓練▷
寄宿学校の建物は，廃屋となった兵舎の再利用が多く，1930年代までは，生活も軍隊式だった。生徒は食堂に行くのも教室に行くのも，制服を着て軍隊の隊形で行進し，自由時間でさえ，もめごとのないよう厳しく統率された。

寄宿学校

1881年，寄宿学校の前に並ぶチェロキーの子供たち（ノースカロライナのスウェイン・カウンティ）。軍隊式に厳しく教育され，生徒は点呼をとられた。また，一日のなかで，決められた時間に決められた作業場へ行かなくてはいけなかった。

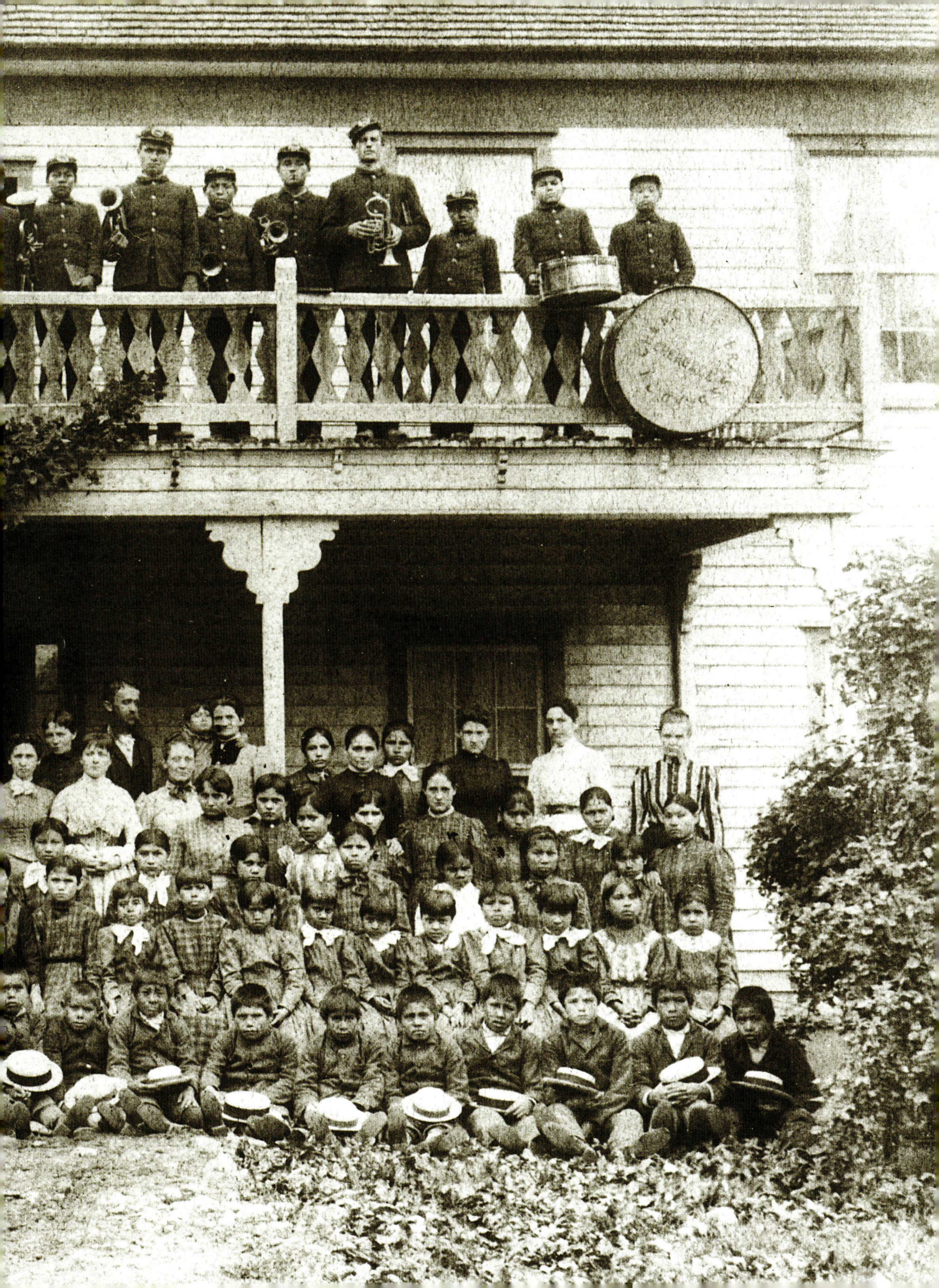

先住民の抵抗と戦い

武力による抵抗の終焉

1890年，悲惨な暮らしを送っていたラコタ保留地のインディアンが，ゴースト・ダンスの信仰にすがるようになった。ゴースト・ダンスは，パイユート族の予言者ウォヴォカが受けた啓示にもとづくもので，ダコタ・テリトリーの白人がこれに脅威を感じ，政府は陸軍の半数を保留地に送りこむ。くりかえしの惨劇のすえ，シティング・ブルが殺され，ビッグ・フット率いるラコタ族がウンディッド・ニー（サウスダコタ）で虐殺された。そしてこれが，合衆国陸軍とアメリカ・インディアンの武力による大きな衝突の最後となる。と同時に，この虐殺は，おぞましい悲劇のひとつとして，合衆国史に残るものともなった。

ビッグ・フットの死

1870年代を通じて，ラコタの戦闘を率いたビッグ・フットは，ゴースト・ダンスを信奉した。しかし，その後，ゴースト・ダンスは絶望以外の何ものも伝え得ないと感じ，信仰を放棄する。そして重い肺炎に苦しみながら，ウンディッド・ニーで銃弾に倒れた。

ビッグ・フット

ウンディッド・ニーの虐殺に先だつ何年間か，ラコタ族は彼らの土地にひきもきらず押し寄せる白人に困惑していた。しかも1870年代のゴールドラッシュにより，白人はインディアンの聖地ブラックヒルズをますます声高に要求するようになる。同地は1868年のララミー条約でラコタに割り当てられた保留地の一部だが，白人はここを手に入れさえすれば，合法的に探鉱できると考えたのである。ラコタはしかし，譲渡を拒否し，業をにやした政府は，1876年，彼らを保留地に閉じこめるべく，保留地外のインディアンに反乱の意図ありと見なして強制帰還を宣言。以後，保留地外のインディアンと軍隊の戦いは，カスターの第7騎兵隊の敗北（1876年6月25日）を除けば，おおむね白人側が勝利した。政府はカスターの大敗の反動で，ラコタにブラックヒルズの譲渡を強硬に迫った。

1889年，保留地の様相は混乱の度を増した。政府は配給増加のかわりに，スー条約の土地を半分に削減し，6つの小区画（パインリッジ，シャイアン川，ローズバッド，スタンディングロック，クロー・クリーク，ローワーブリュレ）に分割するというラコタとの協定を反故にする。こうして，ラコタ保留地にゴースト・ダンスが広まる土壌がととのった。

ゴースト・ダンスの登場

ゴースト・ダンス発祥の地はネヴァダで，時期は1888年頃，指導者はパイユートの予言者ウォヴォカだった。インディアンが歌い踊れば，バッファローや亡くなった親類，友人がよみがえり，かわりに白人が消える，というのがウォヴォカの予言である。そして彼のもとを訪れた大平原諸部族の指導者たちが，これを地元にもちかえり，部族民に教えた。1890年の秋には，ラコタ保留地のあちこちでゴースト・ダンスが定期的に踊られるようになっていた。

当時，ラコタの人口は減少する一方だった。バッファローが姿を消し，干ばつと飢饉，インフルエンザに襲われたからで，古来からの信仰儀礼は禁止されていた。飢えても狩猟は許されず，命の糧の配給

▽ 平和を望む声
ララミー条約（1868）後，レッド・クラウドはつねに平和共存を訴えつづけた。1878年，彼は家族とともにパインリッジ保留地に移住する。

◁ パインリッジのわが家
木造二階建ての自宅前に立つレッド・クラウド（パインリッジ保留地）。政府のインディアン問題局は，他のインディアンがレッド・クラウドにならい，ティーピーを捨てて丸太小屋や木造家屋に住むのを期待して，この家を建てた（1879年建設）。

ダンスはつづく ▷
1890年のクリスマスの日，ダンスを踊るパインリッジ保留地のラコタ族。白人の役人は，インディアン警察を派遣してダンスをやめさせようとしたが，いかなる脅しにも屈せず，ダンスはやむことなくつづいた。

武力による抵抗の終焉：1880年代～90年

◁戦いの武器
フォーサイス軍は，パインリッジにあるビッグ・フットの野営地を見おろす高みに，ホチキス砲を配備した。壊滅的な威力を発揮する砲弾が，100ヤード（91メートル）にも満たない距離から野営地めがけ，おびただしい数，発射された。

求められる斥候▷
サウスダコタのパインリッジ保留地で訓練を受けるオグララ・ラコタの斥候（1890）。白人指揮官たちはインディアン斥候の力を高く評価し，軍の正規兵として登録した。

は半分に減らされるか，インディアン問題局の腐敗からまったくないに等しくなった。そんななか，ゴースト・ダンスが彼らに希望を与えたのである。

1890年10月，パインリッジとローズバッドのラコタが，管理官を無視して踊りにふけり，役人はその興奮の高まりにおびえはじめた。11月なかば，ラコタは防弾効果があると信じるシャツを着て踊りながら，白人開拓民のなかで異常な興奮状態に陥る。パインリッジの管理官ダニエル・F・ロイヤーは，反乱を恐れて軍隊に鎮圧を依頼したが，当時を知る者によれば，流血が必至の混乱といわれなき恐怖をあおったのは新聞報道だという。

ウンディッド・ニーの大虐殺

12月15日，とある事件がおこった。これが連鎖反応をひきおこし，ついにはウンディッド・ニーの大虐殺へといたる。この日，シティング・ブルが，スタンディングロック保留地の小屋で，政府命令によって彼の逮捕に訪れたインディアン警察の手で殺害されたのである。恐怖にかられ，野営地から逃亡したインディアンたちは，シャイアン川保留地のビッグ・フットのもとに身をよせた。ビッグ・フットがゴースト・ダンスを捨てたことを知らないネルソン・A・マイルズ将軍は，彼に仲間のインディアンを近くの砦まで移すよう命令。12月28日，ビッグ・フットは重い肺炎に苦しみながらも，パインリッジ保留地のレッド・クラウド首長とともに避難場所をさがしたが，サミュエル・ウィットサイド少佐と第7騎兵隊分遣隊によって捕らえられ，ジェームズ・W・フォーサイス大佐の指揮下にあるウンディッド・ニー・クリークまで連行された。

12月29日，ビッグ・フットの野営地は軍隊に包囲され，上方からはホチキス砲に狙われて，戦闘を避けたければ武装解除せよと通告される。しかし，兵士が調べた結果，インディアンはわずかの武器しか持っていなかった。緊張が高まるなか，ひとりの兵士とインディアンが乱闘をはじめ，その最中に1挺の銃が発砲された。直後，兵士がいっせいに銃をかまえる。そしてインディアン数人が，隠し持っていた武器をとりだすや，兵士たちはたちまち引き金を引いた。発砲はやむことなくつづき，ホチキス砲がティーピーを粉々にして，男，女，子供，約300人もの命が奪われた。白人兵士の多くが，引き金を引きながら，くりかえしこう叫んだという――「リトル・ビッグホーンを思い出せ」，「カスターを思い出せ」。

銃撃が終わってみると，味方の銃弾で白人兵士25人が死に，39人が負傷（その後，何人かが死亡）していた。兵士はゴースト・ダンスのシャツその他の衣服や，インディアンの所持品をみやげに持ち帰るため，ラコタの死体を裸にしたという。

生き残った赤ん坊

ウンディッド・ニーの虐殺で孤児となった赤ん坊，ロスト・バードは，母親の死体の下から発見されたという。母親は，自分の身で赤ん坊を銃弾から守ろうとしたのだろう。写真の男性はレナード・W・コルビー将軍で，彼はインディアンの野営地におもむくと，ロスト・バードをあずかっていたラコタの老女から力づくで引き離し，みずからの養子とした。女の子はマーガレット・コルビーという新しい名をつけられ，のちに将軍は娘を，大虐殺の"生きた骨董品"と表現した。最初のうちこそかわいがったものの，将軍はメイドと駆け落ちし，その後は妻が育てた。

レナード・W・コルビー将軍とロスト・バード

先住民の抵抗と戦い

苦悶の祈り

先達の啓示の影響を受けた予言者ウォヴォカのゴースト・ダンスは，当時，抑圧と苦難の渦中にあったラコタ族に浸透した。人心が乱れた最大の原因は，広い地域にわたる飢餓状態で，1889年から90年にかけての冬，ラコタは餓死に近い状況にまで追いこまれていた。政府が牛肉の配給を大幅削減しただけでなく，1890年の夏の干ばつで収穫が激減したからである。

パイユートの予言者ウォヴォカ

◁ 幻影に見た聖なる杖
ゴースト・ダンスの信者は幻の精神世界を訪れるが，のちには，その幻で見た物を持ち歩くようになった。写真の杖の所有者は，ダンスを踊っている最中に精神の支援者を見て，その顔を杖に彫ったのだという。

◁ グラス・ダンス集会
ビッグ・フットの集団がシャイアン川保留地で開いた「グラス・ダンス」の集会（1890年8月9日）。数か月後，ここに写っている者のほとんどが，ウンディッド・ニーで虐殺された。

△ ダンスの威力
ゴースト・ダンスをおこなうアラパホの男女。疲れきり，恍惚となるまで歌い，踊る。そんな恍惚状態のなかで，彼らの魂が，別れた肉親や友人に会いにいくという。

シティング・ブル殺害

1883年からスタンディングロック保留地（ダコタ・テリトリー）で暮らしていたシティング・ブルは，1890年秋，ゴースト・ダンスに興味を抱いた。そのことに不安を覚えたマイルズ将軍が彼の逮捕をもくろみ，同年12月15日未明，インディアン警察がシティング・ブルの小屋を包囲する。

シティング・ブル

◁ 逮捕の再現
フォート・イェーツのカメラマン，ジョージ・W・スコットが，シティング・ブルの逮捕時の状況を再現させて，カメラにおさめたもの。シティング・ブルの小屋は解体されてシカゴに送られ，コロンビア博覧会（1892）で再度組み立てられ，展示された。

"わたしの部族で，最後にライフルを捨てたのは，このわたしであることを忘れずにいてもらいたい"

シティング・ブル，ハンクパーパ・ラコタ族，1881年

シティング・ブルの死 ▷
シティング・ブルが逮捕されると，信奉者のひとりが，逮捕に訪れたインディアン警察に発砲した。撃たれた警官は，報復としてシティング・ブルを撃ち殺す。この絵はシティング・ブルの小屋の外のようすで，インディアンが描いたもの。

◁ 逮捕に向かった警官
シティング・ブルの逮捕に向かったのは，巡査部長レッド・トマホーク（中央）以下，スタンディングロック保留地のインディアン警察だった。シティング・ブルに発砲したのはレッド・トマホークで，弾が頭に当たったことから，首長を仕留めたのは自分である，と主張した。

ゴースト・ダンスの信者150余人が，シティング・ブルの逮捕を阻止しようとした。そのうち7人が銃で撃たれて死亡。

警官3人によって小屋から引きずり出されたシティング・ブル。逮捕に向かったインディアン警官は総勢40人。

武力による抵抗の終焉：1880年代〜90年

ウンディッド・ニー

軍隊に包囲され，ホチキス砲にねらわれたビッグ・フットたちに逃げる術はなかった。12月29日朝，フォーサイス大佐は彼らに，心配無用，兵士は友人だと告げ，それでもなお戦いを避けるには武器を捨てよといった。野営地を調べた結果，発見されたのは，多数の斧，まさかり，肉切り包丁，テント杭，そして40挺にも満たない，形のゆがんだライフルだった。

◁ 嵐のあとの静寂
ブリュレ（ラコタ族）の野営地ののどかな光景（1891）。ここはウンディッド・ニーの虐殺があった場所だが，このような風景から，前年の惨劇は想像だにできない。

▽ フォーサイス軍
ネルソン・A・マイルズ将軍は，フォーサイス大佐を糾弾した。女や子供まで殺害し，自軍の兵士を味方の銃弾の犠牲にしたからである。しかし，予審裁判の結果，フォーサイスはいかなる過失も非道も問われなかった。

ジェームズ・W・フォーサイス大佐

△ 死体を集める
大虐殺のあと，凍った死体を集める陸軍の職員たち。遺体の一部はパインリッジのインディアンが運び去り，命をとりとめながらも重傷を負ったインディアンたちは，死に場所を求めて，からだを引きずりながら姿を消した。

凍てつく名残り ▷
あたり一面の硝煙が消えてしまえば，そこには推定300人のインディアンの死体が横たわっていた。大吹雪に見舞われ，遺体はそのまま放置される。この写真のメディスンマンのように，多くの亡骸がおぞましい姿で凍てついた。

△ 大量の埋葬
1891年1月1日から2日にかけ，陸軍の派遣隊が凍った死体を運び，合同墓所に埋葬した。この墓所は，彼らがホチキス砲を撃った丘の上にある。

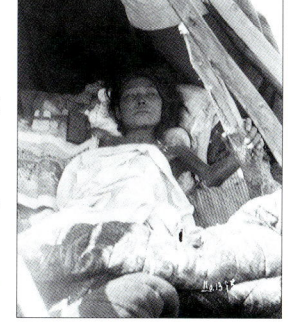

傷ついたインディアン ▷
大虐殺では，51人のラコタ・インディアンが負傷した。主として女性と子供である。ロスト・バードなど，ごく一握りが吹雪を生き残り，数日後に発見された。

引き揚げる騎兵隊 ▷
虐殺後，流血の現場をあとにする部隊の斥候たち。のちにインディアン戦闘員のひとりが語ったところでは，兵士は血の海を見て狂ったようになったという。彼らは血走った目を見開き，一部の死体に向かってくりかえし，何度も発砲した。

135

先住民の抵抗と戦い

アメリカン・ホース

1891年：ウンディッド・ニーの大虐殺について

オグララ・ラコタ族のアメリカン・ホース（1840〜1908）は，その弁舌と交渉能力で部族の指導者となった。また，勇敢な戦士でもあり，ボーズマン街道の戦いでは，1866年12月，対フェッターマン戦闘に参加している。この戦いは，合衆国陸軍が大敗を喫した戦闘のひとつである。1890年，アメリカン・ホースはゴースト・ダンス信仰を嫌い，ビッグ・フットたちを説得してパインリッジ保留地に帰らせたが，結局は，ウンディッド・ニーの大虐殺へといたった。アメリカン・ホースはワシントンDCを何度か訪れ，1891年，以下の胸をうつスピーチをおこなって，インディアンの環境改善の一役をになった。

"男たちは，兵士からいわれたように，女たちとは離れた。

そして，兵士に取り囲まれた。

その後，村のはずれまで行ったが，そこでもやはり，兵士にすっかり取り囲まれた。

銃弾が飛びかいはじめたとき，最初の1発を放った若者の近くに立っていたインディアンたちは，いうまでもなく，みんな殺された。

それから兵士は，銃やホチキス砲を，小屋にいる女たちにも向けた。小屋には，白旗が掲げられていたのに。

いうまでもなく，弾丸が放たれればすぐに，彼らは逃げた。

男たちは，みなひとつの方向に，女たちは，べつべつのふたつの方向に逃げた。こうやって，逃げ道は3本に分かれた。

赤ん坊を抱いた女がひとり，もうすこしで白旗に触れようとしたところを，殺された。

女も子供も，いうまでもなく，円形の村一帯を逃げまどい，死を迎えた。

白旗のすぐそばにいた母親は，幼い子を抱いたまま，銃弾を受けて倒れた。赤ん坊は，母が死んだことを知らずに，乳を吸っていた。

胸つぶれる，悲しい光景だった。

永遠の凍結
アメリカン・ホースは，パインリッジの惨殺に胸をえぐられた。彼がミニコンジュー・ラコタ族の首長ビッグ・フットを説得して帰らせた場所が，大量殺戮の原野となったのだ。1890年12月29日，重症の肺炎をわずらっていたビッグ・フットは，一兵士の銃弾でこの世を去った。雪原のなか，ねじれ，凍った彼の遺体を写したこの写真は，ウンディッド・ニー大虐殺を伝えるもののなかでも，とりわけ心にひびく。

赤ん坊といっしょに，懸命に逃げる女たちが殺され，撃たれた。

子供をかかえ，からだが重たくなった女たちもまた，殺された。

インディアンたちはみんな，3つの方向に逃げて，そのほとんどが殺された。

そのあと，死んでいない者，怪我をした者は前に出てこい，危険はないという大きな声が聞こえてきた。

そして，怪我をしていない少年たちが，隠れていた場所から姿を見せた。

何人もの兵士が，その姿を見るなり，子供たちを取り囲み，その場でなぶり殺した。"

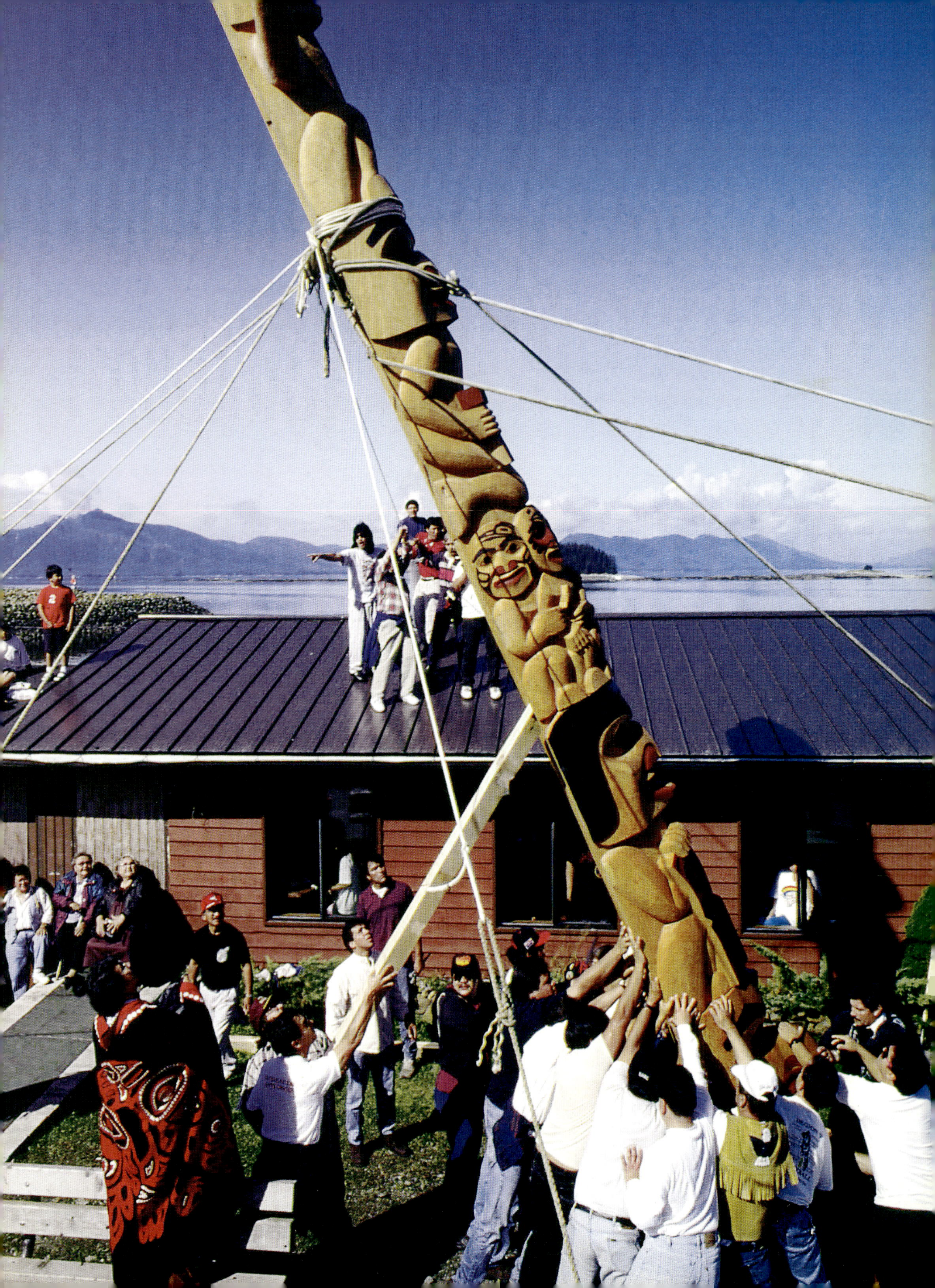

1900年～現代

復活と再生

1950年代後半，何十年にもおよぶ
強制的な同化政策と権利剥奪ののち，
先住民は自治権を要求するようになった。
今日，先住民の指導者たちは，
活力に満ちた未来への道を模索している。

消えゆく伝統の復活
1950年代，前世紀末にはすたれていた
トーテムポールの製作が復活した。
写真はツィムシアンのもの（アラスカ州メトラカトラ，1994）。

復活と再生

保留地での暮らし

　1890年から20世紀を迎えるまで，合衆国とカナダの政府は，先住民を主流文化に同化させる方針をとった。インディアンは保留地に閉じこめられ，連綿と受け継いできた独自の文化的アイデンティティを政治力で圧殺されたのである。生き残るためには，政府の配給，施し物にたよらざるをえなくなり，当然の結果として，インディアン社会は徐々に崩壊していった。合衆国，カナダとも，政府の役人は，権力を盾に先住民の生活に大きく干渉し，彼らをまるで子供扱いした。

保留地の配給カード
保留地では，家族ごとに配給カードが配られた。食糧その他を分配される資格証明で，保留地の管理官が発行し，物品が配られるたびに，管理官が印をつける。女性はこのカードを手作りのビーズつき皮製ポーチにしまっておいた。

西洋式を受け入れる

コマンチの戦闘隊長クアナ・パーカー（父はコマンシ族の首長，母は白人捕虜シンシア・パーカー）は，配下のインディアンに，保留地生活を最大限に活用するよう熱心にといた。写真は12部屋ある彼の家のポーチで，となりは妻のひとりトナサ（1890年代初期）。この家には白い杭垣，屋根には星の紋章があったという。クアナは白人の様式を積極的に取り入れ，英語とスペイン語を学び，牧場主として成功した。ただし，長髪をふたつに分けて編み，日常の生活でバックスキンの衣服を着る習慣は捨てず，妻も何人かめとった。

クアナ・パーカーと妻トナサ

拒否された家屋▷
インディアン管理官は，平原インディアン諸部族に，円錐形のティーピーではなく，木造小屋に住むよう強制した。しかしコマンチ，ラコタ，オセージその他の部族は小屋には住まず，そばにティーピーを張って暮らした。メディスンマンのブラック・エルクは，木造小屋は「住むにはよくない。なぜなら，矩形にはパワーがないからだ」といった。

　1890年以降，合衆国のインディアンは，そのほとんどが保留地に住み，インディアン管理官の監督下におかれた。管理官は法を執行し，部族の資金を管理し，条約で決められた年金を支給する。そして配給品の分配が，不正をはたらく管理官に多大の利益をもたらした。恥ずべき行為はやむことなくつづき，脅され，だまされ，土地家屋を奪われるインディアンの数は増すばかりとなる。1905年，政府は対インディアン業務を徹底検証し，蔓延した腐敗行為を一掃した。

　役人は，教育や信仰，文化的習慣を厳しく取り締まったが，とりわけ彼らいうところの"野蛮な"儀式を目の敵にした。1883年，平原インディアン諸部族は，聖なるサン・ダンスの儀式を禁止され，それでもなおつづける者には，配給停止や投獄などの制裁が加えられることとなる。また，インディアンの子供は，家族からむりやり引き離されて寄宿学校に入れられ，学校では徹底した同化政策がとられた。子供たちが愛したもの——両親，肉親，文化すべてを嫌悪するよう教育されたのである（p.128～129）。

カナダの同化政策

　カナダでは，インディアン法（1876，1880，1884）により，先住民をカナダ社会に同化させる方針がとられた。インディアンとは何かが定義され，保留地に限定居住させること，そのアイデンティティが"より高度な文明の習慣や理念"に置き換わるような集団生活の実践が決められて，インディアンにまったく異質の官僚主義を押しつけたのである。このように，政府はインディアンの日常生活に対して独裁ともいえる権力を行使しつつ，彼らの指導者や意思決定システムを，伝統的な，総意にもとづくものから，選挙で選んだ部族審議会と首長制に取ってかえようともした。ただし，かたちは選挙ながら，最終的にはオタワのインディアン総務大臣の承認が必要だった。古来の儀式，典礼は野蛮な迷信として禁止され，インディアンの子供は

保留地での暮らし：1890年代〜1920年

インディアン警察

　1878年，議会は軍隊を派遣しなくても保留地の治安を維持できるよう，警察設立の予算を組んだ。6年後には大半の保留地に，小規模で装備も劣悪な，先住民による警察が誕生する。このインディアン警察の大きな問題点は，白人管理官（警察は彼らへの報告義務があった）の要求と，みじめに暮らす同胞たちの不満との板ばさみになることだった。

インディアン警察のバッヂ

△ 農夫になる勉強
政府の指導官に教わったとおりに種イモを用意するブラックフィートの家族（モンタナ，1891）。インディアン管理官は，平原インディアンが農耕で自活することを望んだが，ブラックフィートのようなバッファロー狩猟民にとって，作物栽培はなじみのない異質の行為だった。

　合衆国の子供とおなじく寄宿学校に送られて，先住民固有の文化をはぎとられた。条約，インディアン法，保留地システムが，自由な狩猟民であったインディアンを，故郷における貧しい囚人へと，またたくまに変貌させたのである。そしてインディアンは，ただでさえ乏しい食糧と生活資金を完全に打ち切られることへの恐怖から，白人に迎合せざるをえなかった。

抵抗と分裂

　20世紀初頭になると，合衆国とカナダのインディアンの多くが，政府の同化政策に抵抗した。ラコタ族は禁止されたサン・ダンスを保留地の遠方でおこない，ブリティッシュ・コロンビア州のインディアンは法律を犯してポトラッチを催した。

　同化政策によって，深刻な社会的，政治的亀裂が生まれ，インディアン・コミュニティの団結にもひびが入って，白人に友好的なインディアンと敵対するインディアンとの昔ながらの摩擦も消えることがなかった。

　1920年代の合衆国では，農地，牧草地として利用価値の高いインディアンの土地のほとんどが，非インディアンの所有となる。政府はもはや，インディアンを軍事的脅威とは見なさなくなった。

> "インディアンを「白人のやり方」に順応させなくてはいけない。すなおならば穏やかに，いやがるなら無理にでも"
> トマス・モーガン，インディアン総務局行政官，1889年

◁ インディアン警察のパトロール
クロー族の戦士は，古来，野営地間の治安を維持することに努め，バッファロー狩りの規定も定めていた。騎馬警官によるパトロールは，そんな彼らの伝統を映したもので，警察活動の普及に役立った。写真はクローの保留地（モンタナ州）の騎馬警官たち。また，クロー族の警官は，おしなべてインディアン管理官に忠実で，任務を堅実に遂行した。

武装した監視員のもとで ▷
インディアン管理官という存在がありながら，保留地の治安維持には騎兵隊が派遣された。写真は，シティング・ブルの蜂起（失敗に終わった）のあいだ，白人の軍隊と施設を襲撃して捕らえられたモンタナのクロー族（1887）。

▽ 手本を示す
アシニボイン・スー族のインディアン警官（モンタナ州フォート・ベルクナップ，1890）。全員が，バッヂ，武器，ハット，カーチフを身につけている。インディアン警察は一般のインディアンの手本となるべく，一夫一婦婚を実践し，髪を短く切り，非番のときは白人の衣服を着た。

復活と再生

施し物で生きる

　保留地のインディアンは狩猟や漁業，採集を継続し，土地を耕したり，家畜を育てたりしたが，いずれにしても生活を支えることはできなかった。そのため，食糧や衣類，道具類を求め，経済的にも政治的にも，インディアン総務局と管理官に依存するようになる。

配給日▷
管理事務所の倉庫の前で，列に並んで配給を待つ保留地のインディアンたち。牛肉の配給は，不十分なことがままあった。というのも，食糧の必要量が"多く"なると（少なく，ではない），議会が食糧用の予算を削ってしまうからである。シャイアン保留地の管理官は，つぎのように報告している——「牛肉の配給が月に一度，その他食品の配給が月に二度くらいでは，インディアンが食糧の欠乏で苦しむのを救うことはできない」。

△ 事務所の倉庫で
スー族の女性が，家族の割り当て分を集めている光景。食糧以外にも，毛布，布，靴，農耕器具が，連邦政府から配られた。

一日がかり▷
配給日になると，平原に住むインディアンたちは，家族をともない，はるばる配給所まで出かけていく。また，この日を利用して，友人や親戚をたずね，それぞれに必要のない品物を交換したりもした。

白人のやり方を学ぶ

　インディアン総務局は，インディアンに牧畜をはじめ種まきや栽培，収穫，輪作の近代農耕手法を学ばせようとした。また，白人とおなじように英語を話し，おなじ服に身を包み，おなじものを食べ，おなじ教会に通い，合衆国国旗に敬礼し，7月4日の独立記念日にはおなじ愛国心をもって祝うよう要求した。

線路わきの交易▷
1895年にグレートノーザン鉄道が完成して以来，狩りの獲物を失った，飢えるブラックフィート族は，バッファローの角などの物品を，車両わきで観光客相手に販売せざるをえなくなった。

▽ 最後の矢を放つ
1916年から17年，スー族のなかには土地を分配して合衆国の市民権を得る者もいた。写真は市民権授与の式典で（1916），合衆国市民になる前に「最後の矢」を放つ順番を待っているスー族（スタンディングロック保留地）。

△ 大平原のインディアン・カウボーイ
19世紀末から20世紀初頭にかけて，北部大平原では牛の飼育が盛んになった。インディアンというよりカウボーイにしか見えない彼らは，農耕を奨励する政府の意に反して牧畜を選び，焼き印を押す技術にもたけていった。インディアン・カウボーイの多くが，白人の牧場で働いた。

▽ 新たな畝をたてる
合衆国政府は保留地に"役人農夫"を派遣した。土壌や天候，水の状態の把握，施肥や除草，輪作の方法など，近代農耕技術をインディアンに教えるためである。

保留地での暮らし：1890年代〜1920年

過去への執着

強引な同化政策のもとでさえ，北アメリカのインディアン集団の多くが先祖代々の信仰や伝統を守りぬき，白人官僚，白人兵士，そして同胞を取り締まるインディアン警察に抵抗した。断食や祈祷，聖なる儀式のひそかな信仰に救いを求めたのである。

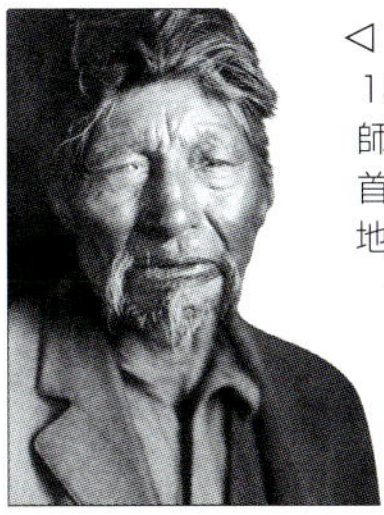

◁ "治療"のかどで投獄
1897年，パイユート族の神霊師だったトム・チョクトゥット首長（オレゴン州クラマス保留地）は，政府が禁止していた先住民の治療習慣を実施したため，1週間投獄された。治療禁止に違反した者は，最大で6か月の禁固刑に処された。

▽ 禁止された踊り
ブリティッシュ・コロンビア州南部とワシントン州北部で催される冬季の大きなセレモニー「スピリット・ダンス」は違法となったが，写真はコースト・セイリッシの踊り手3名が，衣装を身にまとったところ（1920頃）。禁止例を浸透させるには，警官出動，投獄，法律家費用，裁判など，高い経費がかかった。

△ モデル家族
"文明社会"の食事習慣を実演してみせるモンタナ州の家族（1910）。テーブルクロス，ナプキン，陶製食器が整ったテーブルを前にして，ナイフやフォーク，スプーンで料理を食べ，家族の長が飲み物をピッチャーからカップについでいる。

▽ 農業指導
バッファローがほとんど姿を消してから，政府は専門家を派遣して，ブラックフィートに小麦の栽培を指導した。写真はインディアン総務局が年に一度催す冬の説明会で，ブラックフィートの女性が，ノーザン・パシフィック鉄道の農業顧問，イグナティウス・オドネルから講義を受けているところ。

△ 違法の儀式
ポトラッチに参加するためシトカ（アラスカ州）の海岸に向かうトリンギット族（1904）。ポトラッチは1884年のカナダ・インディアン法で禁止されたが，ブリティッシュ・コロンビア州のインディアンは，国民祝祭日の参加を装うなどして，古来の儀式を続行した。

法律を無視する ▷
シャイアン保留地の管理官A・E・ウッドソン少佐は，先住民の信仰儀礼を忌み嫌い，禁止を宣告した。しかし，槍騎兵会（写真）その他，部族のメンバーは禁止例を無視し，ともかくもサン・ダンスをおこなった。

国旗を掲げる

インディアンの習慣を写真におさめる撮影隊は3度派遣されたが，これはそのうちの1回（ウィンド川のアラパホ族とショショーニ族の国旗掲揚風景，1913）。このときは，国旗が200の部族に配られた。撮影した写真は，インディアンに市民権を与えるキャンペーンの推進にも利用された。

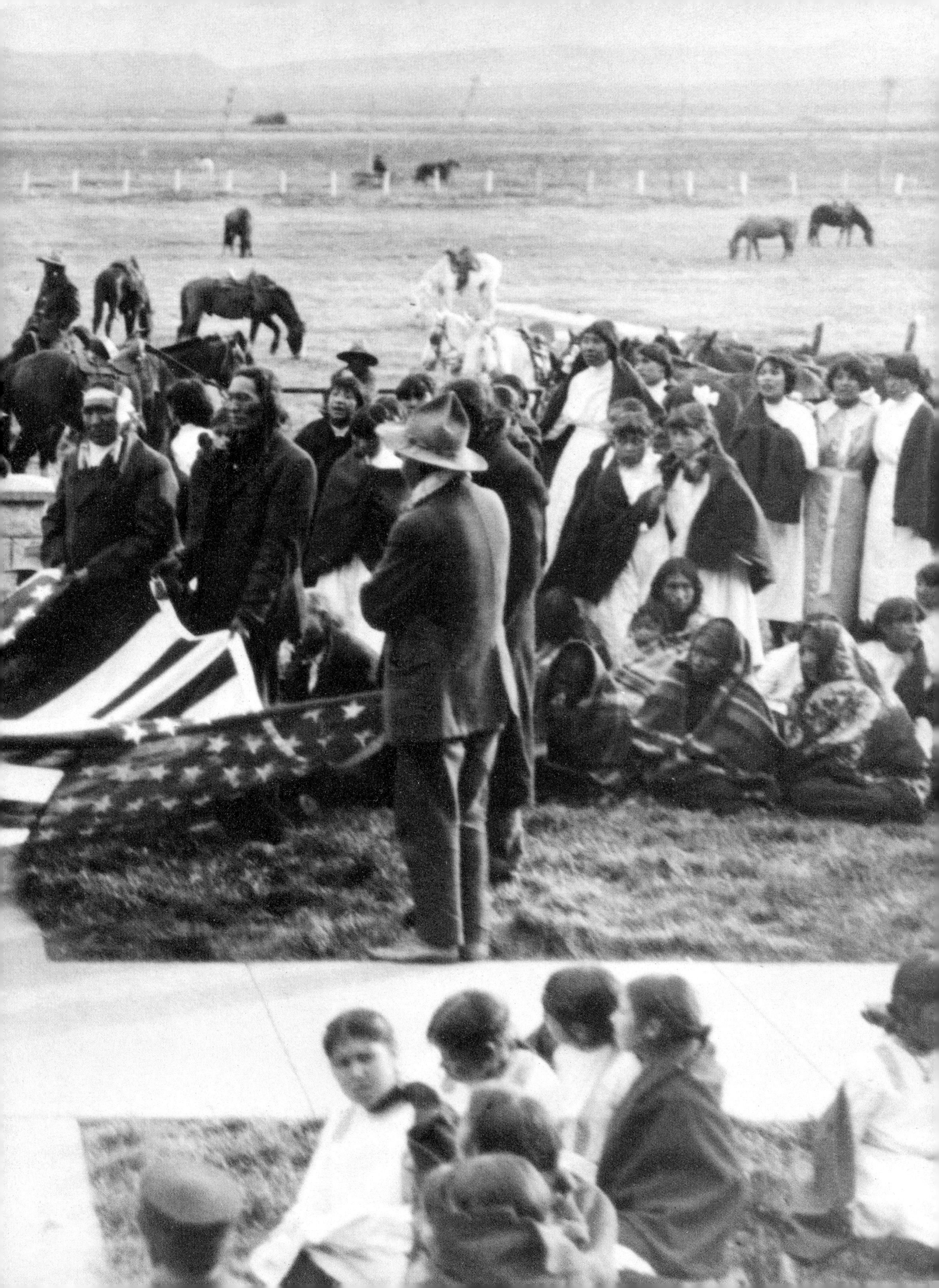

復活と再生

プリティ-シールド

1932年頃：バッファローを糧とする暮らしが終わりを告げて

クロー族のプリティ-シールド（1857頃生）は，父方の祖父が治療の盾（シールド）をもっていたことから，その名をさずかった。彼女自身，幼い娘の死後に見た幻視から魂の導きを得て，メディスンウーマンとなる。1932年頃，著述家フランク・リンダーマンに語った自身の半生は，女性の目から見た先住民の暮らしを映し出し，そこには彼女の幻視だけでなく，ヨーロッパ人到来以前のクロー族の生活も再現されている。以下は彼女の著作《赤い母 Red Mother》（1932年刊，のちに《プリティ-シールド：クロー族のメディスンウーマン Pretty-Shield: Medicine Woman of the Crows》として改版）からの抜粋である。

"ああ，わたしは胸がはりさけそうになりました。美しい土地のあちこちに，バッファローの死骸が散乱しているのを見たからです。白人に殺され，皮をはがれ，腐るにまかせて置きざりにされた，たくさんの，たくさんのバッファローたち。最初に見たのは，ジュディス盆地でした。あたり一面，肉の腐臭が漂っていました。花ばなでさえ，あのにおいは消せなかった。わたしたちの心は，石のようになりました。それでもまだ，まさか白人がバッファローを皆殺しにするとは，だれも思っていませんでした。この世の始まりから，バッファローはいつもたくさんいたのですから！　あのひどいラコタでさえ，ここまでのことはしないでしょう。シャイアンも，アラパホも，ペクニーもです。なのに白人は，それをした。肉を必要としないときでさえなお。

わたしたちは長いあいだ，バッファローは帰ってくると信じていました。でも，帰ってはきませんでした。わたしたちの空腹，病，不安は，3ついっしょに大きくなりました。狩人は自分の目が信じられずに，バッファローをさがしに出かけました。たとえ群れを見つけたとしても，わたしたちが半月かけてもたどりつけない，それほど遠くまで行ったそうです。「いない。1頭も，いない」彼らはわたしたちにそういうと，腹をすかし，何もない平原を，夢でも見ているように，じっとながめやりました。それからというもの，彼らの心はよくなりませんでした。ワシントンの偉大な白人首長が食べ物をくれないかぎり，わたしたちは自分のために戦う機会もないまま，消えてゆくしかありません。

白人は，わたしたちが旅できないよう，平原に囲いをつくりはじめました。でも，旅をしたところで，よいことなど何ひとつなくなっていました。旅をする目的が，ないのです。わたしたちは，ひとつところに住むようになり，時を問わず，だんだんと怠け者に，病気になっていきました。昔，男たちは雄々しく敵に立ち向かい，美しい土地から勇気をもって追い払ったものです。でもいま，何もかもが悪くなって，わたしたちは弱々しい愚かさに鞭打たれるようになりました。男たち，指導者たちは，白人のウィスキーを飲み，思いのままのことをしはじめました。バッファローがいた日々，戦いと動乱の日々，わたしたちは首長の話に耳をかたむけていたので，いまもおなじようにしています。なのに，わたしたちは鞭打たれました。賢者は愚者になり，白人のウィスキーを飲みます。でも，ほかに何をすればよいのでしょう。わたしたちは，首長や指導者の話に耳をかたむける以外の方法を知りません。昔の人たちは，こうではなかった。子供たちですら，バッファローがいた頃とは，ちがってきました。"

復活と再生

ニューディールにいたる道

20世紀初頭になると，割当法（p.122〜125）や寄宿学校のような抑圧的政策では，インディアンをキリスト教徒の農民に変えられないことが明らかになってきた。また，これまでインディアン問題が一般国民の耳目を集めることなどめったになかったが，1928年，衝撃的な報告書が登場する。編集者ルイス・メリアムの名にちなんでメリアム・レポートと呼ばれるこの報告書は，保留地の窮乏生活を白日のもとにさらすと同時に，合衆国内務省インディアン総務局（BIA，p.187）の運営計画を厳しく批判するものだった。そしてようやく，1934年，「インディアン・ニューディール」として知られる改革法案が成立する。

△ ローズヴェルトとインディアン首長
1921年，ニューヨークの法律家フランクリン・ローズヴェルトが，イロクォイの首領ネプチューンと会談した。その後，合衆国大統領となったローズヴェルトは（1933〜45），ジョン・コリアーのような，信念をおなじくする者を指名して，インディアン問題を改善しようとした。

20世紀に入って最初の10年，一部インディアンによる積極的な活動が展開された。たとえば1911年，高等教育を受けたグループが，悲惨な保留地生活を憂い，汎インディアン改革団体，アメリカ・インディアン協会を設立する。これは合衆国にはじめて誕生した，全国規模の，インディアン主導の権利擁護団体であり，インディアン個人（部族単位ではない）が会員となって，非インディアンも"提携"会員になることができた。ただ，よりよい教育と市民権確保の目標には賛同があっても，民族自決と同化，あるいはBIA廃止の賛否で意見が割れ，1920年代なかばには解散する。とはいえ，これがさきがけとなり，1944年，多部族の全国的組織，アメリカ・インディアン全国会議が創設された。

一方，1923年にインディアン問題を調査する百人委員会が設立されたが，政府のインディアン政策はふたりの大統領ウォーレン・G・ハーディング（1921〜23），カルヴィン・クーリッジ（1923〜29）のもとで，ほとんど変化は見られなかった。1924年，条約があってもなお市民権を付与されていなかったインディアンにも，法律で全面的に市民権が与えられることになる。ただしこの法律も，インディアンの境遇の向上にはほとんど寄与しなかった。

変化の胎動

改善へ新たな目が向けられたのは，1928年のメリアム・レポートがきっかけだった。BIAの保健衛生，教育，住環境計画の不備を明らかにしたこのレポートが，その後のいわゆる「インディアン・ニューディール」実現への道を整える。ニューディールの担当は，内務長官ハロルド・イッキーズとインディア

△ アラスカの仲間
1912年に設立されたアラスカ・ネイティヴ・ブラザーフッドは，インディアンの将校をはじめ，大半が先住民で占められた（写真は1928年）。これと対をなす権利団体アラスカ・ネイティヴ・システーフッドも1915年に創設された。

協議会を組織したプエブロ族 ▷
プエブロ族の自治権保護を目的に設立された全インディアン・プエブロ協議会（AIPC）の理事たち（1926年撮影）。1922年，AIPCは，プエブロ族の土地に侵入した非インディアンに対する権利付与の法案を無効にした。

ニューディールにいたる道：1911年〜30年代

変化のきざし

1916年から22年、ヤヴァピ族の医者カルロス・モンテズマは、みずから執筆、編集した月刊ニューズレター《ワサジャ：インディアンの自由のきざし》を発行、BIA解体論を唱えた。

△ **コリアーのニューディール**
BIA局長として、ジョン・コリアー（中央）はインディアン政策の徹底的な改革を指揮した。"インディアンをインディアンでなくする"かわりに、部族の文化と伝統を守る道を模索したのである。インディアンが生き残るには、それこそが必要不可欠だと彼は考えた。

△ **編集者の聖戦**
カルロス・モンテズマ（インディアン名ワサジャ）は、アメリカ・インディアン協会の設立に一役かったものの、その後は月刊のニューズレターで攻撃することになった。

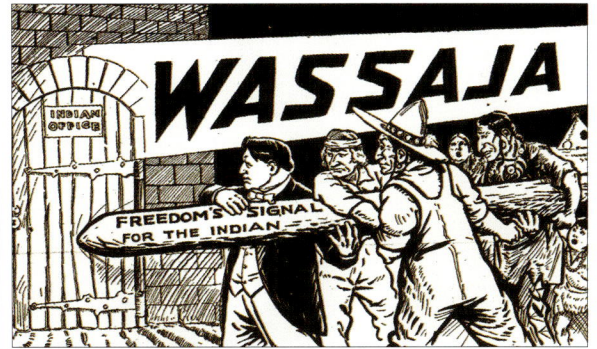

◁ **自由を求めて**
《ワサジャ》の1918年5月号の表紙。インディアンが生き残るには、帝国主義的BIAの束縛から脱しなくてはいけないというモンテズマの信念を描いている。多くのインディアンが彼の意見に同調した。

ン総務局長ジョン・コリアーである。1934年、コリアーたちはインディアン再組織法（IRA）を案出し、これがニューディールの柱となった。内容は、土地の割り当ての廃止、余剰地の保留地への返還、農業支援や職業訓練、経済開発計画の導入、BIAのインディアン優先雇用などである。さらに、保留地のコミュニティが多数決原理に従った統治機構をもつことを認め、部族の自治が復活した。ところが、自治権に限界を設けている、先住民の慣行とは異なる政治システムを押しつけている、内務長官の権力が大きすぎるなど、批判の声があがった。かたや新しい部族自治体のなかには、本来そこが代表すべき人びとからの支援を得られないものすらあった。

1941年、合衆国は第二次世界大戦に参戦し、インディアン救済計画に対する政府支援も後退する。ジョン・コリアーは、そのインディアン政策で政府から非難を浴び、1945年に総務局長を辞任した。

△ **内務長官に就任したイッキーズ**
1933年、フランクリン・D・ローズヴェルトは、ハロルド・イッキーズを内務長官に任命した。ロビー活動団体であるアメリカ・インディアン擁護協会の創設者であり、BIAの批評家でもあったイッキーズは、内務長官就任の翌年、インディアンの芸術を保護し、市場に出すための調査研究委員会を組織した。

ニューディールの成功

インディアン・ニューディールによって、一部部族の土地の増加、学生の奨学金制度、信仰の自由、BIAの学校におけるキリスト教教育の制限が実現し、美術工芸委員会（先住民の創作活動を民族学的関心からではなく一芸術として推進する）が発足した（1935）。

△ **美術工芸の奨励**
インディアン美術工芸委員会は、工芸組合の創設、美術の教育資金援助、先住民の作品の展覧会開催など、美術活動を奨励することで、経済的自立の一助となることをめざした。写真は仮面を製作するセネカ族のジェシー・コーンプランター（1940）。

△ **保護活動の開始**
インディアン再組織法（1934）の制定に先だち、ジョン・コリアーは、先住民の土地の保護管理作業に賃金支給する法案を通過させた。写真はトハッチ・キャニオン（ニューメキシコ州）で道路建設にたずさわるナヴァホ族（1933）。

▷ **土地を相手に働く**
インディアン・ニューディールは農村計画も推進した。写真はオクラホマ州の部族の土地を耕している南部アラパホのイモジン・リンカン・モスクエダ（1930年代後半）。

フィラデルフィアの宴会

1911年に設立されたアメリカ・インディアン協会は，インディアンが運営する合衆国初の組織である。保留地環境を改善し，全インディアンが市民権を獲得することをめざした（市民権獲得は1924年に実現）。写真はフィラデルフィアで宴会を楽しむ会員たち（1914）。

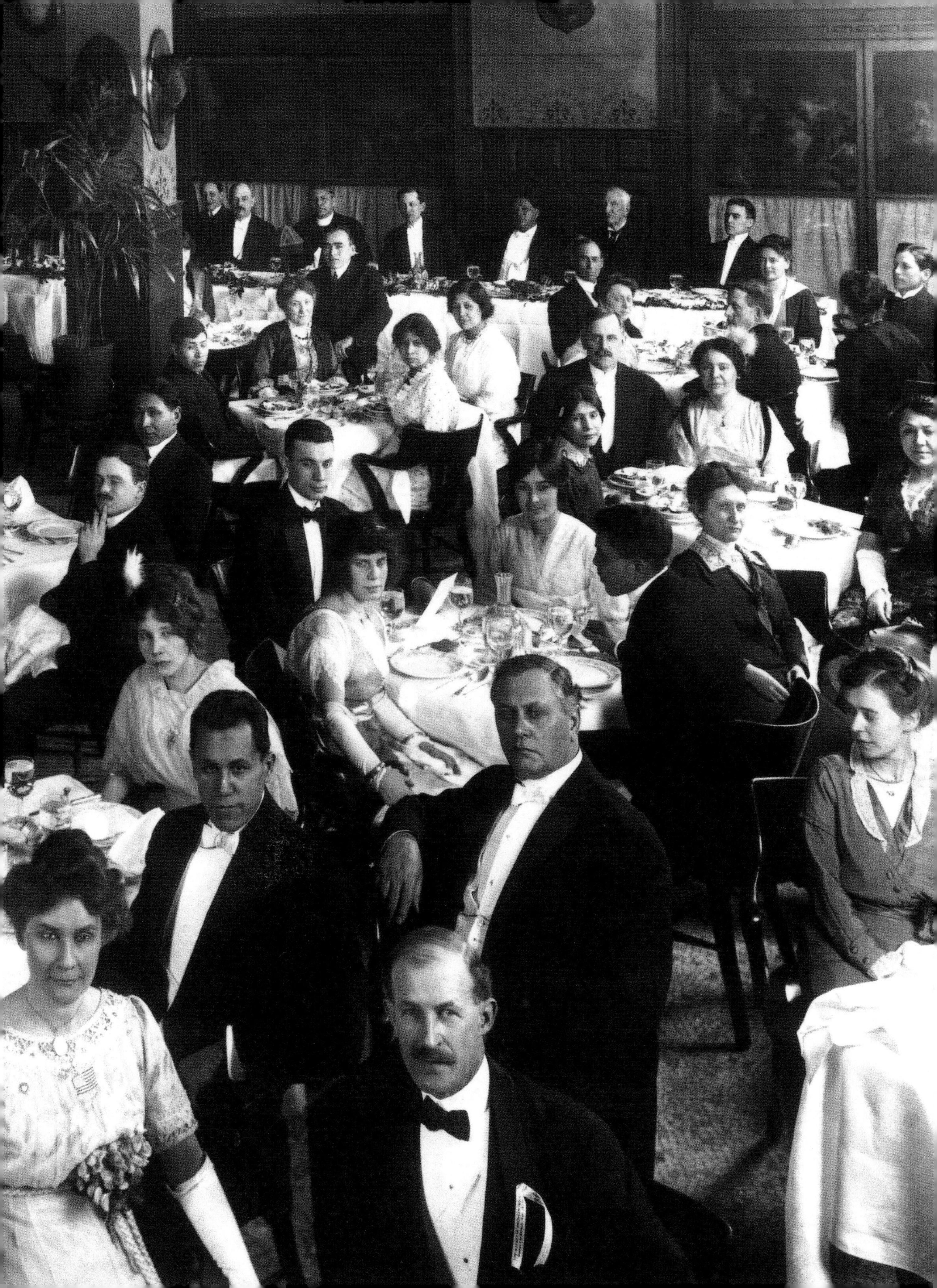

復活と再生

政府軍兵士となったインディアン

アメリカ合衆国のインディアンには，陸軍兵士として戦った長い歴史がある。政府軍の一員となって，アメリカの戦争すべてに従軍し，彼らの国を，地域を，土地を守り，部族の尊厳を守ったのである。インディアンの伝統文化では，一人前の男として認められ，コミュニティで名誉を得る道は，戦士として戦うことだった。インディアンの男は，そうしてはじめて正式の地位を獲得できた。今日でもなお，パウワウをはじめ，インディアンの伝統的儀式がおこなわれるときは，退役軍人，現役軍人ともに，国家への奉仕をたたえられる。

熱意ある新兵
第一次世界大戦で，年齢を若く偽ってまで，志願兵として陸軍に入隊したジョージ・マイナー。インディアンには独特の才能があると信じられて，仲間のウィンネバゴをはじめ，他のインディアンたちとともに特殊任務についた。

インディアンの戦いの記（20世紀）

第一次世界大戦：1914～18
インディアン1万2000人が従軍。ほとんどが志願兵

第二次世界大戦：1939～45
インディアン2万5000人が従軍

朝鮮戦争：1950～53
インディアン1万～1万5000人が従軍

ヴェトナム戦争：1961～75
インディアン4万2500人が従軍

湾岸戦争：1990～91
"砂漠の嵐"作戦にインディアン3000人が従軍

▽ **戦争訓練**
巻き枠を馬で引きながら通信ワイヤを敷く，スー，コマンチ，アパッチ族の兵士。第一次世界大戦中のフォート・ライリー（カンザス州）の訓練風景。

インディアンは，市民権を与えられた1924年6月よりはるか以前から，アメリカの戦争すべてに参加し，国家に忠誠を誓って戦った。たとえば，アメリカ独立戦争（1777～83）ではタスカローラとオネイダの両部族がアメリカ軍に，カユーガとオノンダガ，モホーク，セネカがイギリス軍に協力した。さらに南北戦争（1861～65）でも，インディアンは北軍と南軍に別れて戦っており，米西戦争（1898）の際には，義勇騎兵隊のサンフアン・ヒルの戦闘に参加した者もいる。

第一次世界大戦にいたっては，1万2000人の男女が軍に奉仕したが，そのほとんどがみずから志願した者たちだった。当時のインディアンは，まだ市民権をもっていなかったからである。朝鮮戦争では1万～1万5000人が，ヴェトナム戦争では4万2000人以上が戦地におもむいたといわれている。

インディアンの海兵隊員
クリー族のアメリカ海兵隊員，ロイ・ラ・ヴァル伍長。1919年4月29日，戦艦ユタの甲板にて。

インディアンのコミュニティは，戦地に旅だつ者の理由や思想を問わず，従軍する同胞を背後から支えた。親戚が儀式を主催して，鷲の羽根や聖なる包み，守護の祈り，儀式上の汗で兵士を飾り，戦地へ送り出すのである。

暗号をあやつるインディアン

第一次，第二次世界大戦ともに，アメリカ軍はインディアンの言語を暗号に用いた。インディアンが無線や電話で部族の言語を使い，作戦を伝えるのである。第一次世界大戦中，解読困難な暗号を最初に駆使したのはチョクトー族で，第二次大戦ではチョクトー語に加え，コマンチ，クリーク，ホピ，ラコタ，メノミニー，オジブウェーの各言語が用いられた。コマンチが「クレイジーな白人」を指していう"ポサフ・タイ・ヴォ"は，暗号ではアドルフ・ヒトラーを

政府軍兵士となったインディアン：1918年〜現在

意味したという。またコマンチの言語には，飛行機を意味する語はあっても爆弾を指す単語がなかったため，爆撃機は「妊娠した飛行機」と呼ばれた。

第二次世界大戦では，ナヴァホ族の暗号が，太平洋における合衆国軍勝利に大きく貢献した。それまで日本軍は，暗号がつくられるとたちまち解読していたのだが，ナヴァホのことばはついに解読できなかったのである。

部族の言語を暗号に使用するのは，もとをたどれば，ナヴァホ保留地出身のエンジニア，フィリップ・ジョンストンのアイデアだった。ナヴァホ語の複雑な構文と音声を理解できる者は他国にほとんどいないと自負していたジョンストンが，海兵隊に暗号の下地として利用するよう提案したのである。部族のことばと英語のいずれにも堪能なナヴァホ族のインディアンが29人（なかにはわずか15歳の者もいた）が，暗号を構築，マスターして，模擬戦争で交信実験を実施。最終的に400人余のナヴァホが暗号会話を駆使した。

数百の単語が特定の軍事表現（たとえばナヴァホ語の「ポテト」は手榴弾の意），もしくは英語のアルファベット一文字に対応した。アルファベットに対応させたのは，むずかしい単語は一文字ずつ記述する必要があったからである。1982年の大統領声明では，ナヴァホのはかりしれない貢献が世界に広く伝えられた。

1989年，フランス政府は，第二次世界大戦におけるコマンチ族およびチョクトー族の暗号使用者の功績をたたえ，チョクトーの首長ホリス・ロバーツとコマンチの議長ケネス・ソーピティにシュヴァリエ章を授与している（オクラホマ州議事堂にて）。この祝典には，当時の暗号担当官を務めたコマンチ族3人も出席した。

近年の戦闘▷
ペルシア湾岸戦争（1990〜91）における"砂漠の嵐"作戦では，64人のクロー族男女，カナワケ（カナダ）出身のモホーク族22人，およびその他何千人という先住民兵士が戦った。写真はそのひとり，アラパホ族の退役軍人。彼らの多くは，帰国後，ヴェトナム戦争の帰還兵より処遇がよかったという。

暗号で会話する

第一次世界大戦中，チョクトー族兵士は，ドイツに暗号を解読されないよう，チョクトー語で通信した。このときは大砲を「巨大な銃」，機関銃を「速く撃つ小さな銃」と呼んだ。

△ フランスで戦うインディアン
第一次世界大戦中，部族のことばを暗号として使う訓練を受けた合衆国陸軍第36部隊のチョクトー族兵士14名が，ムーズ・アルゴンヌ作戦（フランス）における重要な戦いのいくつかで，欧州派遣軍が勝利するのに一役かった。ドイツによる大きな攻撃は，これが最後となる。

◁ 死後の表彰
絶賛されたチョクトーの通信部隊（マサチューセッツ州キャンプ・デヴォン）。戦争終結に貢献したことから叙勲に値したが，実際に勲章を受け取ることはなかった。1986年，ホリス・ロバーツ首長が，彼らの家族に対し，死後の表彰としてチョクトー武勲メダルを贈った。

戦争努力

合衆国が第一次，第二次世界大戦に参戦したとき，アメリカ・インディアンもさまざまなかたちで参加している。実際に戦場で戦うのはもとより，男女を問わず技術支援に従事し，第二次世界大戦では大勢のインディアンが地元の軍需工場その他で奉仕活動にあたった。

▽ 女性の従軍
軍に入隊するのをはじめ，1943年には約1万2000人のインディアン女性が軍需工場で働き，戦争に協力した。写真は海兵隊の女性予備兵（ノースカロライナ州キャンプ・ルジューン）。

△ 宣戦布告するイロクォイ族
1942年6月，首長ジェシー・ライオンズ（オノンダガ族）とイロクォイ族の一団が枢軸国（ドイツ，イタリア，日本）に宣戦布告した。ただし，この宣言は6部族連合の指導者全員が同意したものではない。

◁ 生産工程での協力
航空機メーカー，ダグラス社で働くコマンチ族のクリフォード・マーティネズ（1940年代）。1943年には2万4000人余のインディアンが保留地を出て航空機会社その他で働いた。

153

復活と再生

第二次世界大戦のインディアン

　第二次世界大戦中，アメリカ・インディアンは長距離の偵察など，きわめて困難かつ危険な任務をこなした。下の写真は1943年，ソロモン諸島の前線に近いところで携帯無線機を操作しているナヴァホの伍長ヘンリー・ベイク・ジュニア（左）と上等兵ジョージ・H・カーク（右）。

△ 従軍の署名
第二次世界大戦では，クロー・クリーク族保留地の22名がサウスダコタの徴兵事務所で入隊した。なかには信仰上の理由から徴兵に抵抗するインディアンもいて，タスカローラ，セネカ，モホーク族などは，公民権法（1924）を承認しなかったのだから徴兵も適用されないと主張した。

誇りを胸に▷
誉れ高い歩兵第45連隊には，オクラホマ，ニューメキシコ，アリゾナ，コロラド出身のインディアンたちが名を連ねていた。インディアンが部隊に残した遺産は，袖章のサンダーバードに表現されている。

アイラ・ヘイズ物語

　アリゾナ出身のピマ族，アイラ・H・ヘイズは，1942年に海兵隊に入隊した。太平洋全域にわたる種々の戦闘で戦い，ヴェララヴェラとブーゲンヴィルの戦闘で伍長となる。1945年，硫黄島作戦に加わり，彼と5名の海兵隊員は，激しい砲火をかいくぐって摺鉢山の頂上にアメリカ国旗をたてた。

▽ 国旗をたてる海兵隊員
ヘイズと5人の海兵隊員が摺鉢山にアメリカ国旗をたてる瞬間。AP通信のカメラマン，ジョー・ローゼンタールが撮影したもので，士気を高める戦場写真として，合衆国全土の新聞に掲載された。ヘイズほか2名，旗をたてた硫黄島の生存者は母国に帰り，英雄として熱烈に迎え入れられる。ヘイズはインディアンだったことから，なおいっそうの注目を集めた。

◁落下準備
1942年，19歳のアイラ・H・ヘイズは海兵隊の空挺部隊の訓練を受けた。写真は空挺部隊訓練学校で落下の準備を整えたところ。1945年2月，第5海兵師団の一員として硫黄島に上陸する。

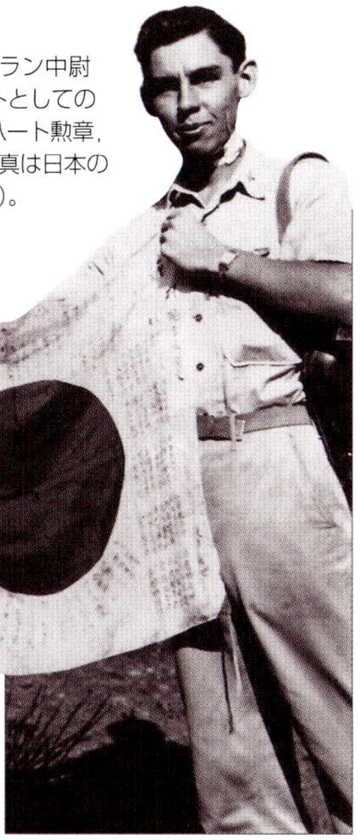

チェロキーの名パイロット▷
オクラホマ出身のウッディ・J・コクラン中尉（チェロキー族）は，爆撃機パイロットとしての功績をたたえられ，銀星章，パープルハート勲章，殊勲十字章，航空勲章を受章した。写真は日本の旗を手にしたコクラン（1943年4月）。

◁最高の勲章
オクラホマ出身のアーネスト・チャイルダーズ中尉（クリーク族）と，受章を祝うジェイコブ・L・ディーヴァー将軍（1944年7月）。チャイルダーズは敵の機関銃陣地を2か所撃破したことから名誉章を授与された。ほかにも数名のインディアンが「任務の範囲をこえたすぐれた勲功」で同章を受章している。

◁英雄ヘイズ
ローゼンタールが撮影した写真のなかの自分を指さすヘイズ。彼は全国各地で催される愛国的集会や式典に出席したが，記念となる写真がもたらした脚光を，内心では歓迎していなかった。

▽男と伝説
英雄として，象徴として，アイラ・ヘイズは1955年1月，ピマの保留地で息をひきとった。貧困とアルコール中毒に苦しみ，寒風にさらされつづけた結果である。映画〈アウトサイダー〉（1961）では，トニー・カーチスがヘイズを演じた。

現代の戦士

パウワウでは，政府軍兵士として戦ったインディアンだけでなく，20世紀の種々の運動や白人との対立で戦った者たちもたたえられる。そんな勇士は，いにしえのインディアン戦士の現代版と見なされるのである。パウワウ当日，彼らが身にまとう頭飾りや羽根の腰あて，鷲の羽根などは，どれもインディアン戦士であることの証しだ。

△部族の鼓動
太鼓はインディアンの鼓動をあらわすものとして神聖視される。太鼓の上には何も置かず，人の手がその上を横ぎることもない。「太鼓」ということばはまた，ダンス・コンテストで歌をうたうグループを指すこともある。

▽グランド・エントリー
パウワウの開会式典は「グランド・エントリー」と呼ばれる。グランド・エントリーでは，インディアンの退役軍人が旗手として，軍旗，合衆国国旗とカナダ国旗，州旗，部族旗を会場へ運ぶ。

△すべての旗に敬意を払う
パウワウでは，国旗とインディアン旗が"先導"する。ほとんどの部族が，戦闘に参加した兵士にささげる賛歌（フラグ・ソング）をもち，それが歌われているあいだ，聴衆は起立する。

ヴェトナム帰還兵▷
ヴェトナム戦争に従軍したインディアン兵士は，帰国しても英雄扱いはされず，多くがその地位を再審査された。なかには，アメリカン・インディアン・ムーヴメント（p.162）に参加した者もいる。

復活と再生

終結と転住

1950年代，合衆国政府はインディアンの同意もないまま，一方的に彼らとの特殊な関係に終止符をうち，同化政策の予算を州財政に振り分けようとした。商業的価値をもつインディアンの土地を手に入れたい非インディアンが圧力をかけたこともあって，議会は関連諸部族の境遇を一顧だにしなかったといってよい。この終結（ターミネーション）政策には，合衆国とカナダのダム建設をはじめ，インディアンを保留地から都市部に転住させるというインディアン総務局（BIA）の大計画が含まれていたが，この政策は深刻な社会的，文化的崩壊を招くものにほかならなかった。

新たなスタート
BIAは，シカゴやデンヴァーのような都会にインディアンを転住させれば，保留地の失業者の雇用対策にもなると信じた。

部族を終結させた者

1950年，インディアン総務局（BIA）局長となったディロン・S・マイヤーは，インディアンをその土地から引き離すべきだと考えた。そこで，終結法案の公聴会を取り仕切っていたユタ州上院議員アーサー・V・ワトキンズの協力を得て，議会およびインディアンからの反対意見を最小限に抑えていく。

アーサー・V・ワトキンズ
ディロン・S・マイヤー

1940年代，議会は再組織政策に満足せず，BIAの運営費用と，思ったように結果がでないインディアン同化政策を非難した。そして新たな政策を具体化し，連邦政府とインディアンとの特殊な関係を終結させることで"インディアン問題"を解決しようとする。ただし，インディアンがそれを望むかどうか，あるいはその準備ができているかどうかは，まったく考慮しなかった。1953年，議会は終結政策を共同決議108号で採択，一部の部族に対する政府支援をただちに打ち切ることを決定した。

インディアンはこの終結政策に強硬に反対したものの，議会内の反対はほとんどなく，関連諸部族の意向はかならずしも考慮されなかった。1954年から64年にかけて，13の終結法が議会を通過，対象部族はごく小さなものから大きなものまで，100をこえる数となった。土地は管理をとかれて売りに出される場合が多く，財産は部族内の各インディアンに配分された。個人は連邦政府のインディアン特別措置を適用されず，州の法律と課税に従うこととなる。終結対象部族のインディアンの教育，養子縁組，土地利用については，州が大きな権限をもち，刑事と民事の裁判は，本人の意志にかかわりなく，州法廷でおこなわれた。連邦の法律，部族の法律は，いっさい適用されないのである。終結された部族が土地を手放せば，広大なインディアンの土地は非インディアンの所有となり，土地の基盤を失った部族は，自治権を行使することができなくなった。

都市への転住

1950年代はじめ，連邦政府は保留地のインディアンを都市へ転住させるという大計画に着手した。第二次世界大戦で，すでに一部のインディアンは都市に移り住み，軍需工場で働いていたが，終戦になって保留地に帰ったところで，仕事はほとんどなかった。復員兵に教育その他の便宜をはかる援護法のもとで学校に通った者もいる。雇用機会が少ないことから，BIAは都市に移住するインディアンに資金援助したものの，いったん都会に出てしまえば，そんなBIAのサービスも打ち切られた。その後，このやり方は，政府がインディアン業務から手を引く戦術のひとつとなる。インディアンの3分の1が，よるべなく孤独に保留地へまいもどるしかなく，それよりもさらに多くのインディアンが，働き口をさがして都会へと移住した。また，1950年代のダム建設によってインディアンの土地の多くが水に沈み，他所へ移住せざるをえないインディアンがなおいっそう増えた。

△**補償を要求するチペワ**
ミネソタのチペワ族代表団とワシントンDCの連邦政府役人。1889年以降，広大な土地を剥奪されたチペワ族は，インディアン請求委員会（ICC，議会により1946年に創設）に補償請求を申し立てた。

スー族の土地▷
1957年，ICCの前で申立書を読みあげるオグララ・スー族副代表デイヴィッド・ロング。議員のなかには，終結政策は部族の土地請求を解決してから進めるべきだと考える者もいた。

終結と転住：1940年代～60年代

水に沈む故郷

1950年代のダム建設（ほとんどが商業目的）は，北アメリカ全域にわたって，インディアンの土地とコミュニティを破壊した。彼らに転住をしいたばかりか，肥沃な農地，漁場，生活の場，大切な風習の聖なる場所，先祖の眠っている土地いっさいを水びたしにしたからである。ダムが生まれた結果，狩猟の獲物，牧草地，森林，古来の文化習慣や食生活に欠かせなかった植物が姿を消した。

△ キンズアの抵抗
1950年代，セネカ族がキンズアのダム建設反対運動を起こした。ニューヨーク州の保留地約1万エーカー（4050ヘクタール）が水の底に沈み，130世帯が移転を余儀なくされるからである。

△ 伝統の終焉
1957年，部族の聖なる場所だったコロンビア川のセリロ滝が，ダレス・ダムによって姿を消し，伝統的なも網漁も終わりを告げた。

△ 貯水池に姿をかえる保留地
フォート・バートールド部族事業審議会のジョージ・ジレット（左から4人め）は，ついに感情をおさえきれなくなった。内務長官ジュリアス・クラッグが署名しているのは，ギャリソン貯水池（ミズーリ川）建設のため，ノースダコタの保留地15万5000エーカー（6万3000ヘクタール）が政府に譲渡されるという契約書である（1948）。

△ 移動させられるカグナワガの住居
1954年，セントローレンス水路の建設が開始されると，カグナワガ（ケベック州）のモホーク族は深刻な影響を受けた。彼らは土地の明け渡しに抵抗したものの，最終的に1260エーカー（510ヘクタール）を失う。1956年，彼らの住居はべつの場所へ運ばれ，見知らぬ土地の上に置かれた。

△ 水に沈んだ聖地
コロラド川（アリゾナ州）にグレンキャニオン・ダムが完成し，パウェル湖が誕生した。ナヴァホ族の聖地レインボー・ナチュラル・ブリッジは，新しい湖の底に沈んだ。

都市に転住するインディアン

転住は，終結政策と緊密に連携していた。BIAの任意転住計画は，インディアンを保留地から転住させるため，豊かな都会生活という非現実的な将来を約束する。BIAはインディアンに片道のバス切符と引越し費用を提供したほか，住居と1年間の医療費免除，30日分の生活費を保証したが，インディアンがいったん保留地を出てしまえば，以後の支援は打ち切られた。

理想的な都会暮らしのインディアン▷
オークランドの新居でくつろぐオジブウェーの家族。この写真（1955）は，白人の目から見た，都会に住むインディアンの理想像である。しかし実際は，部族や家族の絆を断ち切るために，保留地からできるだけ遠い場所に住まわされ，インディアン同士で団結しないよう，あちこちの都市に分散させられた。

◁ 職業訓練
1956年，ひとつの法案が議会を通過した。これによってBIAは，インディアン（18～35歳）に職業訓練と実習をほどこす権限をもつことになり，転住したインディアンには6か月分の生活費が保証された。写真はナヴァホ族の男性で，彼らが受けている職業訓練は，保留地ではなく都会の産業労働に従事するためのものである。

転住を支援する▷
最初に転住センターが設けられたのは，シカゴとロサンゼルスである。その後，1958年までに12のセンターが設置されたものの，転住して職をさがすインディアンは数多く，センターでは十分な対応ができなかった。

妙技▷
アリゲータとの格闘術を披露するフロリダのセミノール族。彼らのトレードマークであるアップリケの上着をきた5人の男たちは、マイアミに近いムサ島（フロリダ州）にあるアリゲータ・レスリングの学校で最終テストを通過した者である。

◁いけないチーム？
インディアンの権利擁護の活動家は、インディアンにちなんだマスコットや愛称、ロゴは彼らを侮辱するものである、と訴えつづけてきた。1998年、合衆国特許庁はワシントン・レッドスキンズのマーク7種類を、先住民蔑視の理由で登録抹消したが、他チームはいまだに定型化されたイメージを用いている。

△ カーティスのカメラが生んだ幻影
30年間、アメリカ・インディアンを撮りつづけた写真家エドワード・S・カーティスは、撮影と暗室の技術を駆使して、幻想的なインディアンを描出していった。写真の衣装はカーティスが新しくつくったもの。モデルとなったナヴァホ族のイェイビカイの踊り手が、自分の神聖な衣装を着て撮影されることにおびえたからである。

▽ 二輪の馬力
1902年、典型的なインディアンの顔が描かれた"インディアン・モーターサイクル"第1号が、スプリングフィールド（マサチューセッツ州）で製造された。インディアンをテーマやロゴにしたモデルは、このほかにもスカウト、チーフ、ワリアーがある。玩具など、同社の他の製品も同様である。

◁健康を売る
インディアンといえば健康で長生きというイメージをもつ人が多いだろうが、これは製薬会社がつくりあげたものである。製薬会社はインディアンの名前や写真を使ってオールド・セイチェム・ビターズやセミノール咳どめ、モンタナ・インディアン治療薬（写真）などを販売した。

異国からきたエスキモー▷
1909年のアラスカ・ユーコン・パシフィック博覧会（ワシントン州シアトル）のエスキモー村には、100人のエスキモー（パンフレットには"奇妙な人びと"と書かれた）がいたが、アラスカからきた者は、ひとりとしていなかった。主催者はユピック・エスキモーをシベリアから連れてきて、紙の張り子の巨大なイグルー（カナダのイヌイットの住居、p.21参照）に入れたのである。

イメージを売る

レッド・インディアン・モーター・オイル，レッド・マン・チューイング・タバコ，カルメット・ベーキング・パウダー，ゼネラル・モーターズ・ポンティアック，ミューチュアル・オヴ・オマハ・インシュアランス，ランド・オレイクス・マーガリン，モホーク・カーペット，インディアン・ヘッド・コーンミール，チェロキー・オヴ・カリフォルニア，クレイジー・ホース・モルト・リカー，ワシントン・レッドスキンズ，クリーヴランド・インディアンズ，アトランタ・ブレーヴズ，トレイル・チーフのソックス，チペワ・シューズ，ローン・チーフの芝刈り機，イロクォイ・ブランド製品——。こういった商品のどれひとつとっても，真のインディアン文化にはほど遠い。しかし，製品をひときわ目立たせ，メッセージを瞬時に伝えて販売を促進するために，いまだにインディアンのイメージが利用されている。"インディアン"を売り物にしているのである。

インディアン・イメージの販売力

製品の広告やパッケージにインディアンを用いるのは，19世紀の薬の販売や宣伝にさかのぼることができる。「皮膚病の万能薬」キカプー・インディアン軟膏は，踊りや工芸品で生計をたてるインディアンの旅回り一座（キカプー族はまれだったが）が売っていた。インディアンは動植物に独自の知識をもっていることから，そのイメージが"特効薬"や薬草の効用に信憑性を与えたのである。インディアン・ウィメンズ・バーム（軟膏）には，草の根を採集しているインディアン女性の絵が描かれ，「婦人病」にきくと宣伝された。「強壮剤の王様レッド・マック」もカナダで人気の売薬で，ラベルの絵は頭飾りをつけたインディアンだった。1880年代以降，インディアンの姿または名前を借用した製品やスポーツ・チームのマスコットは数知れない。インディアンといえば，自然，アウトドア，荒野，野性，勇気，厳格，頑強，薬草の知識といったイメージが定着し，もはやぬぐいさることはできないだろう。

インディアン・イメージのゆがみ

インディアンは，どう描かれるかに気をくばる。つくられたイメージのせいで，真のネイティヴ・アメリカを誤解されたくないからである。また，彼らだけがあえてとりあげられ，他者の価値を高めるために利用されて，文化的に有害な存在であるかのようなレッテルを貼られるからでもある。インディアンは過去へ追いやられ，博物館の展示品のように見られ，誤り伝えられている。1992年，インディアンの指導者7名が，ワシントン・レッドスキンズのトレードマークに関して告訴した。"レッドスキン"は侮辱的であり，登録保護すべきではないという主張である。1998年，特許庁はこれを差別用語として商標登録しないことを決定。レッドスキンズ社は上訴した。

◁ **風景のひとつ**
世紀の変わりめ，サンタフェ鉄道は観光客を南西部へ誘致しようと，美しい風景やドラマティックな景観に加え，インディアンのイメージを強調した。そしてここでもまた，宣伝用ポスターその他には，ロマンティックなインディアン像が使われた。

▽ **インディアン・コレクション**
ガムのメーカーは，インディアンを色あざやかに描いた小さなカードをパッケージに入れ，売り上げ増加をねらった。カードの裏にある簡単な説明には，インディアンは原始的で風変わりである，と書かれていた。

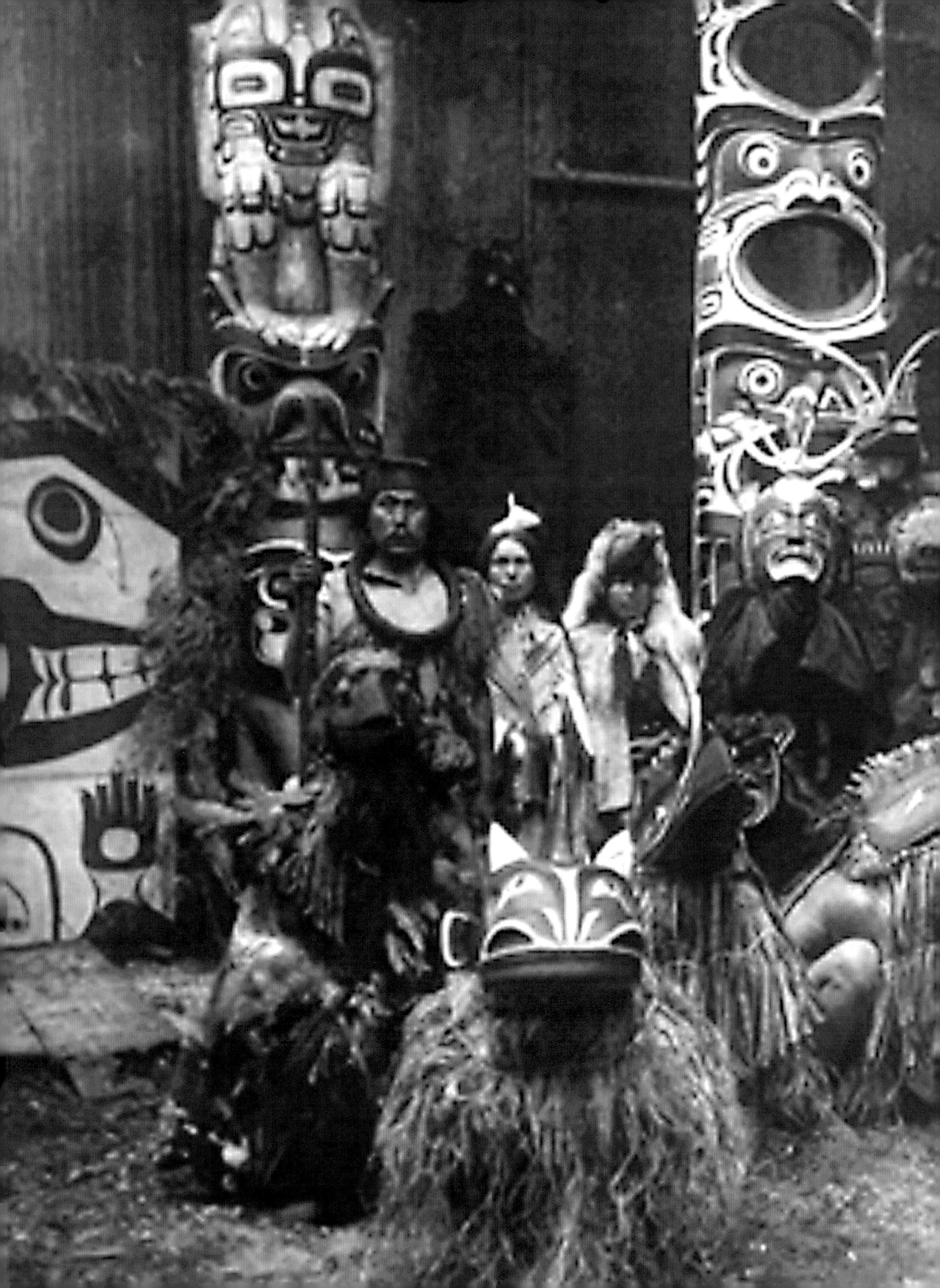

役割を演じる
仮面をつけた踊り手が着ているのは，サイレント映画〈首狩りの土地〉の衣装。この映画の製作，脚本は写真家エドワード・S・カーティスで，1914年に封切られた。北西海岸のクワキウトル族を描いたものだが，興行的には失敗に終わる。

復活と再生

レッド・パワーの行進

1960年代から70年代は，政府による長い抑圧の歴史をこえて，インディアンが住む都市や保留地に"レッド・パワー"の風が吹き荒れた時代である。合衆国のなかでも，インディアン社会はとりわけ貧困に苦しみ，最低の教育しか受けられず，法的権利も最低，保健衛生も最悪で，罹患率もきわめて高かった。このようなインディアンの劣悪な境遇を，レッド・パワーの運動家たちが訴え，直接的な行動にでたのである。彼らは差別や圧政と正面から立ち向かい，法的権利の確保を要求した。

AIMの目ざすもの
アメリカン・インディアン・ムーヴメント（AIM）は，民族自決や主権の確保など，根本的問題を中心に活動した。

△**偏見と差別**
インディアンへのビール販売を拒否している，スー族保留地近くの居酒屋。インディアンはレストランその他の公共の場でも差別を受けていた。

▽**貧しさという苦しみ**
1960年代，多数のインディアンが粗悪なつくりの公共住宅や，トイレや電気はおろか，水さえ流れないような掘っ建て小屋に住んでいた。当時の彼らの平均寿命は43歳である。

終結政策は結果的に荒廃をもたらし，1960年代，そのひとつの反動として，レッド・パワー運動が芽ばえた。皮肉なことに，インディアンの都市への転住政策が，インディアンの団結と民族自決への強い意志，闘争心を駆り立てたのである。また，活動的なインディアンの若者たちが，黒人の公民権運動の成果に刺激されもした。1961年の夏には，直接的な政治活動を志向する，大学教育を受けたインディアンの若者が全国インディアン青年会議（NIYC）を組織する。1964年，NIYCはワシントン州の漁業法に反対し，同州の川で「フィッシュ・イン（出漁）」運動を展開した。土地のほとんどを失った小さな先住民部族が，条約で確約された漁業権を守るための運動である。これをきっかけに，ほかの川でもフィッシュ・インが実施され，州法にさからうこの運動は，漁業管理人との摩擦を生んで，インディアンは舟や網，魚はもとより，自分の身の安全まで危険にさらした。漁業権闘争はその後もつづき，1974年，連邦地方裁判所の判決によって，ワシントン州のインディアンは漁業権および州の年間漁獲量の半数獲得を約束された。

アルカトラズからウンディッド・ニーへ

1968年から78年にかけて，レッド・パワーのNIYC的活動が他のインディアンのあいだでもおこなわれるようになった。1969年，AIMのメンバーその他のインディアンたち（多くは大学生）が，アルカトラズ島を占拠，現代におけるインディアン抵抗運動のうち，最大の成果をおさめる。占拠はじつに19か月にもおよんで，彼らの主張に対する一般の意識が一気に高まったのである。また，AIMその他インディアンの諸団体が中心となって，「破られた条約の旅路」と呼ばれる大きなデモが開始された（1972年秋）。サンフランシスコからワシントンDCまで，インディアンの主権確保と，条約で約束された権利をもとめて行進したのだが，11月2日，約500名がインディアン総務局（ワシントンDC）のビルを占拠して，闘争的な色彩をおびた。

翌年，ラコタ族その他大勢のインディアンが，部族理事会長リチャード・ウィルソン（オグララ・ラコタ族）の管理を告発するため，AIMに協力依頼した。ウィルソンが，パインリッジ（サウスダコタ州）にあるスー族保留地の悲惨な現状を放置していたからである。その結果，2月28日，AIMのメンバーと支援者がウンディッド・ニーを占拠。インディアンと連邦政府，ウィルソンの「用心棒goons」（Guards of Oglala Nations（オグララ族の護衛）の頭文字を

レッド・パワーの行進：1960年代〜70年代

◁条約の権利を記念して
1969年7月20日，ジェイ条約（1794）で約束された権利を記念して，インディアン防衛連盟のメンバーがナイアガラ滝のワールプール橋をわたった。ジェイ条約は，合衆国とカナダのインディアンが自由に往来できることと，国境をこえた交易が認められた条約である。

メイフラワー抗議▷
1972年の感謝祭の日，ユナイテッド・アメリカン・インディアン・オヴ・ニューイングランドは，この休日に抗議し，メイフラワー2（ピルグリム・ファーザーズをマサチューセッツまで運んだ船のレプリカ）の帆桁にのぼって，イギリス国旗を自分たちの旗にとりかえた。

▽BIAビルの占拠
1972年11月，過去の条約で定められた権利のうち，いまだ実現されていない「20のポイント」の交渉を要求して，運動家たちがインディアン総務局のビル（ワシントンDC）を占拠した。政府がその要求をのんで，占拠はとかれた。

とったといわれる）の歴史に残る対立は71日間にもおよび，国内はもとより世界の注目を集めた。インディアン2名が死亡，連邦保安官1名が負傷して占拠は終結，300名のインディアンが起訴された。

カナダでの抵抗

1960年代から70年代は，カナダの先住民も，部族の主権と民族自決を求め，オタワで抵抗運動をくりひろげた。1974年，ナショナル・インディアン・ブラザーフッドの代表，シュスワップ族のジョージ・マニュエルが，過激な活動はジェームズ湾のクリー族とケベック政府との協定（ケベック北部における部族の土地問題を解決するもの）に対立する，と発表。1976年，イヌイットが先祖の土地ヌナヴートの主権を求める運動を開始した。

◁ロンゲスト・ウォーク
1978年，BIAによる先住民の土地の開発計画に抗議して，200名をこすインディアンがアルカトラズからワシントンDCまでの3000マイル（4828キロ）を，7か月かけて行進した。写真は16番街をワシントン・モニュメントにむかう行進者。

▽演説するリーダー
1978年7月15日，イロクォイ連合のオレン・ライオンズ首長がワシントンDCの群集にむかって演説した。10日後の大会では，「20のポイント」プログラムの主旨を拡大した声明文が読みあげられた。

復活と再生

漁業権闘争

1850年代の条約で，インディアンは保留地の内外を問わず，従来の漁場で漁をすることが許可されていた。ところが州の猟区管理官が，白人漁師の圧力を受けてインディアンの船を捕らえたり網を切ったりと，妨害をはじめる。このような状況から，1964年，全国インディアン青年会議が抗議運動を展開した。

△リーダー，マクラウド
1963年12月23日，ワシントン州議会議事堂（オリンピア）前の大きなデモと集会を指導したトゥラリップ族ジャネット・マクラウド。

◁武力による道路封鎖
1971年，フィッシュ・インを実施した川に通じる道路を武力で封鎖するインディアン。これ以前，インディアンの無人の漁網が盗賊に切られたり，魚が盗まれたりという報告があいついでいた。

シアトルのデモ行進▷
1966年5月，条約で決められた漁業権を求めて，マカルシュート族がシアトルをデモ行進した。ピュージェット湾の南端に住むこの部族を，アメリカ自由人権協会が法律面で支援した。

◁権利を求めるデモ
ワシントン州全域のインディアンが，条約に定められた漁業権を求めて示威運動をおこなった（1964年3月3日，オリンピアの州議会議事堂）。有名人も参加して，彼らの闘争は広く世に知られた。

▽逮捕されたマーロン・ブランド
1964年，インディアンの漁業権闘争に参加した俳優マーロン・ブランドが，ピュアラップ川で網漁をして逮捕された。諸事情あって釈放され，起訴にはいたらなかった。

△歴史的判決
連邦地方裁判所の判事，ジョージ・W・ボルトが，インディアンの漁業権を認める画期的な判決をくだした。対象は，ワシントン州に住む14の部族である。また，従来の漁場にあがってくるサケとニジマスについても，インディアンはその半数を捕獲する権利を与えられた。

アルカトラズへの脱出

1969年11月20日，インディアン全部族連合（IAT）のメンバーが，かつて連邦刑務所があったアルカトラズ島（サンフランシスコ湾）を占拠した。余剰地をインディアンに返還するという，政府とスー族の条約（1868）にもとづく土地所有の権利を主張してのことである。占拠のあいだ，大勢のインディアンが"刑務所島"に集結したが，熱は徐々にさめ，最後はわずか15人となって，連邦保安官に退去させられた。

> "全インディアンの名において，
> われわれはこの島が
> われわれインディアンに
> 帰属することを要求する……
> この要求は公正かつ正当である"
>
> インディアン全部族連合，
> アルカトラズ島，1969年

△全部族を歓迎する
IATは北アメリカとメキシコの部族にアルカトラズへ集合するよう呼びかけた。写真は「合衆国所有地UNITED STATES PROPERTY」の"STATES"を"インディアンINDIAN"に書き換えたボード（1969年11月25日）。

△出入りの監視
インディアンたちは，アルカトラズ島を出入りする人びとを監視し，報道陣にもパスを要求したが，パスがあってもなお，ごく一部しか入れなかった。また，警察，広報事務所，食堂，医務室，保育室，勉強室まで設置された。

△夢の島
最初の数か月，熱狂的な十代の少年が，島の西端に高さ5.5メートルのティーピーを張った。近くには，儀式に使うスウェットロッジがある。インディアンはアルカトラズ島を文化的，エコロジー的，精神的拠点にしようとしたが，うまくいかなかった。

△支援物資を運ぶ船
アルカトラズ島占拠に対し，資金や食糧，衣類，医薬品などが寄付されたが，湾岸警備隊の封鎖が解かれるまでは，さまざまな方法を駆使して，ひそかに島に持ちこまれた。写真は占拠中，支援物資を運んできた船。

ウンディッド・ニー，1973

1973年2月，パインリッジの部族理事会会長リチャード・ウィルソンの退任要求が失敗に終わると，長老会とオグララ・スー市民権機構は，ウィルソンの抑圧的管理を公表するよう，アメリカン・インディアン・ムーヴメント（AIM）に協力依頼した。2月28日，活動家がウンディッド・ニーを占拠したが，たちまち道路封鎖され，孤立する。71日間におよぶ闘争，二転三転する交渉，停戦，銃撃戦のすえ，5月9日，抗議運動は静かに幕をおろした。

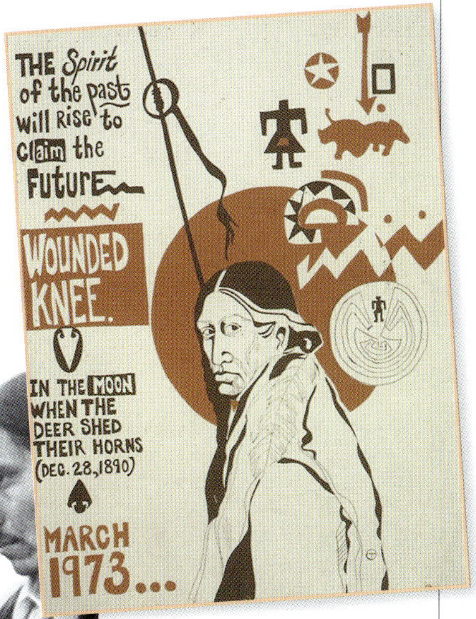

△“過去の魂”
1890年の大殺戮の現場，ウンディッド・ニーにおける抗議運動（1973）で，スー族のメディスンマンたちが種々の信仰儀礼をとりしきった。そのようすは，1890年当時，インディアンを団結させたゴースト・ダンスの再来にも見えたという。

△平和のパイプの紫煙
3月10日，連邦政府の道路封鎖がとかれた。何百人というインディアンが押し寄せ，自分たちはウィルソン統治から解放された「独立したオグララ族」であると宣言する。写真は道路封鎖解除を祝い，儀式に使う“平和のパイプ”をくゆらせるAIMのリーダーたち。

◁ウンディッド·ニーのパトロール
ときに徒歩で，ときに芝刈り機にのって，政府の役人や牧場主の自警団を締め出すインディアン巡視隊。彼らは銃撃の対象となっていたため，パトロールは命がけだった。

武器の調達▷
武器を持たずにウンディッド·ニーに入ったAIMのメンバーは，武装した政府と部族の隊に囲まれたため，ギルダースリーヴの交易所から，販売されている武器を持ち出して防衛態勢をとった。

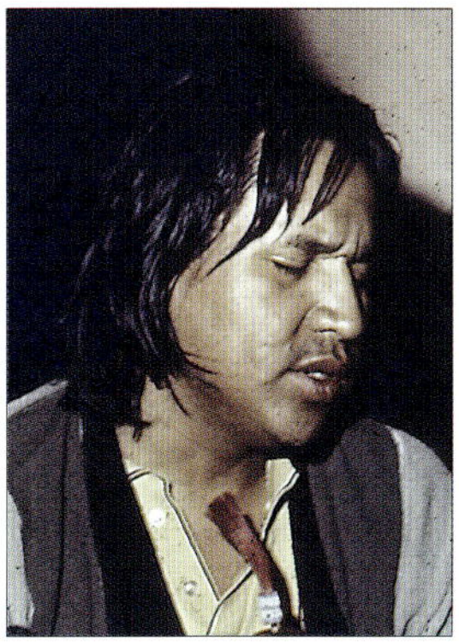

△魂の歓迎
ウンディッド·ニーの占拠中は，レナード·クロー·ドッグがスー族の儀式をおこない，参加する者はだれでも快く受け入れた。

△ペルティエ，終身刑に
AIMのメンバーは何か月にもわたる弾圧を受けたのち，1975年6月，FBIと衝突した。その結果，FBIエージェント2人，AIMメンバー1人が死亡。事件の首謀者として，レナード·ペルティエ（ラコタ族）には終身刑がいいわたされた。

復活と再生

アダム・フォーチュネット・イーグル

1992年：アルカトラズ島占拠について

1929年，ミネソタ州のレッド・レイク・チペワ保留地で生まれたアダム・フォーチュネット・イーグルは，1969年のアルカトラズ島占拠で中心的役割をはたした。以下は彼の著書《アルカドラズ！ アルカトラズ！――1969～71年のインディアンによる占拠Alcatraz! Alcatraz!: Indian Occupation of 1969-1971》（1992年刊）からの抜粋である。1973年，フォーチュネット・イーグルは，イタリアで飛行機からおりたつと，地面に槍をつきさし，イタリアはネイティヴ・アメリカンのものである，と宣言した。コロンブスがヒスパニオラを発見したとき（1492）の主張をまねてのことである。現在は，ファロン（ネヴァダ州）に近いショショーニ・パイユート保留地で妻と暮らしている。

" わたしは家族とともに，部族の衣装その他を荷につめ，アルカトラズ島を政府から象徴的に買い取るために，木のボウルに見立てたビーズと色布に24ドルを入れて，サンレアンドロを出発した。わたしたちは，なんとかなるさの気分で，じきにニミッツ・フリーウェイにのり，サンフランシスコのフィッシャーマンズ・ワーフと39桟橋をめざした。

1969年11月9日，日曜の朝の天気は晴れ晴れとして穏やかだった。いま，わたしたちは，とても奇妙なことをしようとしていた。インディアンたち，20世紀の都会のインディアンたちが，部族評議会や学生団体，クラブ，ファミリーのもとに集まるのだ。心にあるのは，合衆国政府の砦の攻撃だった。かつての馬や弓矢のかわりに，わたしたちはフォードやシヴォレーに乗り，武器といえば声明文だけだ。わたしたちは，しかし，わたしたちに対する政府の方針を変えてやろうと，かたく決心していた……。

フィッシャーマンズ・ワーフに車をとめると，見るまに人数が増えていくインディアンの学生グループに加わった。予定していた船が近くに見当たらず，わたしがべつの場所をさがしているあいだ，彼らには待機してもらった。その後，海を描いた書物から抜け出てきたような，美しい3本マストの船が見えた。船名はモンテ・クリスト号，持ち主は……ロナルド・クレイグだ。

わたしが近づいていくと，彼がいった――「なあ，教えてくれよ。あそこにいるインディアンたちは何をする気でいるんだ？」。わたしは自分たちの苦境を説明し，上陸風景を狙っているマスコミ陣を指さした。クレイグは「連れていってやるよ」と答えた。「ただし，沿岸警備隊の許可人数は，50人以下だ……」

彼は50人しかいないことを確認すると，舳先の小さな大砲をうった。こうやってインディアンは，古い船に乗りこみ，新しい人生を見つける航海にでた。さながら，わたしたちの土地の海岸にたどりついた，あのメイフラワー号とピルグリム・ファーザーズのようだった。歴史の本によれば，彼らは自分と自分の子供たちのために，故国では得られなかった自由を求めてやってきたのだという。プリマス岩［ピルグリム・ファーザーズがアメリカに到着して第一歩をしるした岩］が，いま，だれの手にあるかなど，考えるのはよそう。ピルグリム・ファーザーズの心のなかにあったのは，自分たちの運命，自分たちの希望だけだった。あれから350年がたったいま，最初の市民だった者たちは，彼らとおなじ基本的権利をとりもどそうと苦闘し，苦闘していることを世間の人びとに知ってもらおうと，べつの岩に上陸するところである。"

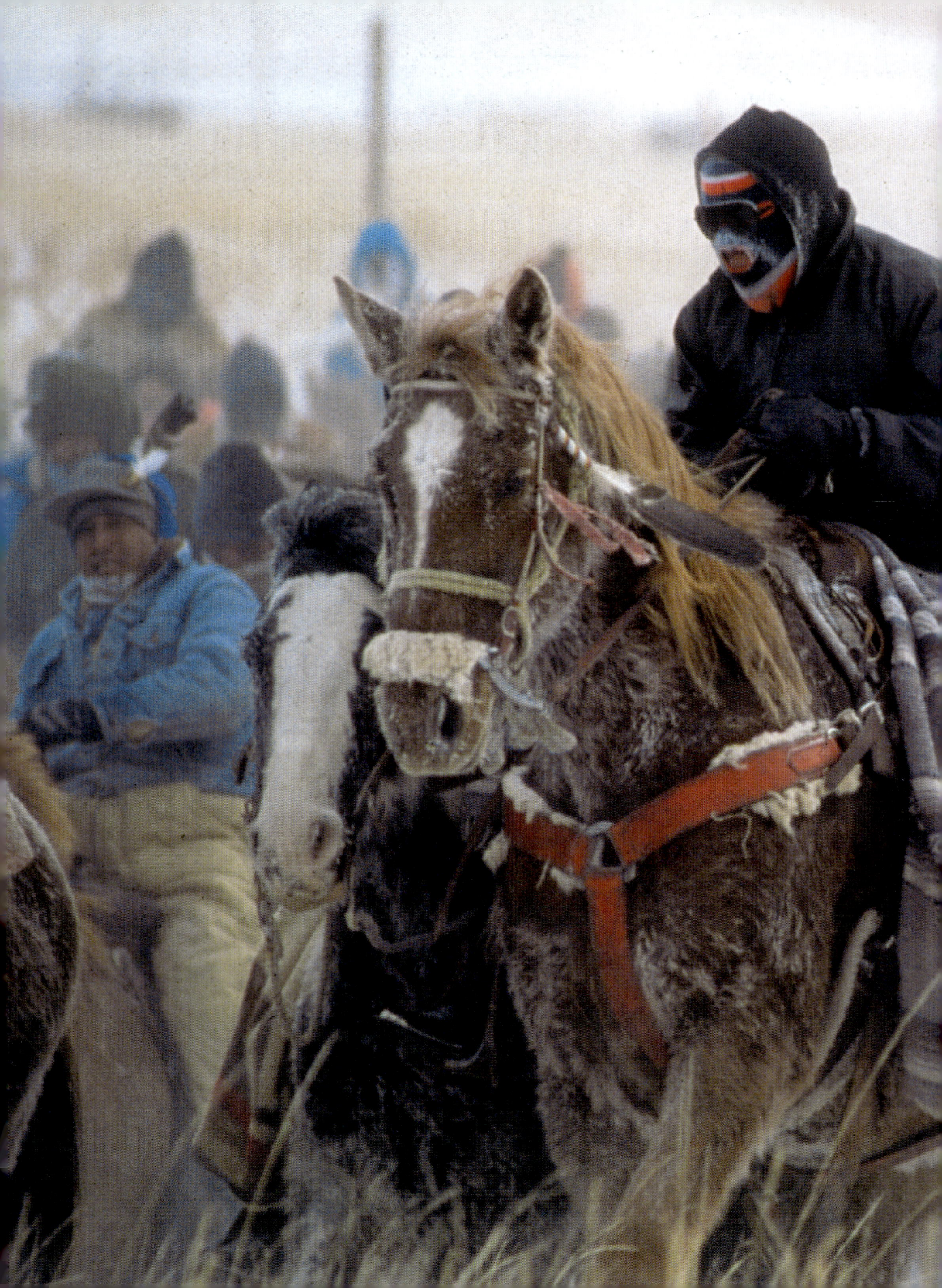

ビッグ・フット記念乗馬
ウンディッド・ニーの大虐殺から100年を経た1990年12月,馬にまたがったラコタ族が150マイル(241キロ)の道程をたどった。犠牲者たちを悼み,ラコタ族の苦しみに終止符を打つべく,彼らはあえて酷寒のなかを馬で進んだ。

復活と再生

終わらぬ戦い

1970年代から90年代にかけて，北アメリカに住むインディアン諸部族は，彼ら独自の伝統文化を現代社会に生き残らせるための立法，司法との戦闘技術にたけていった。残された部族の土地をとりもどすため，先祖代々つづく信仰儀礼を絶やさずおこなう権利のため，古来からの聖地や埋葬地を守るために，インディアンは立ち上がり，戦った。

このほかにも，森林や鉱物資源，水資源を守る戦い，条約で決められた権利を貫く戦いも，やむことなくつづけられた。

抗議の歌
クリー族（カナダ）の音楽家であり活動家でもあるバフィ・セント・マリーは幼い頃に孤児になり，ミクマク族の里親に育てられた。1970年代，ギターをひきながら自作の歌をうたい，世界的に名を知られるスターとなる。〈バッファローはもういない〉をはじめとする抵抗の歌は，インディアンが直面する苦境に人びとの注意を引きつけた。

活動家ダン姉妹
1973年，西ショショーニ族の姉妹，キャリー・ダンとメアリー・ダンは，合衆国の土地管理局が所有権を主張する土地で家畜を放牧し，不法侵入に対する罰金の支払いも拒否した。1863年の条約では，土地を譲渡していないという理由からである。ネヴァダとカリフォルニアの先祖の土地を守ろうとする姉妹の法廷闘争は，20年余もつづいているが，いまだ解決を見ていない。

キャリー（左）とメアリー（右）

1970年代以降，インディアンは法廷で戦うようになった。残された部族の土地を守る，失った土地をとりもどす，法律の介入なしに信仰儀礼を実践するためである。何百人というインディアンの法律家が，司法と立法のシステムを駆使して，個人あるいは部族からの依頼にこたえようと奮闘した。

合衆国全域で先住民の埋葬地が破壊されたことと，死者に対する考古学者の不当な扱いにインディアンは嘆き悲しんだが，1990年，ようやく先住民の墓地保護および復帰法が制定され，遺骨や聖遺物を博物館や大学から引き取れるようになった。また，信仰の中心地ながら保留地外にあった聖地の現状も，彼らにとっては大きな心の痛みだった。その多くが野蛮な行為，観光事業，開拓，採鉱，伐採，送電線や水力発電プラントの設営などで破壊の危機にさらされており，国の保護を受けていたのはごく一部でしかなかったからである。ニューメキシコのタオス・プエブロ族が，6か月にわたる陳情のすえ，聖地ブルー・レイクをとりもどした例はあるが（1970），エネルギー開発産業とかかわる政府役人たちは，インディアンの聖地保護にはおおむね無関心といってよい。

土地要求の勝利

インディアンの土地返還に関する政府への働きかけは，いくつかの成功を見た。ハヴァスーピ族が，グランドキャニオン南端（アリゾナ州）に広がる先祖の土地の一部所有を66年ものあいだ主張しつづけた結果，1975年1月にようやく勝利を得ており，1980年には，パッサマクオディとペノブスコット族が，メイン州の土地をとりもどしている。また，カナダ最高裁判所は，ブリティッシュ・コロンビアにおけるギトクサン族の土地権利の裁判で，条約や法的権利がない地域でも，先住民の土地所有を認める判決をくだした（1997）。

1993年，20年におよぶ活動が実を結び，イヌイッ

◁冒涜された埋葬地
1987年，1000体をこすインディアンの男性，女性，子供たちを埋葬した墓地が，探検家によって350以上もの穴を掘られたあげく，遺骨が採鉱道具で除去された。ケンタッキー州ユニオンタウン郊外の農地でのことである。

帰ってきた首長▷
1892年にロンドンで亡くなった首長ロング・ウルフ（ラコタ族）の親戚が，首長を故郷に帰そうと，呪術師をともなってイギリスへ向かった（1997）。その後，遺体は合衆国のパインリッジ保留地に再埋葬された。

◁アラスカ植民
1968年，アラスカのノーススロープで油田が発見されると，天然資源を扱うエネルギー関連企業がいっせいに注目した。その結果，1971年に法律が制定され，アラスカに住むインディアンたちは，彼らの土地の10分の9の権利を失い，残った4400万エーカー（1780万ヘクタール）のみの保有となった。

終わらぬ戦い：1970年代〜90年代

△ **聖地ブルー・レイクの返還**
1970年，リチャード・M・ニクソン大統領は，タオス・プエブロ族の聖地ブルー・レイク（ニューメキシコ州）を返還する協定にサインした。インディアンの手にもどったのは，じつに64年ぶりのことである。その間，タオスの人びとは政府を相手に聖地をとりもどす戦いをつづけていた。インディアンの古来の権利を認めたまれな例である。

トはカナダ史上もっとも広大な土地の権利を獲得した。国土の5分の1，ノースウェスト準州の東部60％に相当するヌナヴート地域は，1999年4月1日から正式に準州となり，西ヨーロッパとおなじ面積のこの土地に，2万5000人の住民が住むことになった。

部族間の摩擦

土地の権利をめぐる争いは，ときに部族間でも発生した。たとえば，アリゾナ州のナヴァホ族と隣人のホピ族で，1974年，ナヴァホ・ホピ・インディアン土地処分法が議会を通過，180万エーカー（73万ヘクタール）の土地を両部族で分割し，「相手側」の土地の居住者（大半がナヴァホ）は移転することが定められた。

それから約20年後の1992年，対立と法廷闘争をくりかえした2部族は合意に達し，現在の居住地にとどまりたいナヴァホには転住を強制しないという連邦法の基本方針がかたまった（1996）。

オーカの抵抗

1990年7月，オーカ（モントリオール近郊）で事件が発生した。カネサタケ・モホークが自族の土地におけるゴルフ場建設に反対して道路を封鎖し，それを警察が撤去しようとしたのである。結局，ゴルフ場は建設されなかった。

◁ **レッド・パワー**
オーカの衝突で，横転した警察車両にのぼり，ライフルをかかげるモホーク族インディアン。

◁ **接近遭遇**
ゴルフ場建設に反対したモホークが道路にバリケードを築くと，ケベック警察は強制撤去の決断をくだした。結果は銃撃戦を引き起こし，警官1名が死亡する。カナダ政府は1400名もの軍隊を派遣してモホークを包囲，78日間におよぶ対立のすえ，降伏した。

◁ **軍隊出動**
重武装した兵士たちが，オーカのバリケードを撤去するため，装甲兵員輸送車に乗って現われた。それでもモホークの人びとは抵抗しつづけ，軍は後退した。

女性の戦い▷
アブナーキ族の映画製作者アラニス・オボムサウィンのドキュメンタリー〈カネサタケ――抵抗の270年〉（1993）の1シーン。バリケードを撤去する前，女性と子供が腕をかかげて勝利を喜んでいる。

ジェームズ湾の勝利

1986年，ケベック州は，ダムをつくって主要河川の流れをジェームズ湾とハドソン湾に向ける計画の一環として，グレート・ホエール・リヴァー水力発電プロジェクトを策定した。これにクリー族が強く反発，8百万ドルを投じた運動を展開して，プロジェクトを阻止する。

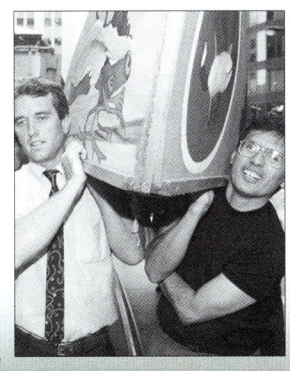

抗議するケネディ▷
ロバート・ケネディ・ジュニアとクリー族のマシュー・コーン・カムが記者会見でカヌーをかつぎ，ケベックの水力発電計画に反対の意を表明した（ニューヨーク，1993）。

▽ **ハドソン湾の抗議活動**
クリー族とイヌイットがオディヤックからニューヨークシティまでカヌーをこぎ，グレート・ホエール・リヴァー水力発電プロジェクトの反対運動をおこなった。最終的に，開発計画は中止となる。

△ **建設されたダム**
ラグランデ川では，1973年から85年までの12年間に，グレート・ホエール・リヴァー水力発電プロジェクトの第一期計画として，3か所の貯水池と発電所が建設された。写真は，堅い岩場を削ってできあがった985ヤード（900メートル）のラグランデ川水路。

復活と再生

現代の合衆国における インディアンの土地

　今日のインディアンは，祖先伝来の土地に住みながらも，ごく小さな少数集団でしかない。1990年の調査によれば，合衆国のインディアン人口は195万9234人で，総人口の1パーセントにも満たないのである。また，そのうち約35パーセントがインディアンの土地およそ5400万エーカー（2200万ヘクタール）に居住している（同調査）。この土地には，カリフォルニアとネヴァダの保護居留地と部落，信託統治地域，歴史的インディアン居住地（オクラホマの旧保留地），およびアラスカの先住民村が含まれている。現在，連邦と州が確認している部族の数は，合計で500をこえる。この地図は，連邦が認める大きな保留地を示したものである。

消えゆくインディアンの故郷

　1492年，アメリカ・インディアンとアラスカ先住民が暮らしていた土地は，大西洋から太平洋にいたるまで，侵害されることなどなかった。しかし，その後4世紀のあいだに，先住の人びとはヨーロッパ人やアメリカ人によって故郷を追われ，生き方すらも白人植民者に干渉されて，700～1000万を数えた人口は，25万人以下にまで激減してしまう。とはいえ，現在は，徐々に人口も増えつつある。

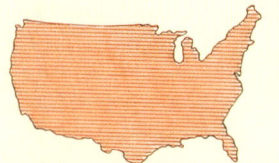

1492年：外部文化との接触以前
大陸全域にわたり，北アメリカの先住民がきずいた独自の文明と信仰があった。

1790年：内陸に追われる先住民
植民者が増え（合衆国人口は400万），土地要求が高まって，先住民は西へ追いやられる。

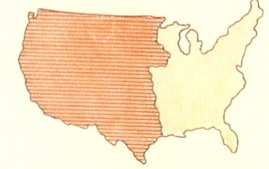

1830年：西への移動
インディアン移住法により，ミシシッピ川以東のインディアンは西へ移動していく。

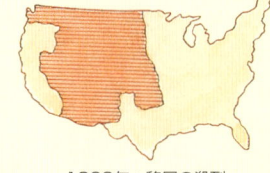

1860年：移民の殺到
西部で金が発見され，保留地が建設されて，インディアンの土地はますます減少する。

1890年：消えゆく故郷
割当法の結果，さらに9000万エーカー（3600万ヘクタール）のインディアンの土地が消えた。

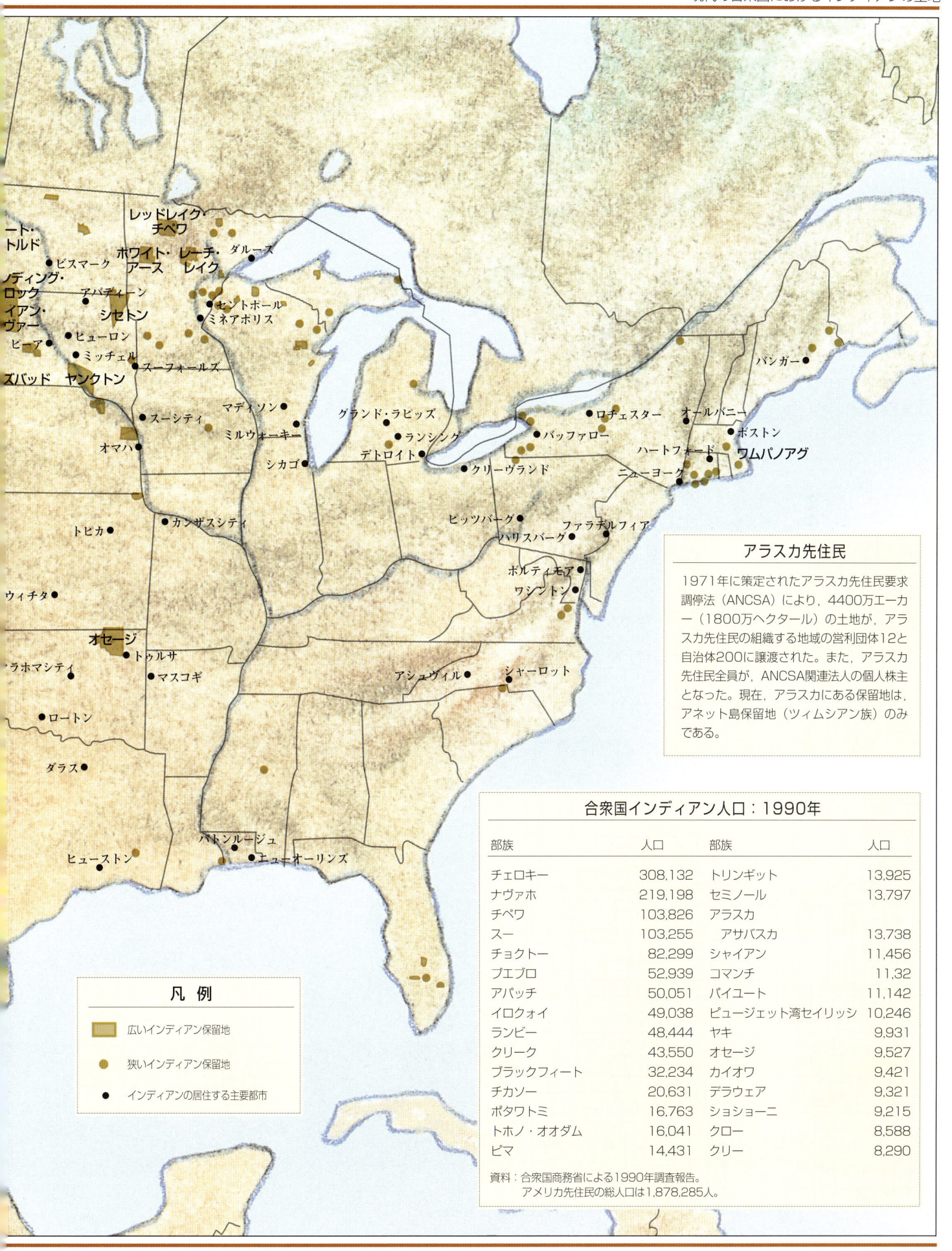

現代の合衆国におけるインディアンの土地

アラスカ先住民

1971年に策定されたアラスカ先住民要求調停法（ANCSA）により，4400万エーカー（1800万ヘクタール）の土地が，アラスカ先住民の組織する地域の営利団体12と自治体200に譲渡された。また，アラスカ先住民全員が，ANCSA関連法人の個人株主となった。現在，アラスカにある保留地は，アネット島保留地（ツィムシアン族）のみである。

凡例

- 広いインディアン保留地
- 狭いインディアン保留地
- インディアンの居住する主要都市

合衆国インディアン人口：1990年

部族	人口	部族	人口
チェロキー	308,132	トリンギット	13,925
ナヴァホ	219,198	セミノール	13,797
チペワ	103,826	アラスカ　アサパスカ	13,738
スー	103,255	シャイアン	11,456
チョクトー	82,299	コマンチ	11,32
プエブロ	52,939	パイユート	11,142
アパッチ	50,051	ピュージェット湾セイリッシ	10,246
イロクォイ	49,038	ヤキ	9,931
ランビー	48,444	オセージ	9,527
クリーク	43,550	カイオワ	9,421
ブラックフィート	32,234	デラウェア	9,321
チカソー	20,631	ショショーニ	9,215
ポタワトミ	16,763	クロー	8,588
トホノ・オオダム	16,041	クリー	8,290
ピマ	14,431		

資料：合衆国商務省による1990年調査報告。
アメリカ先住民の総人口は1,878,285人。

復活と再生

現代のインディアン社会

20世紀の終わりにあたって、先住アメリカ人は合衆国やカナダ社会のなかにとけこみ、姿を消していくだろうと予想した人は多かった。ところが、インディアンの共同体は生き残り、部族自治を蘇生させ、現代的経済活動を創出、法的権利を獲得して、死に絶えたかに見えた伝統文化や儀礼をよみがえらせている。ただし、その一方で、経済面、医療面、教育面で深刻な問題をかかえているのも事実である。それでもなお、新しい世代のリーダーたちは、インディアンのアイデンティティや文化をよりあざやかなものにできるはずだと信じ、積極的に活動している。

変化する世界のなかの伝統
現代と伝統が融合するナヴァホの保留地。ヘイゼル・メリットのパラボラアンテナには、昔ながらの婚礼カゴのデザインが施されている。

△**誤った予想**
ユタの交易所で、ひとりの画家が彼独自の《旅路の終わり》を描きおえた。この作品のオリジナルは、1915年にサンフランシスコで展示されたジェームズ・アール・フレイザーの彫刻である。当時フレイザーは、いずれインディアンは消えゆくと予想したが、現代の作品では消滅ではなく復活がメッセージとなっている。

今日、北アメリカ・インディアンの多くが都市や地方に住み、そうでない人びととは数エーカーから何千エーカーまで、広さもまちまちの保留地で暮らしている。実数でいえば、合衆国インディアン240万人の約半数が550か所の保留地で、カナダの登録インディアン2万2000名の6割が2407か所の保留地で生活している。ただし、これにはイヌイットやメティス、ノンステイタス・インディアン（先祖はインディアンだが、文化的に同化し、インディアン法による登録権をもたない人びと。1876年に制定されたインディアン法は20世紀になって修正されている）は、含まれていない。

現代のインディアンは、アイデンティティの芯の部分を犠牲にせずに、先住民の伝統を現代に融合させることに努めている。ブルー・ジーンズとパウワウの衣装、移動住宅とティーピー、ホットドッグとコーンスープといった組み合わせが、いまのインディアン文化の典型といってもよいだろう。サン・ダンスやポトラッチといった部族の儀式が、パラボラアンテナや携帯電話と共存しているのである。1980年代、合衆国政府は州や地方自治体、民間組織が格差を埋めるだろうと信じ、社会事業計画を大幅に削減した。ところが、当初の予想ははずれ、部族は保留地経済を維持するために、べつの収入源をさがさざるをえなくなる。しかし、インディアンのなかにも事業を起こす者が現われ、資本主義について部族を教育、たまたま手つかずになっている天然資源を有する部族が探鉱するようにもなった。各部族のリーダーは、製造業、農業、牧畜、観光、鉱業、サービス業、さらにギャンブル事業など、資産に応じた産業を選択して、部族経済を活性化させている。

ギャンブル経済

合衆国では、連邦が認めた保留地の約3分の1が、地域産業として合法的なギャンブルを選び、1980年代以降、保留地ではカジノ、レストラン、ホテルな

◁**文化の展示**
ナヴァホ族の5歳の少女が、観光客相手に、有料で、記念撮影のポーズをとっている。極貧と社会的痛みのなかで生活するインディアンにとって、現金を得るには彼らの文化を"展示"するしかない。

▽**アルコール中毒との戦い**
貧しさと苦悩のなかで暮らし、そのみじめさから、飲酒に慰めを得ようとするインディアンは多い。今日では禁酒運動が盛んになって、スウェットロッジなど、古来の方法で対処する傾向になっている。

現代のインディアン社会：1990年代

経済的進歩

　1990年代，深刻な失業率のなかで，合衆国のインディアン部族と個々のインディアンたちは，小規模なビジネスを起こしはじめた。たとえば在宅の工芸品製作や内装，タイヤ交換，ビデオ店や飲食店，理容院の経営などである。カナダの先住民職業委員会はインディアンのための職業訓練を実施している。

△ 読んで知る
《インディアン・カントリー・トゥデイ》は，北アメリカ全域にわたってインディアン関連のニュースを伝える週刊紙である（1981創刊，サウスダコタ州ラピッドシティ）。インディアンのジャーナリストはゆがんだ報道に失望し，彼らの目から見た記事を掲載している。

ど12万5000のビジネスが営まれ，間接的にかかわっているものを含めると16万を数える。1999年には，これが60億ドル産業となって，アメリカ人の合法的な年間ギャンブル支出3300億ドルのうち2パーセントを占めるにいたった。こうしてはじめて，賭博を業とする部族は就職，教育，住居，道路，医療その他，部族のために利用できる収入源を手に入れたのである。ただし，ギャンブル企業から大きな利潤を得るインディアン・コミュニティは，ごくわずかでしかない。

再生のきざし

　カナダの場合，人口集中地区から遠く離れた保留地では職などほとんどなく，都市へ移住せざるをえないほど，失業率が高い。そこでインディアンのリーダーたちは，保留地近隣で独自のビジネスを発展させようとした。たいていはバンドもしくは共同体が経営する小売業だが，ビデオ店や材木空輸，美術工芸品製作，ラジオ局などもある。

　しかし，このような発展が見られる一方で，貧困と社会問題は依然として彼らを悩ませている。カナダでも合衆国同様，インディアンの多くは都市で窮乏生活をおくり，保留地の失業率はどこも5割前後である。平均余命は北アメリカで最低，退学率やアルコール依存症率，自殺率，殺人その他の犯罪発生率は合衆国のそれをはるかに上回る。

　ただし，文化的，経済的な再生が保留地で着実に進行している証しもあり，都市を離れて故郷に帰る者も多い。彼らは学校に入るため，あるいは長く途絶えていた儀式を復活させるため，懸命に職を得ようとしている。

△ 悲喜こもごも
豊かな鉱物資源は，利益とともに問題も生んだ。たとえばナヴァホ保留地の石炭用パイプラインは，水資源に乏しい地域をさらに干あがらせてしまった。

◁ 樹木が生む収益
写真の製材所を運営しているのはナヴァホ族で，針葉樹林から材木を製造している。太平洋北西部の部族も，伐採による材木製品を業とする。

◁ モホークのスカイウォーカー
ニューヨークのモホーク族は，橋や高層ビルなど，その建設技術の高さではつとに有名である。写真のような高所の製鋼工は"スカイウォーカー"と呼ばれる。

△ ブラックフィートの思い
ブラウニング・ブラックフィート・インディアン筆記具（モンタナ州）は，1972年から鉛筆とペンを製造し，部族のために収益をあげると同時に，確実な雇用機会を提供している。

バッファローの帰還 ▷
バイソン部族協同組合が，商業家畜としてのバッファロー（バイソン）飼育を計画して以来，インディアン保留地で，ふたたびバッファローの姿が見られるようになった。写真はクロー族の保留地。

◁ ギャンブルの成功
1998年，20余州で100をこえる部族が，運を天に任せるビンゴ・パーラーやカジノを経営し，年間60億ドルの粗利益をあげている。しかし，大きな収益を手にしているのは，そのごく一部でしかない。

賭博と自給自足 ▷
一部の地域では，部族経営のギャンブル事業が主要な就職先かつ収入源を提供し，その部族や地元の共同体が自給自足する一助となっている。

復活と再生

未来のために学ぶ

　インディアンの部族，教育者，子をもつ親は，インディアンであることの基本要素である部族言語をはじめ，基礎教育をほどこせる文化的に柔軟な学校を望んだ。小学校から高校まで，インディアンが運営する学校もあり，部族独自のカリキュラムをもった大学は30をこえる。学生はしかし，専門職について成功しようと，ほとんどが主流派の大学に通い，卒業生の多くが実際そのとおりになっている。

先端技術の採用▷
インディアンの部族や団体が運営する小学校，中学校では，現代テクノロジーを導入した学習も実施している。

▽インディアン・スタイルのキャンパス
1969年に創立されて以来，ナヴァホ・コミュニティ・カレッジ（NCC）は，大勢のインディアンに高等教育の場を提供してきた。写真はカレッジの本部ビルで，8角形のホーガン（ナヴァホ族の伝統的住居）を模している。

△ラクロス競技
北アメリカのインディアンは，ラクロスを文化的，精神的伝統のひとつと考え，とくにイロクォイ族にとっては，造物主から授けられた競技でもある。写真はニューヨークのオノンダガ族の少年チーム（ラクロス：先が網になったラケットで，相手方のネット・ゴールにシュートする）。

△文化を守る
いったん使用を禁止された部族の言語も，ふたたび子供たちに教えられるようになった。写真は小学校2年生のペドロ・リー（ナヴァホ族）で，手にした絵に書かれているのはナヴァホのことば。

◁ナヴァホの幼稚園
アリゾナ州チンリの幼稚園で，カメラの前にならぶ子供たち。読み書きや算数はもとより，部族独自の伝統文化も教えられる。

伝統の進化

　政府はインディアン文化を根こそぎにしようと，さまざまな政策を打ち出したが，それでもなお多くが生き残ってきた。インディアンは文化的アイデンティティを守りながら，変化する環境にうまく適応し，新しい様式をとりいれる才能を発揮したのである。彼らはインディアンの伝統を維持し，新たにし，発展させている。

◁現代のパウワウ
伝統文化を消滅させまいとするインディアンの懸命な努力は，華やかで栄えある現代のパウワウにもよくあらわれている。写真は，年に一度モンタナで開催されるクロー族のパウワウ。北アメリカでも大規模なもののひとつである。

△よみがえったトーテム
クイーン・シャーロット諸島（カナダ西岸沖）のハイダ族の村々や，アラスカのメトラカトラ保留地では，北西海岸におけるインディアン文化の復興運動のひとつとして，ふたたびトーテムポールが立てられるようになった。写真はツィムシアン族の人びと。

現代のインディアン社会：1990年代

保留地で

インディアンは保留地の土地を堅固に守りぬき，非インディアンや政府，牧場主，探鉱者，公園建設者など，彼らの土地を一部でも手に入れようとする者たちと戦いつづけてきた。たとえ人生の大半をはるか遠くですごそうとも，保留地は彼らにとって，人生の最後を迎えるときに帰るべき故郷なのである。

◁事業を営む
1996年，コネティカット州のインディアン，モヒガン族が「サン・カジノ」をオープンした。モヒガン族と南アフリカの企業，サン・インターナショナルによる合同事業である。

▽ナヴァホの消防士
写真はナヴァホ族のみで構成された「カラー・カントリー3，ナヴァホ消防隊」の消防士。この消防隊は1996年，コロラドからワイオミングにいたる大火災を3週間かけて消火した。

△プエブロのパンづくり
コチーティ・プエブロ村の女性が，先祖とおなじように，戸外の日干し煉瓦のオーヴンでパンを焼いている。中の薪が燃えつきたら灰を取り除き，パン生地を入れるのだが，それでも十分パンが焼けるほどの熱が保たれている。

インディアンの放送局▷
1970年代以降，インディアンのラジオ局が，合衆国とカナダ全域にわたり，種々の番組を英語と部族の言語で放送している。写真のKNNB-FM（アリゾナ州ホワイトリヴァー）は，ホワイト山脈のアパッチ向けの局。

△委員会会議
従来から，ナヴァホは同族の指導者によって統括されてきたが，今日では選挙によって選ばれた者からなる委員会と会長など，より公式なかたちになってきた。写真はナヴァホ委員会の会議（アリゾナ州ウィンドウロック）。8角形のビルはホーガンを模したものだが，実際のホーガンに2階建てのものはない。

△1996年ミス・クロー族
頭にビーズの冠をのせた若い女性はミス・クロー族で，写真は1996年のクロー祭。美人コンテストは保留地の多くで開催されているが，インディアンには本来，王冠をいただいた王族という概念はない。

インディアンの祭り▷
部族の博物館の前で，伝統的なカヌー競技の選手を迎えるクワキウトル族（ブリティッシュ・コロンビア州アラート湾）。クワキウトルのように，先祖の文化をたたえる博物館をもつ部族は多い。

力強い演技者▷
マスクをつけ，舞台でダンスを踊るイヌイット（アラスカ州アンカレッジ）。写真のようなマスクは，魂を表現するものとして，治療儀式やダンス祭で用いられる。

色あざやかな伝統▷
パウワウを訪れた人びとは，男性が身につけたバッスルのあざやかな色彩とデザインに目をみはる。正統派ダンスの踊り手は，羽根のついたバッスルを背中の腰のあたりにひとつ，奇抜な羽根ダンスの踊り手はふたつつけるのがならわし。

インディアンだけのロデオ
インディアンのロデオは北アメリカ全域でポピュラーだが,わけても大平原では盛んで,腕のたつインディアン・カウボーイが賞と名声をかけて勝負する。なかには地元のインディアン共同体が資金提供するものもあり,写真もそのひとつ(フォート・アパッチ保留地,アリゾナ州ホワイトリヴァー)。

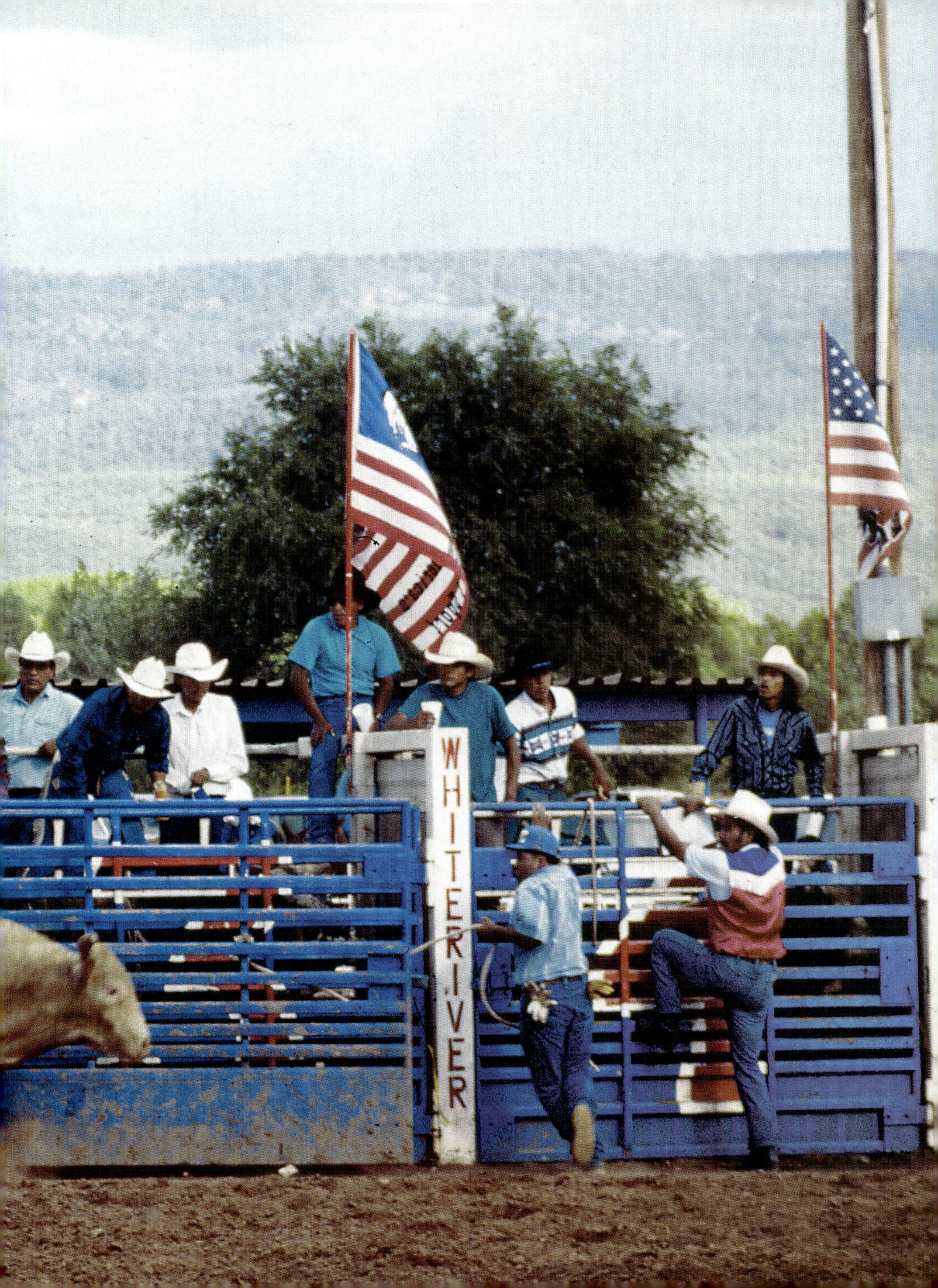
WHITERIVER

復活と再生

ウィルマ・マンキラー

1991年：現代世界における伝統の価値について

1945年，オクラホマ州ターレクアに生まれたウィルマ・マンキラーは，1983年，チェロキー史上，女性ではじめて副首長に選出された（彼女の名前は，チェロキー族の名誉ある称号に由来したもの）。1969年のアルカトラズ島占拠に参加し，その後はチェロキーの人びとの環境改善をめざす草の根運動を展開する。1985年には首長となって，87年，91年の選挙でも首長に選出された。1995年，第一線を退いたあとは回想録を執筆し，ダートマス大学（ニューハンプシャー州ハノーヴァー）で教鞭をとっている。以下は《ネイティヴ・ピープルズNative Peoples》誌に掲載されたもの（1991）からの抜粋。

"古来の部族文化は，生きとし生けるものの相互の関係や，人間の存在はわたしたちがまたたくまに破壊した自然界に依存しているということについて，世界の他の社会に貴重な教訓を与えてくれるものである，とわたしは思っています。

部族以外の社会は，おおむね階級的で，分断された世界観からなっており，自分たちの決定が周囲におよぼす影響を理解していないか，でなければ見て見ぬふりをしているようです……。

先住民が，ヨーロッパから来た人びとと接触するまで何百年ものあいだ保ちつづけてきた価値体系が，ともかくも破壊されてきたのは否定しようがありません。しかし，基本的な部分は，切り刻まれ，苦境にあえぐコミュニティのなかでさえ，いまなお生き残っています。精神的抑圧を受けつづけた過去500年のあいだ，わたしたちを支えてくれた伝統的価値体系は，わたしたちなりのやり方で21世紀を迎えるクッションとなり，一助となることでしょう。

そのような500年を経てもなお，喜ぶべきことはたくさんあります……わたしたちの言語は現在も力をもち，時の始まりから連綿と受け継がれてきた儀式はいまもとりおこなわれ，部族統治も息づいています。

そして何より重要なのは，世界でもっとも強力な国家のただなかにありながら，独自の文化グループとして存在しているということです。

ただし，問題や課題が山積している点も，しっかりと認識しなくてはいけません——部族の主権確保，低い教育水準，二桁の失業率，基本的条件を満たさない家屋，人種差別といった脅威は，解消されていないのです。

このような難問に，将来を見すえた前向きな姿勢で取り組むため，わたしたちは以前にもまして同胞に，部族コミュニティに，歴史に目を向け，解決策を模索するようになりました。自分たちなりの考え方を，ふたたび信じるようになったのです。問題の解決策をさがして文化や歴史をふりかえれば，コロンブスの神話……アメリカの学校で毎年教えられる歴史とはちがった，正確な歴史を見つめることができるでしょう。

先住民は，21世紀へ向かって進みながら，若者たちの顔を見つめ，そこに……希望を見ます。

部族のコミュニティが，過去500年の破壊から抜け出す道を切り開こうと，できるかぎりのことを実行していけば，その希望も輝きつづけるにちがいありません。わたしたちは，今後の500年が，北アメリカの先住民にとって，復活と新たな息吹の年月になるものと信じています"

復活と再生

文化の復活

1960年代以降，北アメリカのインディアンたちは，国の政策という呪縛から逃れて，彼ら独自の芸術とはどういうものか，そのかたちを明確にしていった。現代の画家や彫刻家，音楽家，詩人，小説家，映画やビデオ製作者たちは，その作品で，インディアン社会の大半を破壊した社会的，政治的，経済的なできごとを扱うようになっている。メディアはさまざまに異なるものの，彼らは長年にわたる政府の同化政策がインディアンにもたらした悲惨な現状，現代に生きる部族の生活，都会での生活を描出しつづけている。

△スポーカンの作家
詩人で小説家のシャーマン・アレクシーは自作の短編集《ローン・レンジャーとトント，天国で殴り合うThe Lone Ranger and Tonto Fistfight in Heaven》(1993)の一編をもとに，映画〈スモーク・シグナルズ〉を製作した（脚本もアレクシー）。

▽ことばと音楽
詩人ジョイ・ハージョ（マスコギ）はサクソフォンも奏し，自身のジャズ／レゲエ・バンドで自作の詩を披露する。ハージョは創作講座の教鞭をとるほか，脚本や童話を執筆，インディアンの作品のアンソロジーも編集している。

インディアン作家は比較的最近になって登場したが，1969年，N・スコット・ママデイ（カイオワ）が小説《レイニ・マウンテンへの道House of Dawn》でピュリッツァー賞を受賞し，法律家であり歴史家でもあるヴァイン・デロリア・ジュニア（ダコタ）の《カスターはあなたの罪のために死んだCuster Died for Your Sins》がベストセラーとなってからは，数多くのインディアン作家が作品を出版した。いずれも先住民の文化的試練や苦悶といったテーマを現代的視点でとらえ，古くからの口伝の力を発揮しつつ，部族の世界観を投影した作品となっている。リンダ・ホーガン（チカソー），レスリー・シルコウ（ラグーナ・プエブロ），ジェームズ・ウェルチ（ブラックフィート）のような作家は，先住民の根底にある信念や生存について語り，ふたつの世界に生きることの苦悩，アルコール中毒と戦う人びと，故郷の漁場を底に沈めたダム建設との戦い，聖地に侵入する観光客への思いなどをその作品につづった。一方，美術の分野でも，西洋の技法と様式をとりいれてなお，先祖伝来の芸術と密接につながった作品が生み出されるようになった。アーティストは新しい素材や道具を用いながらも，白人の"専門家"による押しつけから脱し，インディアンのアイデンティティを前面に押し出して強制的同化を否定している。たとえばセイリッシ／ショショーニ／クリーの著名な画家ジョーン・クイック-トゥ-シー・スミスは，キャンヴァスに繊維と紙の切れ端を貼りつけ，全体に絵具を塗ってこすり，豊かなテキスチュアの画面を創出しているが，彼女によれば，動物の皮に自然

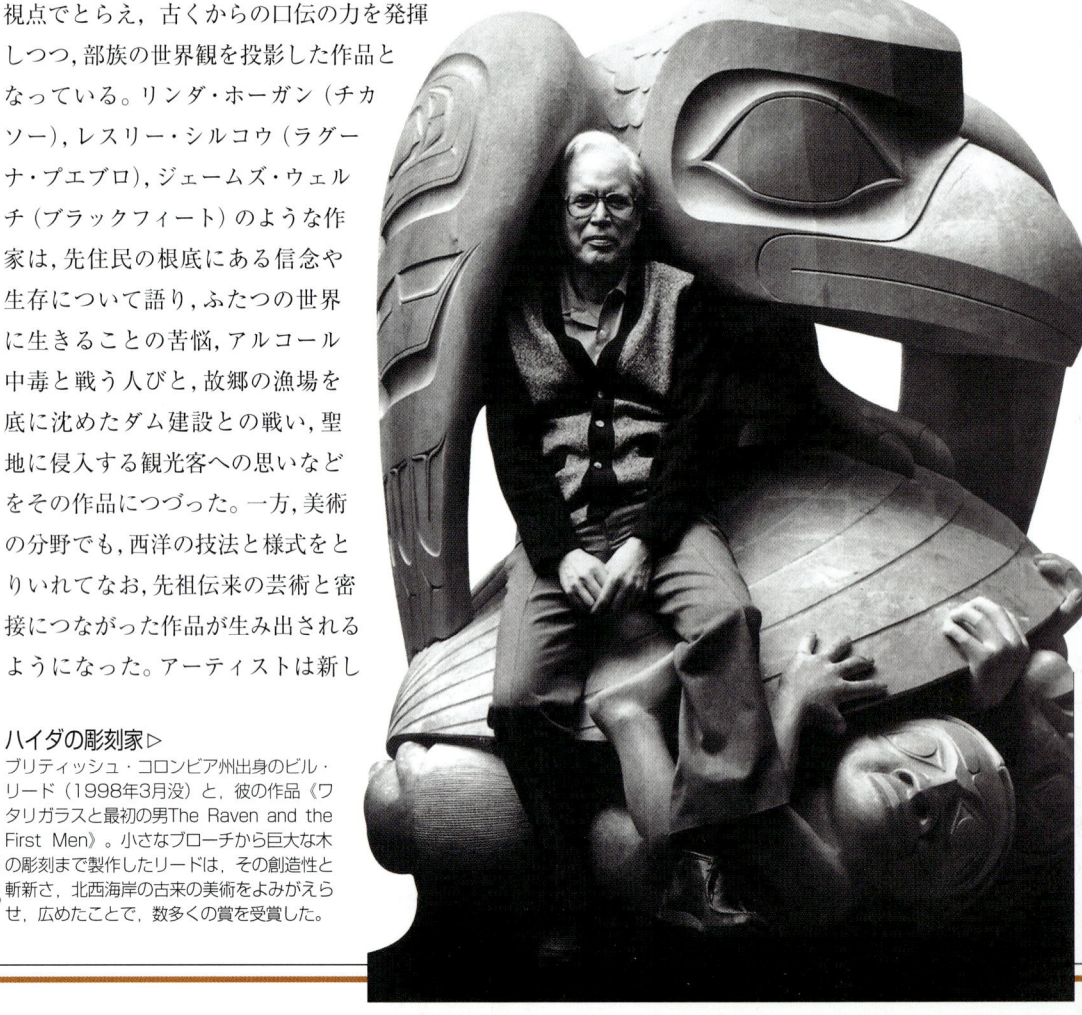

ハイダの彫刻家▷
ブリティッシュ・コロンビア州出身のビル・リード（1998年3月没）と，彼の作品《ワタリガラスと最初の男The Raven and the First Men》。小さなブローチから巨大な木の彫刻まで製作したリードは，その創造性と斬新さ，北西海岸の古来の美術をよみがえらせ，広めたことで，数多くの賞を受賞した。

文化の復活：1990年代

カメラの向こうの先住民

インディアンはサイレント時代から映画に出演していた。大半が小さな役だったが，なかにはスターになった者もいる。たとえば1979年，ジェイ・シルヴァーヒールズがインディアンではじめて，ハリウッド大通りのウォーク・オヴ・フェイムに名を残した。70年代以降，アイリーン・ベダード（イヌピアト／クリー）やウィル・サムソン（クリーク）などが重要な役を演じ，ハリウッドやテレビ映画で名を知られるようになっている。

△ **現代インディアンの表現**
ジョーン・クイック・トゥ・シー・スミス作の《群れHerd》（1998年，キャンヴァスにミクスト・メディア）。彼女はインディアンのイメージに，現代主義と抽象表現を融合させようとした。

の顔料や獣脂をこすりつける手法は古くからあるのだという。かたやミドゥの画家ハリー・フォンセカは，部族の世界から伝統的な"コヨーテ"を抜き取り，自身のミドゥのアイデンティティを捨てさって，黒皮のジャケットにジーンズ，ハイトップのテニスシューズ，野球帽でおどけた作品をつくっている。

音楽と映像の融合

1960年代後半から70年代初頭にかけて，インディアンの現代音楽がその数を増した。部族の歌と器楽をフォークやロック，レゲエ，カントリー，ニューエイジ，ラップと合体させてメッセージを伝えるのである。たとえばサックス奏者ジム・ペッパー（クリーク／カンサ）はジャズと先住民音楽を融合させ，カナダのバンド，カシティン（イヌイット語で「竜巻」）はフォーク・ロックとケージャンを合体させた。歌手の場合はバフィ・セント・マリー（クリー）の〈わたしの心をウンデッド・ニーに埋めてBury My Heart at Wounded Knee〉に代表されるように，国家の政策に対する批判性が強い。1970年代，ドキュメンタリーを製作するインディアン系映画会社はまだ少数だったが，製作，監督，出演するインディアンの数は急増した。1991年以降，インディアンによる映画祭がいくつも催され，クリス・エア（シャイアン／アラパホ）やベヴァリー・シンガー（テワ／ナヴァホ）といった製作者の前に道が開けた。1998年，脚本，製作，監督すべてがインディアンの手になる初の本格映画〈スモーク・シグナルズSmoke Signals〉がミラマックスによって合衆国全土で封切られた。

インディアンを演じる白人 ▷
20世紀，ハリウッドはインディアンにまつわる映画を大量に製作したが，つい最近まで，先住民の役が先住民で演じられることはめったになかった。インディアンの大役はバート・ランカスターやロック・ハドソン，ロレッタ・ヤングといったスターのものだった。

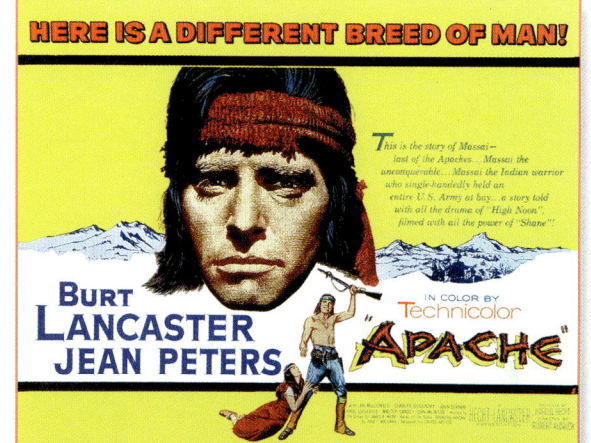

▽ **トント役のシルヴァーヒールズ**
1960年，ジェイ・シルヴァーヒールズとして知られるモホーク族のハリー・プレストン・スミスが〈ローン・レンジャーThe Lone Ranger〉でトント役を演じた。1966年，彼をはじめとするインディアンが同胞の俳優を増やそうと，インディアン・アクターズ・ワークショップを創設した。

△ **アカデミー賞にノミネートされた首長**
ブリティッシュ・コロンビア州のセイリッシュ族首長，ダン・ジョージが〈リトル・ビッグ・マンLittle Big Man〉（1970）のオールド・ロッジ・スキンズ役（写真の帽子の男性）で，アカデミー賞にノミネートされた（受賞せず）。

◁ **俳優としての名声**
〈ダンス・ウィズ・ウルヴズDances With Wolves〉（1990）に出演したオマハの俳優ウィル・グラント（左）とオネイダの俳優グレアム・グリーン。グリーンはアカデミー賞の最優秀助演男優賞候補となったが受賞は逃した。

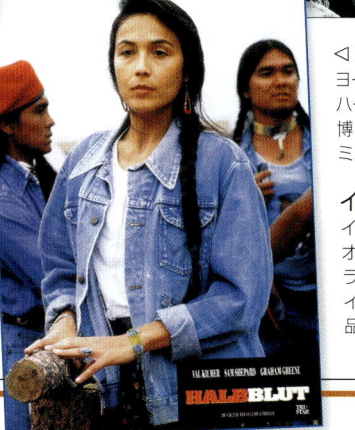

◁ **ヨーロッパでの活動**
ヨーロッパでは，現代のインディアンの問題や苦闘を扱った〈サンダーハートThunderheart〉（1992）のような映画が人気を博している。写真は〈サンダーハート〉に出演したメノミニ・ストックブリッジ族の女優シェイラ・タウジー。

インディーズ ▷
インディアンの独立映画会社やビデオ製作者は多く，マカ族のサンドラ・ジョンスン・オサワ（写真）もインディアンの経験をつづった作品の製作，監督を手がけている。

復活と再生

エラ・デロリア

1944年：アメリカ先住民の過去，現在，未来について

祖父がフランス人毛皮商，祖母がダコタ族の女性というヤンクトン・スー族のエラ・デロリア（1889～1971）は，ダコタの言語と文化の研究者として，つとに名を知られる。コロンビア大学（ニューヨーク）で学位を取得したのち，人類学者フランツ・ボアズとの共同研究に従事。数知れない困難を克服し，独力で学者となったデロリアは，ダコタの社会や文法論に関する著作，スー語辞書の編纂など，精力的に活動した。以下は，《インディアンの話 Speaking of Indians》からの抜粋である。

> 科学によれば，アメリカの先住民は，アジア北方からやってきて，1万年から1万2000年前にここまで到着したそうです。
>
> ところが，この大陸の最初の住民は，彼らではありませんでした。
>
> 考古学研究によって，1万5000年から1万8000年前，人によっては2万年前ともいう古い焚き火のそばに，人のつくった石器が残されていたことがわかっています。また，人のつくった投射物も，先史時代のバイソン種の化石とともに，地中深くから発見されました。このような遺物から，はるかむかしの人びとは，狩猟と採集生活を送っていたことがわかります。
>
> ただ，彼らに何がおこったのかは，知ることができません——現在のインディアンの祖先がアメリカ大陸にやってくる前に，完全に姿を消してしまったのか，あるいは残った人びとが新参者とまじわったのか。
>
> いうまでもなく，いずれもが，真実の可能性を秘めています。どの推論も，ひとしくすばらしいといえるでしょう。なぜなら，実際におこった出来事を知る手だてなどないからです。
>
> でも，そのようなことはどうでもよくはないでしょうか。たしかに，はるか遠い過去に埋もれているものは何であれ，興味をそそります。しかし，現在，そして未来ほど，重要ではありません。肝心なのは，人が——物理的に——どこから来たのかではなく，彼らが——精神的に——どこへ向かうのかです。

新しい世代の希望
インディアンの未来を担うのは，子供たちである。家族が，部族が，伝統的な晴れ着を着たヤキマの少女（写真）のような若い世代に望んでいるのは，いにしえの部族の根を絶やすことなく，合衆国とカナダの社会の中心で活躍することである。

監修者あとがき

東京女子大学名誉教授　猿谷 要

　本書は北米（アメリカ，カナダ）の先住民がたどった歴史，その社会，さらに生活様式までを，たくさんのイラストや写真を使ってみごとに描ききった大作である。

　私たちは長いあいだ"American Indian"という表現に慣らされてきた。「アメリカのインディアン」というこの表現は，負のイメージを伴い，ハリウッド映画が世界中に広めてしまった。

　この表現が劇的な変化をとげたのは1960年代のことで，アメリカ社会全体に及んだ思想的な変革のためである。

　その導火線となったのは1950年代後半から始まった南部の黒人たちによる公民権運動である。運動というよりむしろ闘争といったほうがいいほどそれは凄まじいものだった。そのためキング牧師をはじめ多くの黒人たちが生命をおとしている。アメリカの少数派集団のなかで黒人たちは最大のグループ（人口の12％以上）なので，その影響は非常に大きく，ついに1964年になって人種差別を禁じる強力な公民権法が成立した。

　その頃から各少数派集団についての呼称が変わりはじめた。"American Negro"は，"Negro American"（ニグロ系アメリカ人）となり，"Black American"を経て，今では"African American"（アフリカ系アメリカ人）となって定着している。"American Jew"（アメリカのユダヤ人）は"Jewish American"となった。

　先住民であるインディアンは，18〜19世紀はもちろんのこと，20世紀へ入ってもアメリカやカナダの白人政府による偏見や差別と闘ってきたので，1960年代のこの風潮には敏感に反応した。"American Indian"はすぐに"Indian American"（インディアン系アメリカ人）となり，その後さらに"First American"（最初のアメリカ人）という表現の後に，今ではこの本のタイトルのとおりに"Native American"（先住アメリカ人）として定着している。

　ここで強調されているのは，何系であろうとみな平等なアメリカ人であるという思想である。こういうアメリカ社会の変化は，もう社会革命といってもいい。1966年に黒人たちが"Black Power"を叫ぶと，相前後して先住民たちが"Red Power"の叫びをあげて，復権運動に乗り出した。1970年頃にはハリウッド映画も大きな変化をみせて，〈小さな巨人〉や〈ソルジャー・ブルー〉などが制作され，従来の誤った先住民のイメージを修正し，少しでも歴史的真実に迫ろうとするようになった。

　私はちょうどこの時代にニューヨークのコロンビア大学や南部アトランタのエモリー大学に滞在していたので，この変革の波に夫婦で深く関係した。南部では「アメリカの歴史は先住民を正当に扱ってこなかった」という教授もいたし，「私の何代か前には先住民の血が混じっている」という白人の教授もいた。時代はこの前後に大きく変わったのである。

　この変革につれて，書店には関係資料がどっと溢れ出した。女性解放運動も並行して盛んだったので，書店には「ウーマンリブ」のコーナーが作られ，各少数派集団のコーナーに並んで「インディアン」のコーナーが設けられた。

　本書巻末の文献リストでもわかるように，その後1980年代から90年代に入っても，なお途切れることなく次から次へ新しい文献が出版され続けている。これらの新しい文献をとても日本では消化しきれない。だから中高年の日本人の多くは，今でもコロンブスの名を聞くと，「新大陸発見」と答えるのである。

　本書はこれらの偏見を頭の中から取り去り，真実はどうだったかを手にとるように示してくれる。先史時代にシベリアからアラスカを経由してアメリカ大陸全体に広まった先住民が，私たち日本人と近い関係にあったMongolianであることまではよく知られている。しかしアメリカ大陸の先住民となった人びとが，その後どんなに悲惨な運命をたどったのかという詳細について，日本人は残念ながら十分に知らされていなかった。かつてのハリウッド映画が広めた「西部開拓を妨害する未開の野蛮人」という古い誤ったイメージの残像から，まだ抜けきれないでいる人がいるかもしれない。

　この本は最適の著者が今までの誤ったイメージを粉砕し，先住民の真実の姿を生活様式の細かな点までみごとに描ききっている。読者は歴史の全貌を知って，目を見張るにちがいない。アメリカ先住民（先住アメリカ人）理解のためのもっとも大切な基礎資料として，この本は長く読みつがれることだろう。

　終わりにこの膨大な内容の翻訳や編集にあたられた赤尾秀子さんと小野田和子さんのご苦労に対し，心から敬意を表したいと思う。

【参考文献】

Axelrod, Alan. *Chronicle of the Indian Wars: From Colonial Times to Wounded Knee.* New York, Prentice-Hall General Reference, 1993.

Cantor, George. *North American Indian Landmarks: A Traveler's Guide.* Detroit, Visible Ink, 1993.

Champagne, Duane, editor. *The Native North American Almanac: A Reference Work on Native North Americans in the United States and Canada.* Detroit, Gale Research, Inc., 1994.

* Ciment, James. *Scholastic Encyclopedia of the North American Indian.* New York, Scholastic, Inc., 1996.

Davis, Mary B. *Native America in the Twentieth Century: An Encyclopedia.* New York, Garland Publishing, Inc., 1994.

Francis, Lee. *Native Time: A Historical Time Line of Native America.* New York, St. Martin's Press, 1996.

* Griffin-Pierce, Trudy. *The Encyclopedia of Native America.* New York, Viking, 1995.

Hirschfelder, Arlene and Molin, Paulette. *Encyclopedia of Native American Religions*, updated edition. New York, Facts on File, 1999.

Hoxie, Frederick E., editor. *Encyclopedia of North American Indians: Native American History, Culture, and Life from Paleo-Indians to the Present.* Boston, Houghton-Mifflin Co., 1996.

Josephy, Alvin. *500 Nations: An Illustrated History of North American Indians.* New York, Knopf, 1994.

Keenan, Jerry. *Encyclopedia of American Indian Wars: 1492–1890.* New York, W.W. Norton, 1997.

King, Thomas, editor. *All My Relations: An Anthology of Contemporary Canadian Native Fiction.* Norman, University of Oklahoma Press, 1992.

Klein, Barry T. *Reference Encyclopedia of the American Indian*, eighth edition. West Nyack, Todd Publications, 1997.

Lesley, Craig and Stavrakis, Katheryn, editors. *Talking Leaves: Contemporary Native American Short Stories: An Anthology.* New York, Dell, 1994.

* Marra, Ben. *Powwow: Images Along the Red Road.* New York, Abrams, 1996.

Nabakov, Peter, editor. *Native American Testimony: A Chronicle of Indian-White Relations from Prophesy to the Present, 1492–1992.* New York, Penguin Books, 1992.

* National Geographic. *1491: America before Columbus.* National Geographic, Volume 180, No. 4 (October 1991).

* Ortiz, Alfonso and Erdoes, Richard, editors. *American Indian Myths and Legends.* New York, Pantheon Books, 1984.

* Ortiz, Simon. *The People Shall Continue.* Emeryville, Children's Book Press, 1977.

Riley, Patricia. *Growing Up Native American: An Anthology.* New York, William Morrow, 1993.

Thomas, David Hurst. *Exploring Ancient Native America: An Archaeological Guide.* New York, Macmillan, 1994.

Thomas, David Hurst et al. *The Native Americans: An Illustrated History.* Atlanta, Turner Publishing, Inc., 1993.

Tiller, Veronica E. Velarde, editor. *Tiller's Guide to Indian Country: Economic Profiles of American Indian Reservations.* Albuquerque, BowArrow Publishing Company, 1996.

Wade, Edwin L., editor. *The Arts of the American Indian, Native Traditions in Evolution.* New York, Hudson Hills Press, 1986.

* Waldman, Carl. *Encyclopedia of Native American Tribes*, revised edition. New York, Facts on File, 1999.

Waldman, Carl. *Who Was Who in Native American History: Indians and Non-Indians from Early Contacts through 1900.* New York, Facts on File, 1990.

Wall, Steve and Arden, Harvey. *Wisdomkeepers: Meetings with Native American Spiritual Elders.* Hillsboro, Beyond Words Publishing, Inc., 1990.

Weatherford, Jack. *Native Roots: How the Indians Enriched America.* New York, Crown Publishers, 1991.

* 10歳以上の少年少女にも適した文献

【ネイティヴ・アメリカン関連団体】

◇アメリカ合衆国

American Indian Science and Engineering Society (AISES), 2201 Buena Vista S.E., Suite 301, Albuquerque, New Mexico 87106. (505) 765-1052. 1977年設立, www.aises.org

First Nations Development Institute, 11917 Main Street, Fredericksburg, Virginia 22408. (540) 371-3505. 1980年設立, www.firstnations.org

National Congress of American Indians (NCAI), 1301 Connecticut Avenue N.W., Suite 200, Washington, DC 20036. (202) 466-7767. 1944年設立, www.ncai.org

National Indian Education Association (NIEA), 700 North Fairfax Street, Suite 210, Alexandria, Virginia 22314. (703) 838-2870. 1970年設立, www.europe.com/~nadm/pages/NIEA.html

Native American Rights Fund (NARF), 1506 Broadway, Boulder, Colorado 80302. (303) 447-8760. 1970年設立, www.narf.org

◇カナダ

The Assembly of First Nations (AFN), 1 Nicholas Street, Suite 1002, Ottawa, Ontario K1N 7B7. (613) 241-6789. 1982年設立, www.afn.ca/

Congress of Aboriginal Peoples, 867 St. Laurent Blvd., Ottawa, Ontario K1K 3B1. (613) 747-6022. 1971年設立, www.abo-peoples.org

Inuit Tapirisat of Canada, 510 170 Laurier Avenue W., Ottawa, Ontario K1P 5V5. (613) 238-8181. 1971年設立, www.tapirisat.ca

Métis National Council (MNC), 350 Sparks Street, Suite 201, Delta Hotel Office Tower, Ottawa, Ontario K1R 758. (613) 232-3216. 1983年設立, www.sae.ca/mbc/mnc

The National Association of Friendship Centers (NAFC), 275 MacLaren Street, Ottawa, Ontario K2P 0L9. (613) 563-4844. 1972年設立, www.nafc-aboriginal.com

【政府組織】

◇アメリカ合衆国

Bureau of Indian Affairs (BIA), (Central Office), 1849 C Street N.W., Washington, DC 20245. (202) 208-3711. 1834年設立, www.doi.gov/bureau-indian-affairs.html

◇カナダ

Department of Indian Affairs and Northern Development (DIAND), (Central Office), 10 Wellington Street, North Tower, Ottawa, Ontario K1A 0H4. (819) 853-3753. 1967年設立, www.inac.gc.ca

【ネイティヴ・アメリカン関連ウェブ・サイト】

Census data, 1990: US American Indians and Alaska Natives: http://www.census.gov/

Census data, 1996: Canadian Native Peoples: http://www.statcan.ca/Daily/English/980113/d980113.htm

First Nations of Canada: http://fullcoverage.yahoo.com/Full_Coverage/Canada/First_Nations/

First Perspectives On Line: http://www.mbnet.mb.ca/firstper/

Home Pages of Native Artists and Authors: http://www.hanksville.org/

Indian Country Today: http://Indiancountry.com/

National Museum of the American Indian Resource Center: http://www.conexus.si.edu/

Native American Public Telecommunications: http://www.Nativetelecom.org/

Native Americas: http://nativeamericas.aip.cornell.edu/; http://www.news.Cornell.edu/general/July97/NatAm.Online/

Native Tech: http://www.nativeweb.org/NativeTech/

NativeWeb: http://www.nativeweb.org/

Smithsonian Institution: http://www.si.edu/newstart.htm/

Windspeaker: http://www.ammsa.com/windspeaker/

索 引

ページ番号がイタリック体のものは，当該項目がそのページのキャプション，コラムなど，本文以外の箇所にあることを示している。

ア

アースロッジ　*10*, 22
アコマ　*8*, 19
アザーデイ，ジョン（ダコタ）　*64*
アナサジ　18
アパッチ　116-118, *152*, 177
アベス，ウィリアム（ピークォート）　51
アームストロング，サミュエル　128
アメリカ・インディアン協会　148, 150
アメリカ・インディアン全国会議　148
アメリカン・インディアン・ムーヴメント（AIM）　162
アメリカン・ホース（ラコタ）
　　Ⅰ　*96*
　　Ⅱ　*124*, 136-137
アラスカ先住民要求調停法　173
アラスカ・ネイティヴ・ブラザーフッド（シスターフッド）　148
アラパホ　70-71, 72, 80-83, 88-89
アリヴァイパ　117　→アパッチ
アリゲータ（セミノール）　32
アリゲータ・レスリング　*158*
アルカトラズ島占拠　164-5, 167
アルケセイ（アパッチ）　*116*
アルコール依存症　174
アレウト（アラスカ）　22, 50
アレクシー，シャーマン（スポーカン）　182
暗号　152-153
アンペトゥートケカ（ダコタ）　*64*
イーグル・ダンス（タオス・プエブロ）　*22*
硫黄島　154
イギリス　28-29, 30, 32, 33
イグルー　*10*, 21, *158*
移住
　　強制移住／移住政策　12-13, 34-35
　　条約締結　58-59
イッキーズ，ハロルド　148-149
一般土地割当法　14, 15, 122-125　→土地所有
イヌイット　15, 19, 21, 38, 100-101, 106-107, *158*, 163, 171, 174, 177
祈りの町　48
イロクォイ連合　8, 20
インディアン・カントリー・トゥデイ　175
インディアン強制移住法　12, 31, 34-35
インディアン警察　134, 141
インディアン再組織法　149
インディアン請求委員会（ICC）　156
インディアン全部族連合　164
インディアン総務局（BIA, US）　141, 148-149, 156, 162, 163
インディアン・テリトリー　12-13, *33*, 34-35, 80
インディアン・ニューディール　15, 148-149
インディアンのイメージ　158-159
インディアン法（カナダ）　140
インディアン防衛同盟　163
インディアン・モーターサイクル　*158*
ウィキャップ　*10*, 118
ウィグワム　*10*
ヴィクトリオ（アパッチ）　116-117
ウィネムッカ，セーラ（パイユート）　43, 112-113
ウィリアムズ条約　100

ウィルソン，リチャード（ラコタ）　162
ウィンクープ，エドワード　70-71
ウェイティ，スタンド（チェロキー）　*63*
ヴェトナム戦争　*152*, 155
ウェルチ，ジェームズ（ブラックフィート）　182
ウォヴォカ（パイユート）　132, 134　→ゴースト・ダンス
ウォーホー　*127*　→バッファロー
ウォームスプリングズ　108, 116, *118*
ウッドソン，A・E　*143*
馬
　　狩り　86
　　強制的農耕化　111
　　ショショーニ　108
　　調教　87
　　トラヴォイ　*20*
　　ネズパース　114
　　リトル・ビッグホーンの戦い　*95*
ウンディッド・ニー　132-135, *137*, 162, 165, 168-169
エア，クリス　183
映画
　　カーティス，エドワード・S　*22*, 158, 161
　　制作／出演　155, 171, 183
　　ハリウッド　*99*, 183
エヴァンズ，ジョン　70-71
エガン（パイユート）　109
疫病
　　コレラ　34
　　天然痘　31, 42
　　はしか　67
　　フォート・スネリング　*66*
　　マラリア　42
　　ヨーロッパの影響　9, 31, 42
　　ラコタ保留地　132-133
エスキミンジン（アパッチ）　120-121
エスキモー　→イヌイット
オウヒ（ヤキマ）　45
オウレイ（ユト）　109, *111*
オーカ　171
オームズリー，ウィリアム　109
オールド・ウーマンズ・ソサエティ（ブラックフィート）　*23*
オグララ　→スー　→ダコタ　→ラコタ
オグララ・スー市民権機構　165
オサワ，サンドラ・ジョンスン（マカ）　183
オジブウェー（チペワ）　32, 39, 49, 59, *152*, 156, 157
オセオーラ（セミノール）　32
オセージ　123
オター，ウィリアム　103
オタワ　32
オネイダ　20, *152*
オノンダガ　20, *152*

オボムサウィン，アラニス　171
オランダ　28-29
オランダ西インド会社　31
オリヴァー・レッド・クラウド　*15*
オレゴン・トレイル　*43*, 44, 46-47
オレン・ライオンズ　*163*
オロコト　*115*

カ

カーソン，キット　74-75, 98
カーティス，エドワード・S　*22*, 158, 161
カーディナル，ハロルド　60-61
カーライル方式　*128*
カールトン，ジェームズ・H　74
絵画
　　「カスター最後の抵抗」　*96*, 97
　　キャニオンドシェイの岩壁画　*48*
　　ゴースト・ダンスとシティング・ブル　*134*
　　サンドクリークの戦い　*70-71*
　　戦士の記録　*83*
　　冬数え　*78*
　　ブラックフィートの殺戮　*88-89*
　　ローズバッドの戦い　*91*
開化5部族　62, 81, 122, 124
カウボーイ　*98-99*, 142
カグナワガ　157
カゴ　*21*, *38*, *54*, 174
カシティン　*183*
カジノ　174-175, 177
カスター，ジョージ・アームストロング
　　最期　95, 96, 98
　　経歴　92
　　終焉の地　*14*
　　ブラックヒルズ踏査　*89*, 90-91
　　ブラッディ・ナイフ　*90*, 94
　　リトル・ビッグホーンの戦い　94-95
ガズデン購入　116
カチーナ　*48*, *54*
カットナイフ・ヒルの戦い　103
カナディアンパシフィック鉄道　46-47, 102
カヌー　*20*
カミアキン（ヤキマ）　45
カユーガ　20, *152*
狩り　86
カリフォルニア・トレイル　44, 46-47
ガルブレイス，トマス　64
キーオ，マイルズ・W　*95*
キカプー　159
儀式　→バッファロー　→ダンス　→食糧　→信仰
寄宿学校　14, 128-129, *130-131*
ギトクサン　170
騎馬警官　*102*, 141
ギボン，ジョン　*89*, 94-95
キャニオンドシェイ（アリゾナ州）　18, *48*, *75*
キャプテン・ジャック　→キントプーアシュ
キャンビー，エドワード・R　110
教育
　　キリスト教教育　48-51
　　現代教育　176

スノー・ゴーグル
（西アラスカ・エスキモー）

索引

伝統の復活 176
保留地生活（1890〜1920） 142-143
　→寄宿学校　→子供の暮らし
強制移住／移住政策 12-13, 34-35
強制移住法　→インディアン強制移住法
漁業 18-20, 38, 39, 162, 164
漁業権闘争／フィッシュ・イン 162, 164
キリスト教／布教 23, 48-51, 64
キンズア（ダム） 157
キントプーアッシュ（モドック） 109, 110-111
グアダルーペ・イダルゴ条約 116
クースティック 97
クーパ 50
クーリッジ, カルヴィン 148
クジラ漁 21, 39
グラス・ダンス 134
クラマス 110
クラム, ジョン・P 116
グラント, ウィル（オマハ） 183
グラント, ハイラム 65
グラント, ユリシーズ・S 62, 63, 77, 81, 89, 90, 117
グランド・エントリー 155
クリー 103, 171
クリーク 123, 152
グリーシー・グラス 94
グリーン, グレアム（オネイダ） 183
グリーンヴィル条約 58
クルック, ジョージ
　アパッチ 116-118
　シャイアン 97
　スネークの戦い 109
　スリムバッテス 96
　ローズバッド 89, 90-91
クレイジー・スネーク（クリーク） 123
クレイジー・ホース（ラコタ） 89, 90-91, 95-96
グレートノーザン鉄道 142
グレート・ホエール・リヴァー水力発電プロジェクト 171
クロー 23, 89, 141, 177
クロー・ドッグ, レナード（ラコタ） 165
クワキウトル 15, 23, 161, 177
毛皮交易 31-32, 47, 103
ケネディ, ロバート, ジュニア 171
ゴースト・ダンス 132-134
コーチース（アパッチ） 116
コーディ, ウィリアム・F →バッファロー・ビル
ゴール（ハンクパーパー・スー） 89
ゴールドラッシュ
　カリフォルニア 42, 44, 47
　ネズパース保留地 114
　ブラックヒルズ 88-89
　ユーコン 12
コーン・ダンス（コチーティ・プエブロ） 19
コーンプランター, ジェシー（セネカ） 149
コクラン, ウッディ・J（チェロキー） 155
ゴズノールド, バーソロミュー 30
コチーティ・プエブロ 19, 177
子供の暮らし 54-55　→寄宿学校　→教育
コナー, パトリック・E 88, 108
コマンチ 80-83, 152-153
コリアー, ジョン 148, 149
コリヤーク 55
コルビー, レナード・W 133

サ

最後の矢 142

サザンパシフィック鉄道 46-47
サタンク（カイオワ） 83
サタンタ（カイオワ） 83
砂漠の嵐作戦（湾岸戦争） 152
サムス・キルズ・ツー（ラコタ） 79
サムソン, ウィル（クリーク） 183
サンカルロス保留地 117　→保留地
サンダーバード 154
サンタフェ・トレイル 44, 46-47
サン・ダンス 23, 86
サンティ・ダコタ 64-65　→ダコタ
サンドクリーク 70-71, 72-73, 80
シープイーターの戦い 109
シヴィントン, ジョン・M 70-71, 72
ジェイ条約 58, 163
ジェームズタウン（ヴァジニア） 32
ジェファソン, トマス 34
シェリダン, フィリップ・ヘンリー 81
ジェロニモ（アパッチ） 98, 116-119
シティング・ブル（ラコタ）
　経歴 92
　殺害 133, 134
　ララミー条約 88-89, 94
　リトル・ビッグホーンの戦い 94-95, 97
シブリー, ヘンリー・H 65, 66
シャーマン, ウィリアム 59, 75
シャイアン
　サンドクリークの虐殺 70-71, 72, 80
　保留地生活 80-81
　大平原を守る戦い 82-83, 88-89
　リトル・ビッグホーンの戦い 94-97
　レッドリヴァーの戦い 83
　ローズバッドの戦い 88, 90-91
ジャクソン, アンドルー 12, 34
ジャクソン, ウィリアム・H 109
シャコピー（ダコタ） 67
シャンプラン, サムエル・ド 30
住居
　アースロッジ 10, 22
　アナサジ 18
　イグルー 10, 21, 158
　イヌイット 106-107
　ウィキャップ 10, 118
　ウィグワム 10
　チキー 10
　ハイダ 20
　プエブロ 19
　ホーガン 10, 74, 176, 177
　ホピ 19
　保留地 132, 140
　ロングハウス 10　→ホーデノソーニー
　　→ティーピー　→プエブロ
終結／ターミネーション 15, 156
蒸気船 47
条約 58-59
ジョージ, ダン（セイリッシュ） 183
ジョーゼフ（ネズパース） 114-115
ショーニー 33
ジョーンズ, スタン, シニア（トゥラリップ） 38
ジョーンズ, ピーター（オジブウェー） 49
食糧 10-11, 38-39　→バッファロー　→漁業　→クジラ漁
ショショーニ 89, 108-109, 144-145
ジョンストン, フィリップ（ナヴァホ） 153
シルヴァーヒールズ, ジェイ 183
シルコウ, レスリー（ラグーナ） 182
ジレット, ジョージ 157

シンガー, ベヴァリー 183
信仰
　儀式 22-23
　キリスト教 48-49
　　薬袋（チペワ） 32
　　シャーマン（ハイダ） 20
　　スウェットロッジ 24-25
　　→ダンス　→ゴースト・ダンス
　人口 8（接触以前）, 101（カナダ）, 173（合衆国）
　スー 9, 15, 64-65, 88-89, 94-95, 162
　　→ダコタ　→ラコタ
　スウィージー, カール（アラパホ） 126-127
　スウェーデン 32
　スウェットロッジ 24-25
　スー一族一斉蜂起 64
　スコット, トマス 102
　スチュワート, アレクサンダー 105
　スティーヴンズ, アイザック・I 114
　スネークの戦い 109
　スピリット・ダンス 143
　スプリングフィールド銃 81, 108
　スペイン 8, 28-29, 30
　スポールディング, ヘンリー 48
　スミス, ジョーン・クイック-トゥ-シー（セイリッシ） 183
　スミス, ハリー・プレストン（モホーク） 183
　スリムバッテス 96
　斥候
　　アパッチ 116-118
　　ウォームスプリングズ 108
　　チョクトー 63
　　デラウェア 43, 63
　　ブラッディ・ナイフ 90, 94
　　ポーニー 63
　　ラコタ 133
セコイア（チェロキー） 30
セネカ 20, 152, 157
セミノール 22, 32-33, 158
セラ, フニペロ 48
全インディアン・プエブロ協議会 148
全国インディアン青年会議 162
先住民のイメージ 158-159
先住民の墓地保護および復帰法 170
セントオーガスティン（軍刑務所） 83
セント・マリー, バフィ（クリー） 170, 183
セントラルパシフィック鉄道 46-47
ソーピティ, ケネス（コマンチ） 153
ソーンバーグ, トマス・T 111

タ

ターミネーション／終結 15, 156
第一次世界大戦 152-153
太鼓 155
第二次世界大戦 152-155, 156　→暗号
太陽の踊り　→サン・ダンス
タウジー, シェイラ（メノミニ・ストックブリッジ） 183
タオス・プエブロ 22, 170, 171
ダグラス（ユト） 111
ダコタ 15, 42, 64-65, 66, 124　→ラコタ
タスカローラ 20, 152
タナナ 38
タバコ・ソサエティ（クロー） 23
ダム建設 156-157, 171
ダル・ナイフ（シャイアン） 97

赤ん坊の背負い板（パイユート）

索　引

ダン，キャリー／メアリー（ショショーニ）　170
ダンカン，ウィリアム　50
探検家　30-31
ダンス（信仰儀式）
　イーグル・ダンス（タオス・プエブロ）　22
　カチーナ　48
　感謝祭（フーパ）　23
　禁止と固執　141，143
　ゴースト・ダンス　132-134
　コーン・ダンス（コチーティ・プエブロ）　19
　サン・ダンス　23，86
　スピリット・ダンス　143
　バッファロー・ダンス（マンダン）　86
　ポトラッチ（アラスカ）　22
チェロキー　51，63，64，122，130-131
チェロキー・アウトレット　124
チカソー　124
チキー　10
チペワ　→オジブウェー
チャイルダーズ，アーネスト（クリーク）　155
チュマシュ　48
朝鮮戦争　152
チョクトー　55，63，124，152-153
チリカワ　117　→アパッチ　→ジェロニモ
ツィムシアン　50，176
ティズウィーン　121
ティーピー
　子供の遊び　54
　住居　10
　ネズパース　114
　ブラック・エルク　27
　ブラックフィート　20
　ラコタ　96
ティムクア　17
テクムセ（ショーニー）　12，36-37
デ・ソート，エルナンド　30
鉄道　43，46-47
デュモン，ガブリエル　103
デラウェア　31，32，43，58，63
テリー，アルフレッド・H　94-95
デルガディード（ナヴァホ）　74
デ・レオン，ポンセ　32
デロリア，ヴァイン，ジュニア（ダコタ）　182
デロリア，エラ（ダコタ）　184-185
転住政策　156-157
テンスクワタワ（ショーニー）　33
トゥーフールフールゾテ（ネズパース）　115
同化政策
　カナダ　140
　寄宿学校　128-129
　キリスト教化　50-51
　政策への抵抗　94，140-141，143
　農耕の強要　74，141，142，143
　パーカー，クアナ　83，140
　モデル家族　143
トウモロコシ　18，19，20，22，38，40-41
ドーズ，ヘンリー　122
ドーズ法　→一般土地割当法
トーテムポール　20，138，176
土地所有／権利　9-10，14，59，74-75，122-123　→一般
　土地割当法
ドッグ・ソルジャー（シャイアン）　70-71
ドッジ，R・I　87
トホノ・オオダム　39
トマス軍団　63
トマホーク　37

トム・チョクトゥット（パイユート）　143
トラヴォイ　20，84-85
砦　→フォート
トリンギット　54，143

ナ

ナイケ（アパッチ）　119
ナヴァホ　74-75，77，153，157，175，177
ナヴァホ・コミュニティ・カレッジ　176
ナヴァホ・ホピ・インディアン土地処分法　171
長い家の人びと　→ホーデノソーニー
　→ロングハウス
ナショナル・インディアン・ブラザーフッド　163
涙の旅路　34-35
ナンバー条約　59，100
南北戦争　62-63
ニクソン，リチャード・M　171
ニューアムステルダム　31
ニューディール　→インディアン・ニューディール
ニューヨークシティ　31
ヌナヴート　100，163，171
ヌマガ（パイユート）　108-109
ネイティヴ・アメリカン教会　23
ネズパース　48，49，108-109，114-115
ネプチューン（イロクォイ）　148
農耕
　イロクォイ　20
　南西部　18-19
　強制的指導　74，141-143
　保留地　81
ノーザンパシフィック鉄道　46-47
ノンステイタス・インディアン　174

ハ

パーカー，イーリー（セネカ）　63
パーカー，クアナ（コマンチ）　83，140
ハージョ，ジョイ（マスコギ）　182
ハーディング，ウォーレン・G　148
配給／配給日　127，142
配給カード　140
ハイダ　20-21，50，176
パイユート　51，57，108-109
パインリッジ　14，15，132-133　→ウンディッド・ニー
パウダー川　88
パウリナ（パイユート）　109
ハウリング・ウルフ（シャイアン）　71
パウワウ　155，176，177
パウンドメーカー（クリー）　102-103
パクストン，エドガー・S　98
パシフィック・レイルウェイ法（1862-64）　80
ハスキー　19
パッサマクオディ　170
バッドアックスの戦い　34
バッファロー
　狩り　18，20，86
　殺戮　42，69，80，82，147
　使途（命の糧）　87
　配給日　127
　バッグ　114
　復活（帰還）　175
　平原インディアン　87
　→ダンス（宗教儀式）　→絵画

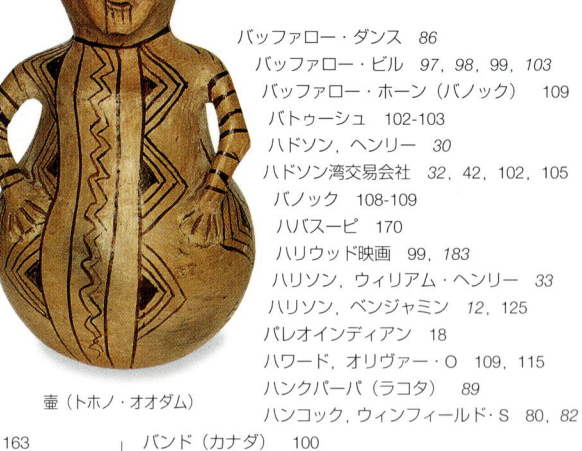

壺（トホノ・オオダム）

バッファロー・ダンス　86
バッファロー・ビル　97，98，99，103
バッファロー・ホーン（バノック）　109
バトゥーシュ　102-103
ハドソン，ヘンリー　30
ハドソン湾交易会社　32，42，102，105
バノック　108-109
ハバスーピ　170
ハリウッド映画　99，183
ハリソン，ウィリアム・ヘンリー　33
ハリソン，ベンジャミン　12，125
パレオインディアン　18
ハワード，オリヴァー・O　109，115
ハンクパパ（ラコタ）　89
ハンコック，ウィンフィールド・S　80，82
バンド（カナダ）　100
ピークォート　33
ビーチャー島の戦い　82
ピエガン　89　→ブラックフィート
ヒコック，"ワイルド・ビル"　98
美術工芸委員会　149
ヒダーツァ　22
ビッグ・イーグル（ダコタ）　65-66
ビッグ・ツリー（カイオワ）　83
ビッグ・フット（ラコタ）　132-133，137，168
ビッグ・ベア（クリー）　61，102-103，105
ヒューロン　32
ビリー・ボーレッグズ（セミノール）　32，33
ファースト・ネイション（カナダ）　101
フィッシュ・イン　162，164
フィップル，ヘンリー・B　66
フィリップ王戦争　33
フーパ　23
フェターマン，ウィリアム・J　88
プエブロ　10（住居），19，22，38，40-41
フォーサイス，ジェームズ・W　133，135
フォーサイス，ジョージ・A　82
フォーチュネット・イーグル，アダム（チペワ）　166-167
フォート／砦
　アメリカ合衆国　32，44，45，59，61，65，66，67，69，70-71，74，83，88，92-93，96-97
　カナダ　102-3
フォート・サムナー条約　77
フォート・ピット条約　58
フォンセカ，ハリー（ミドゥ）　183
部族旗　155
フッカー・ジム（モドック）　109-110
冬数え　42，78-79
フラグ・ソング　155
ブラック・エルク（ラコタ）　26-27，140
ブラック・ケトル（シャイアン）　70-2，82
ブラック・ビーヴァー　63
ブラックヒルズ　89-91，132
ブラックフィート　15，20-21，23，54，89
ブラック・ホーク（サック）　34
ブラッディ・ナイフ（アリカラ・スー）　90，94
プラット，リチャード・H　83，128-129
ブラドッグ，エドワード　33
フランス　28-30
ブランド，マーロン　164
フランドロー，チャールズ・E　65
プリティ・シールド（クロー）　146-147
フリントロック・ピストル　47
ブル・チャイルド，パーシー（ブラックフィート）　89
フレイザー，ジェームズ・アール　174
フレッチャー，アリス・C　115，122

索 引

フレモント, ジョン・チャールズ　43
ベア・ハンター（ショショーニ）　108
ベアボンチート（ナヴァホ）　74, 75
ベイカー, ユージン・M　89
ヘイズ, アイラ・H（ピマ）　154-155
ヘイフィールドの戦い　88
平和のパイプ　165
ベーリング海　18
ベダード, アイリーノーン　183
ペッパー, ジム　183
ペノブスコット　170
ペヨーテ　23
ペルティエ, レナード（ラコタ）　165
ペン, ウィリアム　31, 59
ペンシルヴェニア和平会談　31
ベンティーン, フレデリック　94-95
ベント, ウィリアム　45
ベント, ジョージ　71
ホイットマン, ウォルト　98
ホーガン　10, 74, 176, 177
ホーガン, リンダ（チカソー）　182
ホース・チャイルド　105
ボーズマン, ジョン　88
ボーズマン・トレイル　9, 46-47, 59, 88
ホーデノソーニー　20
ポーニー　22, 43, 58, 63
ポーハタン　32
ホームステッド法　12, 80
ボーレッグズ, ビリー（セミノール）　32, 33
ボスケレドンド　74-75, 77
ポタワトミ　58
ポトラッチ　21, 22, 141, 143
ホピ　19, 54, 152, 171
ポモ　38
保留地
　アパッチ　116-117
　強制移住／移住政策　12-13, 34-35
　居住地の分割／減少　122-125, 172-173
　条約締結　58-59
　都市への転住　15, 156-157
　ナヴァホ　74-75
　配給／配給日　127, 142
　保留地での暮らし　140-143
　マヌエリト　77
　→同化政策
ボルト, ジョージ・W　164
幌馬車　12-13, 44-45, 47, 90
ホワイト・バード（シャイアン）　96
ホワイト・バード（ネズパース）　114
ホワイトハウス廃虚　18
ポンカ　23, 58

マ

マイヤー, ディロン・S　156
マイリック, アンドルー　64
マイルズ, ネルソン・A　115, 116-117, 133, 135
マウンド　18
マカルシュート　164
マクドナルド, ジョン・A　102
マクベス, ケイト　49
マクラウド, ジャネット（トゥラリップ）　164
マッケイ, ドナルド　108
マッケンジー, ラナルド　95, 97
マニトバ法　102
マニュエル, ジョージ（シュスワップ）　163

マヌエリト（ナヴァホ）　74, 75, 76-77
ママデイ, N・スコット（カイオワ）　182
マリコパ　39
マンガス（アパッチ）　116
マンガス・コロラダス（アパッチ）　116
マンキラー, ウィルマ（チェロキー）　180-181
マンケート（ダコタ）　65
マンダン　22, 31, 86
ミーカー, ネイサン・C　111
ミッション・インディアン　49
ミデウィニン　32
ミドルトン, フレデリック　103
ミルズ, アンソン　96
ミンブレノ　116-117　→アパッチ
メイソン, ジョン　33
メイフラワー抗議　163
メサ　19
メスヴィン, ジョン・ジャスパー　52-53
メタカム（ワムパノアグ）　33
メティス　100, 101, 102-105
メディスン・ボトル（ダコタ）　67
メディスン・ロッジ・クリーク条約　58, 80
メノミニー　38, 152
メリアム・レポート　148
モーガン, トマス　141
モドック　108-111
モヒガン　177
モホーク　20, 152, 153, 157, 171
モルモン・トレイル（教徒の道）　46-47
モンテズマ, カルロス（ヤヴァピ）　149

ヤ

ヤキマの反乱　45
破られた条約の旅路　162
ユト　108-109, 111
ユニオンパシフィック鉄道　46-47
ユピック　15, 158
ユマティラ　109

ラ

ライオンズ, ジェシー　153
ライト, ベヴァリー　7
ラクロス　55, 176
ラコタ
　暗号　152
　AIM　162
　サンドクリークの報復　80
　斥候　133
　ビッグ・フット記念乗馬　168-169
　部族名　15
　保留地　132-133
　ララミー条約　89
　リトル・ビッグホーンの戦い　89-90, 94-97
　レッド・クラウド　59, 88-89
　ローズバッドの戦い　88, 90-91
　→ダコタ
ラコーム, アルバート　50
ララミー条約　9, 58, 59, 88-90, 94
ランニング・アンテロープ（ラコタ）　91
リー, ロバート・E　62, 63
リード, ビル（ハイダ）　182
リエル, ルイ（メティス）　102-103, 104-105
リトル・ウルフ（シャイアン）　97
リトル・クロー（ダコタ）　64-65, 67, 68-69

リトル・ビッグホーンの戦い　89-90, 94-97
リノ, マーカス　94-95
リリー, ゴードン・W　98
リンカン, エイブラハム　66, 71
ルイス, ルシア　99
ルイセーニョ　50
ルッキング・グラス（ネズパース）　115
レジャー・ドローイング　83　→絵画
レッド・クラウド（ラコタ）／〜の戦い　59, 88-89, 132
レッド・トマホーク　134
レッド・パワー　15, 162-165
レッド・ホース（ラコタ）　96
レッドリヴァーの戦い　83
レッドリヴァーの反乱（カナダ）　102
レミントン　81
ロイヤー, ダニエル・F　133
ロー・ドッグ（ラコタ）　94
ローズヴェルト, フランクリン・D　148-149
ローズバッドの戦い　88, 90-91
ローヤー（ネズパース）　114
ローリー, ウォルター　30
ローン・ウルフ（カイオワ）　83
ロコ（アパッチ）　116
ロシア　28-29, 31, 50
ロス, ジョン（チェロキー）　63
ロスト・バード　133
ロデオ　178-179
ロバーツ, ホリス（チョクトー）　153
ロビンソン条約　100
ロング, デイヴィッド（スー）　156
ロング・ウォーク（ナヴァホの）　74-75
ロング・ウルフ（ラコタ）　170
ロングハウス　10　→ホーデノソーニー
ロンゲスト・ウォーク　163

ワ

ワイルド・ウェスト・ショー　97-98, 99, 103
ワゴンボックスの戦い　88
ワサジャ　149
ワシントン, ジョージ　58
ワシントン・レッドスキンズ　158, 159
ワトキンズ, アーサー・V　156
ワムパノアグ　30, 33
ワムパム　20
ワン・ブル（ハンクパパ・スー）　95

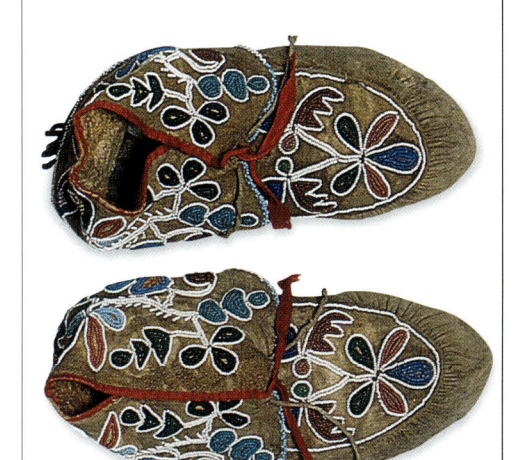

モカシン（メノミニー）

謝辞／クレジット

Author's Acknowledgments
The author would like to thank: Mary-Clare Jerram, whose telephone call on 4 July 1997 set this project in motion. Thank you for your many kindnesses in London and the US. Martin Hendry: your laser-like eye for photographs that tell stories, for colorful accents, and for polished designs has made this history all the more accessible to readers. Irene Lyford: the only downside to finishing this book is not waking up to e-mails from DK's prized editor. For two years we've worked closely on this book, and she continually amazed me with her ability to fit square pegs into round holes and make sentences sing. Fiona Wilson: you not only quickly grasped Native history but you dealt effortlessly with scores of archivists in the US and Canada, remembering their names, collections, and where you filed hundreds of photographs. And to the numerous archivists who responded so graciously to Fiona's requests, thank you. My neighbors, Leslie and Jack McKeon, come to my aid every time I call, and bring their enthusiasm to every project. I treasure their intelligence, integrity, and, this time, their indexing ability. My dear friend Larry Pringle: you sprang into action at a moment's notice. Beverly Wright for writing the Foreword. I am honored to have your words grace this history.

Publisher's Acknowledgments
Dorling Kindersley would like to thank: Hulton Getty Picture Collection and all the photographers, picture libraries, and archives who supplied images for the book; the American Museum of North American History for help with identification of artefacts; Murdo Culver, Phil Hunt, and Miranda Kennedy for work on the map spreads; Jenny Jones for dealing with permissions and picture credits; Polly Boyd for proofreading; Jane Cooke for editorial help with the index and map spreads; Anna Hayman and Georgina Earle for administrative support; Sean Hunter for additional picture research.

Picture Credits
Dorling Kindersley would like to thank the following for their kind permission to reproduce their photographs (key: l=left, r=right, b=below, c=centre, t=top)

Alaska State Library: Winter & Pond Collection (PCA 87-106): 54–5t; Case & Draper coll.: 143crb (photo no. PCA 39-15); Allen Memorial Art Museum, Oberlin College, Ohio: 70–1; Allsport: 158c; Arizona Historical Foundation: 128–9c; Arizona Historical Society Library: 118ac & cl; American Heritage Center, University of Wyoming: 141ac; American Museum, Courtesy Department of Library Services: 55bc (neg. No. 1520); American Museum of Natural History, Department of Library Services: 38bc; George Ancona: 155br; Associated Press: 163tr, bl & br, 164crb, 165ac; Alan Berner: 38br; British Columbia Archives and Records Service: 20–1c; Brown Brothers: 74cl, 156clr; Brown Country Historical Society: 65tr; Buffalo and Erie County Historical Society: 63bc, 157tc, 163tl; California State Library: 44cla; Colorado Historical Society: 70cl, clb & bc, 71, 72–3, 74tr, 108b, 110cr, 111c, clb, cb & bc, 140tr; Colorific/Peter S. Mecca/Black Star/Telegraph Colour Library: 175cb; Paul Conklin: 157bl, 163cr, 175ac, 176cl; CP Picture Archives: 60; Mario Cabreral: 171br; Tom Hanson: 171tr; Shaney Komulainen: 171ac; Quebec Hydro: 171crb; Chris Wahl: 171cb; Edward S. Curtis: 160–1; Dakota Indian Foundation: 184; Denver Art Museum: 88–9t; Denver Public Library:116br; Western History Department: 14b, 44cra, 45tl, 95cr, 124cla, 124–5b, 132–3b, 134bl, 142tr, 165cr & bc; DK Picture Library: 1, 9tc, 18tr, 20ac, cra & c, 21cl, 23cra, 32clb & cb, 39tr, 42 clr, cl, clrb, clb & bl, 46–7, 47crb, 54c, 55br, 59cr, 81tl & tr, 86tc, 87cra, 98cla, c & clb, 99cra, 114cla, 116tl, 134tc, 141tr, 149cr, 158bl, 159c & br, 175tl, tr & cr, 182tl & cb, 186, 188, 189, 190, 191, 192; Courtesy of Florida State Archives: 32–3bc; Adam Fortunate Eagle: 166; Gamma Liason: J. Pat Carter 155ac; Garth Dowling 177cr; Jeff Topping 175br; Hulton Getty: 4cra, 12tc, 16, 18cb & bl, 20 cla, bc & br, 21bl, 22tl & cr, 23cl, 30, 30–1, 31tr & ac, 32cla, cra, c & bl, 33tl, tr, cra, c, clb & bc, 34tr & cla, 36, 38tr, 42tl & ac, 43tl, bl & br, 44clb & bl, 45tr & cl, 54cr, 58bl, 62bl, 63clb, 64cl, 66tr (of President Lincoln) & cr, 68, 70tr, 81ac, 82tr, cl & bc, 83br, 86tl, c & clb, 90crb, 90–1, 92cb, 96–7b, 97c & cr, 98cl, 108tr & cb, 109br, 100tr, 110clb, 111tr, cla & cra, 114tr, 117cr, 118–9b, 119crb, 121, 122tr, 123cr & crb, 125tr, 128tr & ac, 134cl, 135tc & clb, 141cr, 148tl, 149tl & clb, 150–1, 153tc, 154bl, 156tr & clb, 157cra, 158tr & cb, 162cla, 164cla, 165tr & cb, 170tr & bc, 174cl, 182crb & br; Glenbow Archives: 103cla, ac, cra, c & crb, 104–5; Ronald Grant Archive: 99tc, 155bl, 183cra, c, cr, bc & cb; Ernest Hass: 162br; Hulton Getty Picture Collection 46-7tc, 68; Idaho State Historical Society: 48cl (neg. no. 42), 48–9b (neg. no. 63.221.205/A), 115tl (neg. no. 3771), 122bl (neg. no. 63-221.24); Joslyn Art Museum: 80bl; Kansas State Historical Society: 69, 82crb, 86–7b, 132cb; Latter Day Saints Historical Dept., Archives: 51clb; Liaison 15; Liaison Agency: Michael Abramson: 162bl; Bill Gillette: 55tc; Stan Godlewski: 177tc; Mike Roemer 175bc; Renato Rotolo: 153bl, 155tr, 165cb, 174br; Michael Springer 168-9; A. Weiner: 176ac; Library of Congress: 19br, 39cl, 63ac & cb, 110ac, c & bc, 116bl, 118cr, 154br; Heirs of Frank Bird Linderman: 146; Courtesy Little Big Horn Battlefield National Monument: 88cb, 90clb & bc, 94tr, 96bl; Special Collections, McFarlin Library, University of Tulsa: 122cl & crb, 124cl; Massachusetts Commandery Military Order of the Royal Legion and the US Army Military History Institute: 82c;

Medals of America Press: 154cr; Lawrence Migdale: 5cra, 138, 175crb, 176tr, crb & bl, 177cla; Minnesota Historical Society: 39tl; 65bl & br: 66tcl, tc, tcr & ac; 67tr; I. Bennetto and Co: 67cl; Adrian Ebell, Whitney's Gallery, St. Paul: 64bl; Beaverhead County Museum Archives: 64crb; Simon & Shepherd: 65bc; B. F. Upton: 66–7, 67crb; Whitney's Gallery, St Paul: 65tl, 66cl & bl; Montana Historical Society, Helena: 86bc, 143bc; Museum of Cherokee: 63tr; Courtesy Museum of New Mexico: 74clb (neg. no. 14516); 75cr (neg. no. 44516), crb (neg. no. 1816) & bc (neg. no. 28537); T. Harmon Parkhurst: 19tr (neg. no. 55189), 40–1 (neg. no. 3984); National Archives: 14tc, 58br & t, 59br, 75tr, 80cl, 83tc & tr, 88cb, 89ac, cra & br, 91tr & clb, 94bl, 96clb, cb & crb, 110cla, 115ac, 117c, 119cra, 125cl, 127, 132cl, 134cla, 135br, 149c & bc, 152tr, 153cr, bc & br, 154tr & cla, 154–5c, 155tc, 156cl & bc, 157cla, crb & br, 171tl; National Archives of Canada: 103bc, 142cb (neg. no. C 16717), 157ac; National Film Board of Canada: John Kenney: 171c; Jonathan Wenk: 171cr; National Library of Canada: 49cr (neg. no. NLZ1831); Naturegraph 42cl; Nebraska State Historical Society: Front Jacket image, altered, 5c, 63cr, 133tr, 135cra, cr & bc, 136, 142ac; David Neel: 2–3, 177cb, 185; Nevada State Historical Society: 109cr, 112; Peter Newark's American Pictures: 62bc, 63crb, 86tr; Peter Newark's Military Pictures: 92bl, 98tr; Peter Newark's Western Americana: 64tr, 76–7, 88br, 94bc, 94–5, 95cra, 98cr, 99cla, 115cb, 159tl; The Newberry Library: 149ac; New York Public Library (Special Collections): 74–5; The News Tribune, Tacoma, Washington: 164tc, cb & bl; North Wind Picture Archives 59tr; Oklahoma Historical Society: 5tl; 56; 123tr; Archives & Manuscripts Division: 123br; Oneida National Museum: 13tc; Oregon Historical Society: 43tr, 114crb (neg. no. CN020648), 129tl (neg. no. OrHi36112), 157tr (neg. no. OrHi65996); Phototheque des Musees de la Ville de Paris: 44cl; Press Association: Fiona Hanson 170-1b; Princeton University Libraries: 154–5cb; Laurence Pringle 6; Provincial Archives of Alberta: 61; Harry Pollard Collection: 47br, 50ac; Provincial Archives of Manitoba: Indians 9 31br (neg. 10970); 102; 103tr, cr & clb; Courtesy of the Royal British Columbia Museum, Victoria, B.C.: 22ac, 143cr; Royal Ontario Museum: 38cb; San Diego Museum of Man: 50–1c, 75c, 120; Santa Barbara Historical Society: 48bl; Scottish National Portrait Gallery: 49tr; Seattle Post/Intelligencer Collection, Museum of History and Industry: 164cl; The Seattle Times: 164ac; Jaune Quick-to-See Smith: Jeff Sturges, courtesy Steinbaum Krauss Gallery: 182–3t; Smithsonian Institution, NAA: 4bc; 8; 19cr; 20cr; 21tr & cr; 22tcr cl & b; 22–3c; 23bl; 24–5; 26; 38tl & cra; 44br; 45br; 54tc, cla & b; 55cl; 59cb; 63cl; 67c & cr; 75clb; 81br; 83tl, cl & cb; 84–5; 87cl; 91br, 97tl, tr & cl, 106–7, 108–9cb, 109clb, 111br, 114bl, 115tr, 126, 128tl, 133brl, 134tl & cra, 137, 140clb, 142–3c, 149tr, 158tl, National Numismatic Collection: 59bl; Photograph courtesy of National Museum of the American Indian: 59bc; Southwest Museum: 116cb, 148b; State Historical Society of North Dakota: 27, 97br, 134cr & crb, 142b, 142–3t; State Historical Society of South Dakota: 9b, 95tc, 132–3t, 142cr; State Historical Society of Wisconsin: 59tc (Whi/X3/48063), 62clb (Whi/X3/51189), 142–3b; Stern: 165tl, cl & clb; General Sweeny's: 62tr, 63cla; Telegraph Colour Library/Colorific/Peter S. Mecca/Black Star 175c; Texas Memorial Museum: 83c; Tony Stone Images: 78, 177br; Charles Farciot 38cl; Sylvain Grandadam 174bl, 176c; Bobby Lane 155cr; Lawrence Migdale 178–9; David Neel 177clb; Chris Noble 48tr; Paul Sodders 177cb; Tom Till 19ac; Stephen Trimble: 174tr, 176cra, 177ac; Hulleah Tsinhnahjinnie: 170cl (courtesy from 1199 Bread & Roses Cultural Project); United States Military Academy, West Point: 135ac; University of British Columbia, Museum of Anthropology 182bl; University of Pennsylvania Museum, Philadelphia: 18–19b, 21: tl (neg. S4-142726), ac (neg. S4-142703), cb (neg. S4-142694) & br (neg. S4-142720), 38c (neg. S4-142700), 39clb & br (neg. S4-142684), 50c, 51tl (neg. no. S4-142705), 87tl (neg. S4-142682), 129br (neg. S4-142708), 130–1 (neg. S4-142706), 141tl & br, 148clb (neg. S4-142721); University of Washington Libraries, Special Collections Division: 50cra (neg. no. NA 3049); 50–1b (neg. no. NA 3048); 158–9b; photo by Hegg: 50cla (neg. no. 3093); Courtesy Upstream Productions: 183br; US Army Signal Museum: 152b; Victoria Library, Canada: 49br; Karen Warth: 177c; Washington State Historical Society: 45cr; Western History Collections, University of Oklahoma Libraries: 12–13b, 23tl, 49cb, 51cra & cr, 52–3, 80tr, 81cr, 83cr, 89cb, 90tc & cla, 95br, 116cl & clb, 117cr, 118cra, 119br & cla;, 124tc & c, 124–5t, 125cr, 128cl & br, 132bl, 135cla, 138br, 143bc, 149crb; Stacy B. Weisfeld Back Jacket tc; West Point Museum/US Military Academy: 96tr; William Hammond Mathers Museum: 19cb; 22clb; 33crb; 143ac; 144–5; 152ac; 153ac; Indian University:152ac; Woolaroc Museum, Bartlesville, Oklahoma: 34b; Wyoming Division of Cultural Resources: 98–9b; Yale University: 180.

Maps: Aziz Khan (pp.10–11, 28–9, 34–5, 46–7, 94–5, 102–3); John Woodcock (pp.75, 115, 172–3); David Ashby (overlays)

Index: Leslie McKeon

Dorling Kindersley have made every effort to contact and acknowledge copyright holders and apologize for any omissions, which we shall be happy to rectify in future editions.